Informática Elementar

Microsoft® Windows Vista
Microsoft® Excel 2007
Microsoft® Word 2007

Teoria & Prática

William Braga

Rio de Janeiro.2007

Informática Elementar - Windows Vista + Excel 2007 + Word 2007
Copyright © 2007 da Editora Alta Books Ltda.

Todos os direitos reservados e protegidos pela Lei 5988 de 14/12/73. Nenhuma parte deste livro, sem autorização prévia por escrito da editora, poderá ser reproduzida ou transmitida sejam quais forem os meios empregados: eletrônico, mecânico, fotográfico, gravação ou quaisquer outros.

Todo o esforço foi feito para fornecer a mais completa e adequada informação, contudo a editora e o(s) autor(es) não assumem responsabilidade pelos resultados e usos da informação fornecida. Recomendamos aos leitores testar a informação, bem como tomar todos os cuidados necessários (como o backup), antes da efetiva utilização. Este livro não contém CD-ROM, disquete ou qualquer outra mídia.

Erratas e atualizações: Sempre nos esforçamos para entregar a você, leitor, um livro livre de erros técnicos ou de conteúdo; porém, nem sempre isso é conseguido, seja por motivo de alteração de software, interpretação ou mesmo quando alguns deslizes constam na versão original de alguns livros que traduzimos. Sendo assim, criamos em nosso site, www.altabooks.com.br, a seção Erratas, onde relataremos, com a devida correção, qualquer erro encontrado em nossos livros.

Avisos e Renúncia de Direitos: Este livro é vendido como está, sem garantia de qualquer tipo, seja expressa ou implícita.

Marcas Registradas: Todos os termos mencionados e reconhecidos como Marca Registrada e/ou comercial são de responsabilidade de seus proprietários. A Editora informa não estar associada a nenhum produto e/ou fornecedor apresentado no livro. No decorrer da obra, imagens, nomes de produtos e fabricantes podem ter sido utilizados, e desde já a Editora informa que o uso é apenas ilustrativo e/ou educativo, não visando ao lucro, favorecimento ou desmerecimento do produto/fabricante.

Produção Editorial Editora Alta Books
Coordenação Editorial: Fernanda Silveira
Revisão: Camila Azevedo e Maykon Souza
Diagramação e Capa: Fernanda Silveira

Impresso no Brasil

O código de propriedade intelectual de 1º de Julho de 1992 proíbe expressamente o uso coletivo sem autorização dos detentores do direito autoral da obra, bem como a cópia ilegal do original. Esta prática generalizada nos estabelecimentos de ensino, provoca uma brutal baixa nas vendas dos livros a ponto de impossibilitar os autores de criarem novas obras.

Rua Viúva Claudio, 291 – Jacaré
Rio de Janeiro – RJ CEP: 20020-100
Tel: 21 3278-8069/8419 Fax: 21 3277-1253
www.altabooks.com.br
e-mail: altabooks@altabooks.com.br

Sumário

PARTE 1   WINDOWS VISTA..1

1. CARACTERÍSTICAS, DÚVIDAS?..3
NOVIDADES DO WINDOWS VISTA..4
PESQUISANDO E ORGANIZANDO...4
SEGURANÇA...4
AJUDA NOVA E APRIMORADA..4
INTERNET EXPLORER...4
SINCRONIZAÇÃO E COMPARTILHAMENTO....................................4
CENTRAL DE FACILIDADE DE ACESSO...5
CONTROLES DOS PAIS..5
CENTRO DE BACKUP E RECUPERAÇÃO..5
REDE..5
ESPAÇO DE REUNIÕES DO WINDOWS..5
WINDOWS MEDIA CENTER..5
IMAGENS..6
RECURSOS DE PC MÓVEL..6
RECURSOS DO TABLET PC...6
FIXANDO O APRENDIZADO...6

2. AMBIENTE DO WINDOWS VISTA..9
MENU INICIAR..10
MOVENDO E MUDANDO O TAMANHO DOS APLICATIVOS......13
MOVER, COPIAR E APAGAR OBJETOS..15
BARRA DE TAREFAS..16
FIXANDO O APRENDIZADO...18

3. WINDOWS EXPLORER E COMPUTADOR....................................21
WINDOWS EXPLORER..22
DRIVES..22
TRABALHANDO COM DISCOS..23

MODOS DE VIZUALIZAÇÃO DE EXPLORER..24

FIXANDO O APRENDIZADO..26

4. ARQUIVOS E DIRETÓRIOS...**27**

REGRAS PARA NOMEAR UM ARQUIVO...28

PASTAS/DIRETÓRIOS...29

MANIPULANDO ARQUIVOS..30

COPIANDO E MOVENDO ARQUIVOS..31

MOVENDO ARQUIVOS..31

EXCLUINDO ARQUIVOS E DIRETÓRIOS..32

LIXEIRA..33

PESQUISANDO ARQUIVOS...34

FIXANDO O APRENDIZADO..36

5. CRIANDO ATALHOS...**39**

ATALHOS NA ÁREA DE TRABALHO..41

EXECUTAR..42

6. PAINEL DE CONTROLE..**45**

PAINEL DE CONTROLE...46

DATA E HORA..47

MOUSE..48

TECLADO...49

PERSONALIZAÇÃO...49

FIXANDO O APRENDIZADO..56

7. BARRA LATERAL..**57**

GADGETS E BARRA LATERAL DO WINDOWS..58

PERSONALIZANDO A BARRA DE TAREFAS...58

8. APLICATIVOS WINDOWS...**61**

CALCULADORA..62

BLOCO DE NOTAS..62

EDITANDO, RECORTANDO E COLANDO TEXTOS...63

AJUSTANDO O TEXTO À JANELA...63

INSERINDO A DATA E HORA DO SISTEMA EM SEU DOCUMENTO..........64

FORMATANDO A FONTE DO TEXTO..........64

SALVANDO O DOCUMENTO..........65

FIXANDO O APRENDIZADO..........65

9. PAINT..........67

BARRA DE DESENHO..........68

DIGITANDO E ALTERANDO TEXTO NO PAINT..........70

APAGANDO ÁREAS DESENHADAS..........70

10. WORDPAD..........71

CRIANDO UM NOVO DOCUMENTO..........72

SALVANDO ALTERAÇÕES EM UM DOCUMENTO..........72

ABRINDO UM DOCUMENTO..........73

COPIANDO PARTES DE UM DOCUMENTO..........73

DESFAZENDO OPERAÇÕES..........73

EXCLUINDO PARTES DO TEXTO..........74

BUSCANDO PALAVRAS NO TEXTO..........74

SUBSTITUINDO PALAVRAS NO TEXTO..........74

INSERINDO DATA E HORA NO TEXTO..........75

ALTERANDO A APARÊNCIA DO TEXTO..........75

FORMATANDO A FONTE DO TEXTO..........76

SELECIONANDO TODO TEXTO..........77

FORMATANDO PARÁGRAFOS DO TEXTO..........77

TRABALHANDO COM TABULAÇÕES..........77

IMPRIMINDO E VISUALIZANDO UM ARQUIVO..........77

11. NOVOS APLICATIVOS..........79

CAPTURA DE TELA (SNIPPING TOOL)..........80

12. RECURSOS DE MULTIMÍDIA..........81

MEDIA PLAYER..........82

OUVINDO UM CD DE ÁUDIO..........82

COPIANDO FAIXAS PARA O COMPUTADOR..........83

REPRODUZINDO SONS..84

WINDOWS MOVIE MAKER..85

DICAS..86

EDITANDO E ADICIONANDO EFEITOS AO CLIPE......................................86

CRIADOR DE DVD DO WINDOWS...88

PARTE 2   EXCEL 2007 91

13. INICIANDO O EXCEL 95

A TELA DO EXCEL...96

A BARRA DE FERRAMENTAS DE ACESSO RÁPIDO....................................97

AS GUIAS...97

O BOTÃO DO MICROSOFT OFFICE..97

A BARRA DE FERRAMENTAS DE FORMATAÇÃO.......................................97

AS PASTAS DE TRABALHO..98

ABRINDO UM ARQUIVO..100

SALVANDO SUA PASTA DE TRABALHO...101

FECHANDO UM ARQUIVO...103

COMANDOS DE MOVIMENTAÇÃO...103

FIXANDO O APRENDIZADO...105

14. ALTERANDO A ESTRUTURA..107

RENOMEANDO PLANILHAS...108

INSERINDO PLANILHAS...108

EXCLUINDO PLANILHAS..109

SELECIONANDO COLUNAS E LINHAS...109

INSERINDO LINHAS E COLUNAS...110

EXCLUINDO LINHAS E COLUNAS..110

MOVENDO E COPIANDO PLANILHAS...110

MOVENDO E COPIANDO PLANILHAS ENTRE ARQUIVOS.....................110

SELECIONANDO UM INTERVALO DE CÉLULAS.......................................111

SELECIONANDO CÉLULAS NÃO CONSECUTIVAS...................................111

SELECIONANDO TODA A PLANILHA..112

- FIXANDO O APRENDIZADO..112
15. DIGITANDO NA PLANILHA..**115**
- CRIANDO SEQÜÊNCIA DE DADOS...117
- FIXANDO O APRENDIZADO..121
16. FORMATANDO DADOS..**123**
- ESTILOS DE CÉLULAS..124
- OPÇÕES AVANÇADAS DE FONTE...125
- OPÇÕES AVANÇADAS DE ALINHAMENTO...126
- COPIANDO FORMATOS...127
- BORDAS E PREENCHIMENTOS..127
- CORES DE FUNDO..129
- QUEBRANDO O TEXTO EM UMA CÉLULA 129
- MESCLANDO CÉLULAS ADJACENTES..129
- FORMATO NUMÉRICO PERSONALIZADO E PADRÃO........................130
- TEXTO E ESPAÇAMENTO...131
- CASAS DECIMAIS, ESPAÇOS, CORES E CONDIÇÕES.......................131
- MOEDA, PORCENTAGEM E NOTAÇÃO EXPONENCIAL......................132
- DATAS E HORAS...133
- FIXANDO O APRENDIZADO..134
17. PROTEGENDO ARQUIVOS...**137**
- ABRINDO UMA PASTA DE TRABALHO COM SENHA DE PROTEÇÃO...............139
- ELIMINANDO A SENHA DA PASTA DE TRABALHO.............................139
- PROTEÇÃO DE PLANILHAS E DE PASTAS DE TRABALHO................139
- PROTEGENDO ELEMENTOS DE UMA PLANILHA................................139
- PROTEGENDO ARQUIVOS E ELEMENTOS DE ARQUIVOS.................140
- PROTEGENDO PLANILHAS E PASTAS DE TRABALHO.......................141
- PROTEÇÃO INDIVIDUAL DA CÉLULA..141
- VOLTANDO E REFAZENDO UMA OPERAÇÃO.....................................142
- OCULTANDO E REEXIBINDO LINHAS E COLUNAS.............................143
- OCULTANDO LINHAS..143

OCULTANDO COLUNAS..143

PROCURANDO E SUBSTITUINDO DADOS...144

LOCALIZANDO UM DADO NA PLANILHA...144

SUBSTITUINDO UM DADO NA PLANILHA..144

FIXANDO O APRENDIZADO..145

18. FÓRMULAS..147

PARTES DE UMA FÓRMULA..148

SOBRE AS FUNÇÕES EM FÓRMULAS..148

ESTRUTURA DE UMA FUNÇÃO..148

INSERINDO FÓRMULAS...149

REFERÊNCIAS EM FÓRMULAS..149

O ESTILO DE REFERÊNCIA A1..149

DIFERENÇA ENTRE REFERÊNCIAS RELATIVAS E ABSOLUTAS......150

O ESTILO DE REFERÊNCIA L1C1...150

OPERADORES DE CÁLCULO EM FÓRMULAS......................................153

TIPOS DE OPERADORES..153

ORDEM DAS OPERAÇÕES EM FÓRMULAS..154

CRIANDO FÓRMULAS..154

COPIANDO FÓRMULAS...155

CÓPIA RELATIVA...155

CÓPIA ABSOLUTA...156

OPERAÇÕES COM PORCENTAGEM..156

DIFERENÇA DE PORCENTAGEM..157

FIXANDO O APRENDIZADO..157

19. GRÁFICOS...161

CRIANDO GRÁFICOS...162

GRÁFICOS INCORPORADOS E PLANILHAS DE GRÁFICO................163

MODIFICANDO O GRÁFICO...166

ALTERANDO O ESTILO DO GRÁFICO...167

ALTERANDO A ÁREA DO GRÁFICO...167

ALTERANDO O TIPO DE GRÁFICO..167

DEFININDO OS EIXOS..168

COLOCANDO GRADES NO GRÁFICO..168

FIXANDO O APRENDIZADO..169

20. VISUALIZANDO E IMPRIMINDO..171

OPÇÕES DE VISUALIZAÇÃO..174

ALTERANDO AS MARGENS..175

CONFIGURANDO A A PÁGINA DE IMPRESSÃO..175

CABEÇALHO E RODAPÉ...176

MARGENS...177

OPÇÕES DE PLANILHA..178

FIXANDO O APRENDIZADO..179

21. DADOS...181

CLASSIFICAÇÃO DE DADOS..182

SUBTOTAIS...183

FILTROS...185

FORMATAÇÃO CONDICIONAL..187

VALIDAÇÃO...188

FIXANDO O APRENDIZADO..190

22. TRABALHANDO COM FUNÇÕES...191

FUNÇÕES MAIS COMUNS...195

PRINCIPAIS FUNÇÕES DO EXCEL...206

CÓDIGO DE ERRO NA PLANILHA...209

TECLAS DE ATALHO..211

PARTE 3   WORD 2007..215

23. INTRODUÇÃO...217

A TELA DO WORD...218

A BARRA DE FERRAMENTAS DE ACESSO RÁPIDO.................................218

GUIAS...218

BOTÃO DO MICROSOFT OFFICE...218

BARRA DE FERRAMENTAS DE FORMATAÇÃO...219

A RÉGUA...219

DEFININDO MARGENS..219

DEFININDO PARÁGRAFOS..220

BARRAS DE ROLAGEM...222

A BARRA DE STATUS..223

NOVO ARQUIVO...223

CRIANDO UM NOVO ARQUIVO A PARTIR DE UM MODELO...................223

GRAVANDO ARQUIVOS..224

ABRINDO ARQUIVOS..225

TECLAS DE MOVIMENTAÇÃO..226

FECHANDO UM ARQUIVO..226

FIXANDO O APRENDIZADO..226

24. FORMATAÇÃO..229

TAMANHO E TIPO DE LETRA..230

NEGRITO – ITÁLICO - SUBLINHADO..231

FORMATANDO PELO TECLADO...231

ALINHAMENTO...232

MAIS OPÇÕES..232

FORMATAÇÃO DE TEXTO USANDO ESTILOS...234

COLOCANDO NUMERAÇÃO DE PÁGINA...235

ESPAÇAMENTO ENTRE LINHAS...236

FIXANDO O APRENDIZADO..236

25. COPIANDO E RECORTANDO..239

COPIANDO PARTE DE UM DOCUMENTO..240

MOVENDO PARTE DE UM DOCUMENTO..240

DESFAZENDO UMA OPERAÇÃO...241

REFAZENDO UMA OPERAÇÃO..241

BORDAS E SOMBREAMENTO...242

SOMBREAMENTO E BORDAS DE TEXTO..242

BORDA DO TEXTO	242
FIXANDO O APRENDIZADO	244

26. VERIFICANDO A ORTOGRAFIA 247

VISUALIZANDO O ARQUIVO ANTES DA IMPRESSÃO	248
CONFIGURANDO UMA PÁGINA	250
IMPRIMINDO UM ARQUIVO	250
FIXANDO O APRENDIZADO	251

27. TABELAS 253

CRIANDO A TABELA	254
INSERINDO E APAGANDO LINHAS	254
INSERINDO E APAGANDO UMA COLUNA DA TABELA	255
MELHORANDO A APARÊNCIA DA TABELA	255
CONVERTENDO TEXTO EM TABELA	256
CLASSIFICAÇÃO	256
SOMATÓRIA	257
DESENHANDO UMA TABELA COMPLEXA	257
FIXANDO O APRENDIZADO	258

28. EDITANDO EM COLUNAS 261

WORDART	264
CRIANDO UMA CAPITULAR INICIAL GRANDE	268
FIXANDO O APRENDIZADO	269

29. QUEBRAS 271

QUEBRA DE PÁGINA	272
QUEBRA DE COLUNAS	273
LOCALIZANDO E SUBSTITUINDO TEXTO OU OUTROS ITENS	274
SÍMBOLOS	281
DATA E HORA	282
LETRAS MAIÚSCULAS E MINÚSCULAS	282
GUIA DE FERRAMENTAS	283
FIXANDO O APRENDIZADO	283

30. FIGURAS, CLIPARTS E AUTOFORMAS......285
INSERINDO UM CLIPART......286
AJUSTANDO A DISPOSIÇÃO DO TEXTO......287
INSERINDO UMA FIGURA EXTERNA......289
CRIANDO UMA MARCA D'ÁGUA......290
COLORINDO A PÁGINA......291
FERRAMENTAS DE DESENHO......292
DESENHANDO FORMAS GEOMÉTRICAS......292
ORDENANDO OBJETOS......293
FIXANDO O APRENDIZADO......294

31. CABEÇALHOS E RODAPÉS......297
CABEÇALHOS E RODAPÉS EM UMA PÁGINA DA WEB......298
CRIANDO UM CABEÇALHO OU UM RODAPÉ DIFERENTE PARA A PRIMEIRA PÁGINA......299
CRIANDO CABEÇALHOS OU RODAPÉS DIFERENTES PARA PÁGINAS PARES E ÍMPARES......299
CRIANDO UM CABEÇALHO OU RODAPÉ DIFERENTE PARA PARTE DE UM DOCUMENTO......299
MARCADOR E NUMERAÇÃO......299
FIXANDO O APRENDIZADO......301

32. MALA DIRETA......303
ETIQUETAS......308
CRIANDO CARTÕES DE VISITA......310
FIXANDO O APRENDIZADO......311

33. COMANDOS FINAIS......313
MACRO......314
PINCEL......315
NOTA DE RODAPÉ......316
AUTOTEXTO......316
AUTOCORREÇÃO......317
FIXANDO O APRENDIZADO......318
ALGUMAS TECLAS DE ATALHO......320

Parte 1
Windows Vista

A Microsoft anunciou a sua nova linha de produtos: o sistema operacional Windows Vista. As edições visam auxiliar usuários do mundo digital a realizarem tarefas diárias, encontrarem instantaneamente o que procuram, divertirem-se com as últimas novidades em entretenimento, permanecerem conectados em casa ou em movimento e garantirem a segurança de informações pessoais, bem como a proteção dos PCs.

A linha de produto do Windows Vista possui seis versões, duas para empresas (Windows Vista Business, Windows Vista Enterprise) três para consumidores (Windows Vista Home Basic, Windows Vista Home Premium e Windows Vista Ultimate) e uma para mercados emergentes (Windows Vista Starter). Cada produto foi feito sob medida para satisfazer as necessidades específicas de vários segmentos de clientes – desde usuários de PCs domésticos até empresas de pequeno, médio e grande porte - e tem também como objetivo trazer aos usuários de 64 bits funcionalidades de Media Center e Tablet PC para uso geral.

Windows Vista: Projetado para empresas de todos os tamanhos

Clientes corporativos podem optar por duas versões que foram projetadas para satisfazer às suas necessidades, baseadas no tamanho e escala de suas organizações:

- **Windows Vista Business** - sistema operacional projetado para organizações de todos os tamanhos. No caso das pequenas empresas, o Windows Vista Business auxiliará na produtividade dos usuários e ajudará a manter os PCs seguros, para que sejam menos dependentes de suporte dedicado de TI. Às organizações maiores, o Windows Vista Business oferecerá melhorias sensíveis de infra-estrutura, que possibilitarão à equipe de TI maior agilidade na manutenção de PCs, deixando mais tempo livre para que se acrescente valor estratégico à organização.

- **Windows Vista Enterprise** - para melhor atender às necessidades de grandes organizações e também de empresas com infra-estruturas de TI altamente complexas, o Windows Vista Enterprise foi projetado para reduzir de forma significativa os custos e riscos. Além de todos os atributos disponíveis no Windows Vista Business, o Windows Vista Enterprise foi desenhado para oferecer melhores níveis de proteção de dados, utilizando tecnologia de codificação. Esta edição também inclui ferramentas para melhorar a compatibilidade de aplicativos e possibilitar que as organizações padronizem-se em uma única imagem mundial do sistema operacional, com a inclusão de todas as linguagens de interfaces de usuário do Windows. O Windows Vista Enterprise estará disponível somente para usuários que possuem PCs cobertos pelo Microsoft Software Assurance (modelo de licenciamento de software por volume da Microsoft).

Windows Vista: mais opções e incrível experiência para usuários domésticos

Para consumidores residenciais, há quatro opções que oferecem novas e estimulantes experiências:

- **Windows Vista Starter** - um sistema operacional específico para computadores de baixo custo, projetado para auxiliar iniciantes em tecnologia a obter os benefícios sociais e educacionais que o PC e a internet possibilitam. O Windows Vista Starter oferece um produto de entrada com preço mais acessível e uso simplificado.

- **Windows Vista Home Basic** - ótima opção para lares com necessidades básicas de informática. É ideal para usuários que querem simplesmente utilizar seu PC para navegar na Internet, corresponder-se com amigos e familiares ou criar documentos básicos e realizar tarefas de edição. A este consumidor o Windows Vista Home Basic oferecerá um ambiente de informática mais confiável, seguro e produtivo. Esta edição traz novas ferramentas e tecnologias para tornar o PC mais seguro e divertido, incluindo atributos como o novo Search Explorer, Sidebar e Parental Controls.

- **Windows Vista Home Premium** - esta versão ajudará os usuários a utilizar funcionalidades móveis ou de desktop do PC, de maneira mais eficiente ao mesmo tempo em que possibilitará estimulantes e divertidas experiências de entretenimento digital. Windows Vista Home Premium aprimora cada aspecto destas experiências, incluindo fotos, vídeo, TV, filmes, música e jogos.

- **Windows Vista Ultimate** - é a edição do Windows Vista que reúne as funcionalidades existentes em todas as suas versões. É o primeiro sistema operacional que possui todos os atributos de entretenimento, recursos de mobilidade e de negócios disponíveis no Windows Vista.

As versões Windows Vista Home Basic, Home Premium, Ultimate e Business estão disponíveis no varejo e em novos PCs. Já o Windows Vista Starter é distribuído exclusivamente com novos PCs e o Windows Vista Enterprise é oferecido somente às empresas que participam do programa Software Assurance da Microsoft.

Microsoft®
WINDOWS VISTA

CAPÍTULO 1

Características, dúvidas?

Novidades do Windows Vista

Explore novos recursos de pesquisa, conexão, rede, sincronização de dispositivos e gerenciamento de arquivos no seu computador. Encontre o que deseja com mais agilidade, economizando tempo e concentrando-se apenas no que lhe interessa.

Pesquisando e organizando

Em todas as pastas do Windows, a caixa Pesquisar aparece no canto superior direito. Quando você digita na caixa Pesquisar, o Windows filtra a exibição com base no que está sendo digitado. Ele procura palavras no nome do arquivo, em etiquetas aplicadas a ele ou em outras de suas propriedades do arquivo. Para localizar um arquivo em uma pasta, digite qualquer parte do nome dele na caixa Pesquisar. Você também pode usar pastas de Pesquisa quando não souber onde um arquivo está localizado ou quando desejar realizar uma pesquisa avançada usando não apenas um nome ou propriedade de arquivo.

Segurança

Recursos como o Firewall do Windows e o Windows Defender podem ajudar a manter a segurança do computador. A Central de Segurança do Windows tem links para verificar o status do Firewall, do software antivírus e da atualização do computador. A criptografia de unidade de disco BitLocker permite criptografar a partição do sistema inteiro, aumentando a segurança e impedindo que hackers acessem arquivos importantes do sistema. O UAC (Controle de Conta de Usuário) pode ajudar a impedir alterações não autorizadas no computador. Para isso, solicita permissão antes de executar ações capazes de afetar potencialmente a operação do computador ou que possam alterar configurações que afetam outros usuários.

Ajuda nova e aprimorada

A Ajuda e Suporte do Windows foi completamente atualizada para esta versão. É o local no qual você obtém respostas rápidas a dúvidas comuns, sugestões para soluções de problemas e instruções sobre diversos ítens e tarefas. E, quando você estiver conectado à Internet, poderá ter certeza de que sempre obterá as versões mais novas e recentes de todos os tópicos de Ajuda.

Internet Explorer

Web feeds, navegação com guias e pesquisas sempre disponíveis são apenas alguns dos novos recursos disponíveis no Internet Explorer.

Web feeds fornecem conteúdo atualizado com freqüência publicado em um site em que você possa se inscrever para entrega automática no seu navegador da Web. Com uma alimentação, você pode obter conteúdo, como últimas notícias ou atualizações em um blog, sem a necessidade de acessar o site. A navegação com guias permite abrir vários sites em uma única janela do navegador. Você pode abrir páginas ou links da Web em novas guias e alternar entre elas, clicando nas guias.

Sincronização e compartilhamento

Sincronize-se com outros dispositivos, como players de música portáteis e dispositivos móveis do Windows. Com a Central de Sincronização, você pode manter os dispositivos sincronizados, gerenciar como isso é feito, ver o status atual dessas atividades e verificar se há conflitos.

Você também pode compartilhar arquivos e pastas com pessoas de sua rede, mesmo se usarem um computador que não esteja executando o Windows. Quando você compartilha arquivos e pastas, outras pessoas podem abrí-los, como se estivessem armazenados nos seus próprios computadores. Caso você permita, podem, inclusive, fazer alterações.

Central de Facilidade de Acesso

A nova Central de Facilidade de Acesso substitui as Opções de Acessibilidade de versões anteriores do Windows. Foram incorporadas diversas melhorias e novos recursos, incluindo acesso centralizado a configurações de acessibilidade e um novo questionário que pode ser usado para obter sugestões de recursos de acessibilidade que podem ser úteis.

Controles dos Pais

Controles dos Pais permite que os pais designem com quais jogos seus filhos podem brincar. Com a ferramenta, pode-se permitir ou restringir títulos específicos, limitar as crianças aos jogos que estejam classificados até determinada idade ou bloquear os que apresentem conteúdo que os pais não desejam que seus filhos vejam ou ouçam.

Centro de Backup e Recuperação

O Centro de Backup e Recuperação facilita o backup das suas configurações, arquivos e programas quando e onde você escolher, com a conveniência de planejamento automatizado. Você pode fazer backup em um CD ou DVD, em uma unidade de disco externa, em outra unidade de disco no seu computador, em uma unidade flash USB ou em outro computador ou servidor conectado à sua rede.

Rede

Use a Central de Arquivo e Compartilhamento de Rede para obter o status da rede em tempo real e links para atividades personalizadas. Configure uma rede sem fio mais segura, conecte-se a redes públicas em pontos de acesso e ajude a monitorar a segurança da sua rede. Acesse arquivos e dispositivos de rede compartilhados, (Impressoras, por exemplo), mais facilmente e use o diagnóstico interativo para identificar e corrigir problemas de rede.

Espaço de Reuniões do Windows

Colabore e distribua documentos para outras pessoas online. Compartilhe sua área de trabalho ou qualquer programa com outros participantes da seção, distribua e co-edite documentos e envie notas para outros. O Espaço de Reuniões do Windows trabalha em uma sala de reuniões, um ponto de acesso favorito ou onde não exista rede.

Windows Media Center

Curta todo seu entretenimento digital favorito, incluindo TV ao vivo e gravada, filmes, músicas e imagens, em um único lugar com o menu de sistema e o controle remoto do Windows Media Center. O Windows Media Center do Windows Vista inclui melhorias para suporte expandido de TV digital e a cabo de alta definição. Possui também um sistema de menu aprimorado e a capacidade de criar uma experiência de sala de estar de qualidade de eletrônicos do consumidor, além de novas opções para acesso de vários lugares para seu entretenimento por meio dos Extensores do Media Center, incluindo o Microsoft Xbox 360.

Imagens

A pasta Imagens e a Galeria de Fotos do Windows facilita a exibição, a organização, a edição, o compartilhamento e a impressão de imagens digitais. Quando você conecta sua câmera digital ao computador, pode transferir automaticamente suas fotos para a pasta Imagens. Nela, você pode usar a Galeria de Fotos do Windows para cortar fotos, remover olhos vermelhos e fazer correções de cor e de exposição.

Recursos de PC Móvel

Use o Mobility Center para ajustar as configurações que são geralmente alteradas quando você se move de um lugar para outro (como volume e brilho da tela) e para verificar seu status de conectividade. Use uma exibição secundária ou auxiliar para verificar sua próxima reunião, ler email, escutar música ou digitalizar notícias sem abrir seu PC móvel. Você também pode ter uma exibição auxiliar em um dispositivo, como um telefone celular ou TV.

Recursos do Tablet PC

Aperfeiçoe o reconhecimento de manuscrito, personalizando o reconhecedor de manuscrito. Use movimentos para navegar e executar atalhos com uma caneta. Veja ações de caneta mais claramente com cursores otimizados. Use o Painel de Entrada para manuscrever ou use o teclado virtual em qualquer lugar na tela. Use a tela sensível ao toque para desempenhar ações com o dedo (a tela sensível ao toque só estará disponível se você tiver um Tablet PC ativado para toque).

FIXANDO O APRENDIZADO

Responda as perguntas abaixo:

1-Cite 3 versões do Windows VISTA.

    1-

    2-

    3-

2-Cite 5 Novidades do Windows VISTA em relação ao Windows XP.

_____

_____

_____

3-Quais são os requisitos de Memória Ram, e HD para a instalação do Windows VISTA.

_____

_____

4-Explique resumidamente a diferença entre as versões do Windows VISTA Business e Windows VISTA Ultimate.

_____
_____
_____
_____

Microsoft®
WINDOWS VISTA

CAPÍTULO 2
Ambiente do Windows Vista

Informática Elementar
Windows Vista + Excel 2007 + Word 2007

Depois de ligado o computador, caso a instalação tenha sido feita usando-se usuários, a tela apresentada será parecida com a mostrada ao lado.

Depois de colocada a senha, você terá o ambiente do Windows VISTA parecido com a figura mostrada a seguir. Note que a tela poderá mudar de acordo com suas configurações.

① Barra de tarefas ② Área de trabalho ③ Barra lateral

Menu Iniciar

O Menu Iniciar sofreu sensíveis alterações em relação às versões anteriores do Windows. Agora, os programas utilizados mais recentemente ficam do lado esquerdo.

Veja a aparência do novo Menu Iniciar:

Opções do Menu Iniciar

Todos Os Programas: Abre um menu com diferentes programas, incluindo os que estão armazenados em grupos, dentro de pastas. É um dos principais submenus.

Itens Recentes: Escolha esta opção para abrir um documento que você tenha utilizado recentemente. Nesta opção é guardada a lista dos últimos 15 arquivos abertos pelo usuário.

Músicas/Imagens/Documentos: Estas são as pastas que, como o próprio nome indica, servem para organizar os arquivos de cada usuário.

Conectar a: Oferece um atalho rápido para conectar-se a um provedor ISP ou a outra máquina qualquer.

Rede: Exibe os computadores conectados na rede.

Pesquisar: Escolha esta opção para localizar arquivos no seu sistema ou encontrar outros computadores na sua organização ou na Internet.

Ajuda e Suporte: Escolha esta opção para obter ajuda sobre qualquer tópico do Windows.

Fazer Logoff : Caso você trabalhe com mais de um usuário na máquina esta opção permite que você efetue o logon com outra senha de usuário e outras configurações.

Painel de Controle: Acessa o Painel de Configurações do Windows.

Desligar: Escolha esta opção antes de desligar o seu computador, para que os arquivos sejam descarregados da memória antes do desligamento completo.

Abrindo Programas

1- No Menu Iniciar, dê um clique na opção **Todos os Programas** para abrir o menu em cascata, como mostra a figura abaixo. O seu menu pode ter uma aparência um pouco diferente.

2- Arraste o mouse pelo menu até que fique destacada a opção Acessórios e depois **Bloco de Notas**, então dê um clique com o botão esquerdo do mouse.

O aplicativo **Bloco de Notas** abre uma nova janela na área de trabalho. É assim que se inicia facilmente um programa.

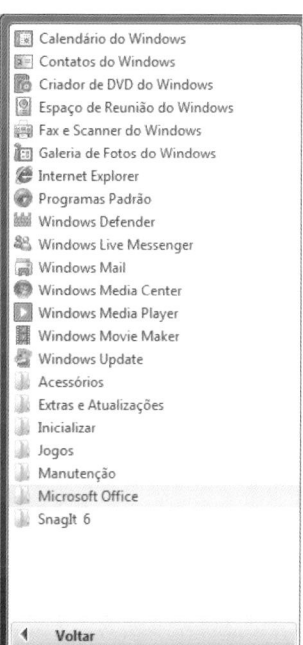

Todos os Programas

Executar Programas

Vamos aprender como executar um programa diretamente pelo nome de seu comando e não por um atalho.

1- Dê um clique no botão com o símbolo do Windows e aperte a letra **R**, Será aberta a seguinte caixa de diálogo:

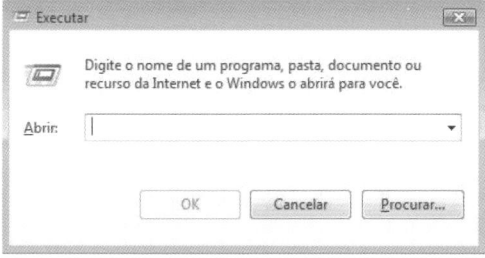

2- Aparecerá um cursor intermitente no campo Abrir. Digite **mspaint e**, em seguida, dê um clique no botão OK ou pressione a tecla ENTER no teclado.

O programa Paint será aberto.

Alternando entre janelas com Barra de Tarefas

Anteriormente, você abriu duas janelas executando, em cada umas delas, um programa(Bloco de Notas e Paint). Agora, abra outra janela dando um clique no **Menu Iniciar**. Depois, clique na opção **Todos os Programas/Acessórios** e, logo em seguida, escolha Calculadora. Observe a Barra de Tarefas e note os botões dos aplicativos que você abriu.

Uma área de trabalho com muitas janelas abertas torna-se confusa, mas a Barra de Tarefas pode ajudá-lo a manter-se organizado e acessar rapidamente uma janela com a qual você queira trabalhar. Para alternar as janelas abertas, dê um clique em cada um dos botões da Barra de Tarefas.

Pelo Teclado: Pressione **Alt + Tab** para abrir o alternador de programas. Continue pressionando **Alt + Tab** até que a janela desejada tenha uma moldura ao redor.

Ou clique no botão **Alternar entre Janelas** na Barra de Tarefas.

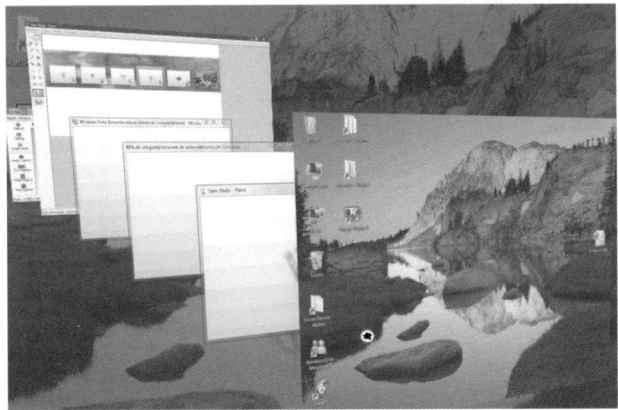

Para fechar um aplicativo pelo teclado, basta pressionar **Alt + F4**.

Maximizando, Restaurando, Minimizando e Fechando Programas

Os botões Maximizar, Minimizar e Fechar estão localizados no canto superior direito de cada janela, como mostramos a seguir:

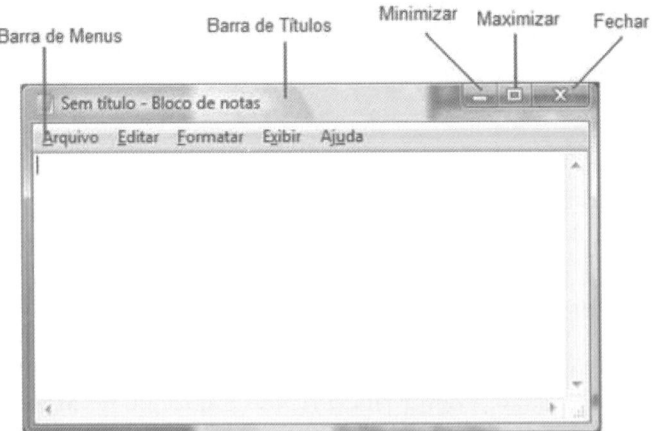

Botão Fechar

No canto superior direito, encontraremos esse botão, que, ao ser clicado, fechará a janela do aplicativo, tendo em mente que ele não estará mais utilizando a memória do computador.

Botão Minimizar

Ainda no canto superior direito, encontraremos este outro botão, que, ao ser clicado, irá minimizar a janela do aplicativo, removendo a janela da área de trabalho.

Botão Maximizar

Este botão é utilizado para Maximizar a janela do aplicativo, preenchendo a tela inteira.

Botão Restaurar

Este botão estará ativado somente quando a janela do aplicativo estiver maximizada. Faz com que a janela volte ao seu tamanho original.

Movendo e Mudando o Tamanho dos Aplicativos

Barra de Título

A *Barra de Título* é a parte da janela que mostra o nome do programa e/ou documento na janela. Por exemplo, a barra de título que você vê é de uma janela rodando o aplicativo Bloco de Notas.

Você pode **mover janelas** dando um clique e arrastando a Barra de Título.

Siga o exemplo:

1-Dê um clique sobre a opção **Computador** no menu **Iniciar** para abrir a respectiva janela.

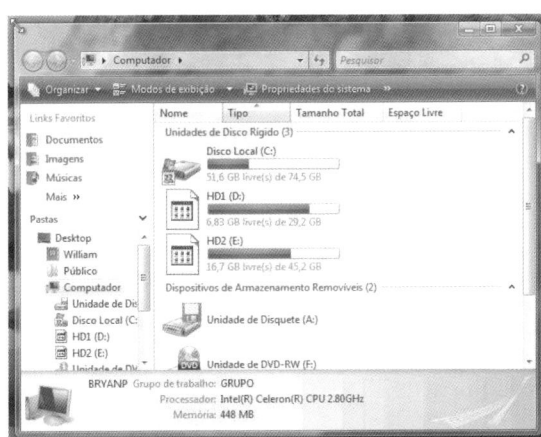

2- Mova a janela dando um clique em sua barra de título e arrastando-a para outro lugar na área de trabalho. Enquanto você arrasta o mouse, aparecerá uma borda sombreada para ajudá-lo a reposicionar a janela.

3- Solte o botão do mouse. A janela se move para a nova posição.

Mudando o Tamanho das Janelas

Você pode redimensionar janelas para ver uma parte maior da área de trabalho, ver as janelas que estão por baixo, ou ver mais ou menos do conteúdo de uma janela.

Para redimensionar a janela **Computador**, vamos executar as seguintes etapas:

1-Aponte o mouse para a borda ou canto de uma janela. O ponteiro do mouse se transformará em uma seta dupla.

2-Dê um clique no botão esquerdo do mouse, depois arraste para a direção desejada sem soltar o botão. Quando a janela estiver no tamanho escolhido, solte o botão do mouse.

Auto-Organizar

Você pode usar a opção Auto-Organizar para fazer com que objetos se organizem automaticamente na janela do aplicativo. Dessa forma, os ícones estarão sempre arrumados.

1-Dê um clique com o botão direito na área de trabalho, depois, escolha a opção **Exibir** e selecione **Organizar Automaticamente**.

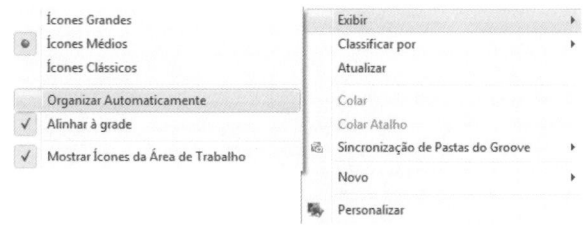

2-Agora, tente mover um objeto para outra posição da tela e você verá que o computador organiza automaticamente os objetos.(Lembre-se: se a opção estiver ativa, será mostrada uma marca de verificação ao lado da opção).

Organizando Janelas na Área de Trabalho

Quando várias janelas estão abertas na área de trabalho, você pode alternar entre elas pressionando **Alt + Tab**. No entanto, em alguns casos, você vai preferir reorganizar a sua área de trabalho para poder ver todas as janelas ao mesmo tempo. Quando as janelas são colocadas lado a lado, você pode copiar informações de uma para outra ou comparar o conteúdo de janelas diferentes.

Há duas formas de organizar as janelas de maneira a poder vê-las ao mesmo tempo. Uma delas é você redimensionar e mover manualmente as janelas usando as técnicas que acabamos de descrever. A outra opção é deixar que o Windows faça isso para você.

Siga o exemplo:

Para ver como isso funciona, abra os programas **Paint** e **Bloco de Notas,** que estão dentro da pasta **Acessórios.**

1-Com os programas **Paint** e **Bloco de Notas abertos**, clique com a tecla da direita do mouse sobre uma área vazia da Barra de Tarefas.

2-Agora, é só escolher a opção desejada:

Janelas em Cascata
Mostrar Janelas Empilhadas
Mostrar Janelas Lado a Lado
Mostrar a Área de Trabalho

O resultado deverá ser igual ao mostrado a seguir:

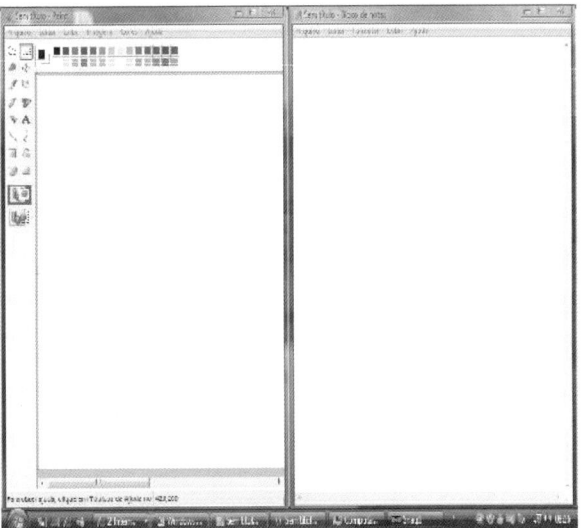

Mover, Copiar e Apagar Objetos

Veremos agora como mover, copiar e apagar objetos dentro do Windows.

 Lembre-se que os comandos aqui aprendidos poderão ser usados em qualquer parte do Windows sempre seguindo a mesma lógica, portanto, alguns comandos podem não ser úteis neste momento, mas se mostrarão muito importantes em outros.

Para **mover um objeto,** siga os passos abaixo:

1-Clique com o mouse sobre o objeto **Lixeira**

2-Agora, mantendo o botão da esquerda do mouse pressionado, arraste o objeto para a direita da área de trabalho. Enquanto você arrastar o mouse, aparecerá uma sombra para ajudá-lo a reposicionar o objeto.

3-Solte o botão do mouse e o objeto se moverá para a nova posição.

Para **copiar um objeto,** siga os passos abaixo:

1-Clique com o mouse sobre o objeto Meu Computador.

2-Pressione a tecla CTRL no teclado e arraste o objeto Computador para uma nova posição.

3-Solte o botão esquerdo do mouse e depois a tecla **CTRL e**, automaticamente o Windows criará um atalho ou cópia do objeto clicado.

Apagar um Objeto

Para **apagar um objeto** clique no objeto que se deseja apagar e pressione as teclas **Shift + Del.** A tela mostrada abaixo irá aparecer pedindo a sua confirmação, clique no botão **Sim**.

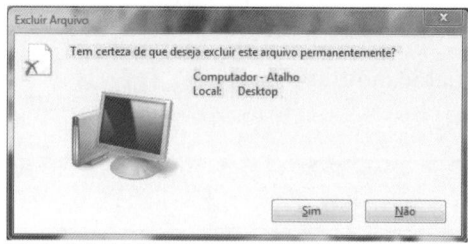

Caso você queira apagar um item e fazer com que este vá para a lixeira, o processo é praticamente o mesmo, com a diferença que, ao invés de pressionar **Shift + Del,** você deverá pressionar somente a tecla **Del.** Dessa forma, a confirmação de exclusão mudará e você será questionado se deseja enviar o item para a Lixeira, como mostrado a seguir.

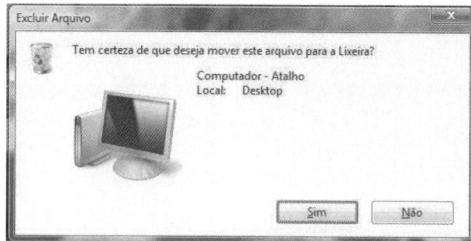

Barra de Tarefas

Veja, agora, algumas características importantes da Barra de Tarefas.

Primeiramente, veremos como mudar a visualização dos programas para que eles sejam mostrados como nas versões anteriores do Windows, que, particularmente, é mais simples e prática. Assim, você poderá escolher seu visual preferido.

Siga os seguintes passos:

1-Clique com o botão direito do mouse sobre uma área vazia da Barra de Tarefas. Neste menu que se abrirá, escolha a opção **Propriedades**.

2-Na tela que aparecerá, clique na aba **Menu Iniciar** e, depois, em **Menu Iniciar Clássico.**

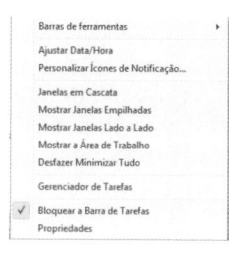

3-Clique em **OK** e veja o resultado do **Menu Iniciar** como mostrado ao lado.

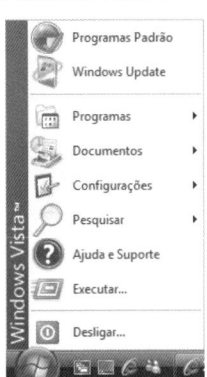

Em seu menu, poderá haver alguma pequena diferença, caso você utilize uma versão diferente do Windows Vista.

Outras Propriedades da Barra de Tarefas

1- Dê um clique na Barra de Tarefas com o botão **direito** do mouse.

2-Escolha **Propriedades** para exibir a caixa de diálogo **Propriedades** da Barra de Tarefas.

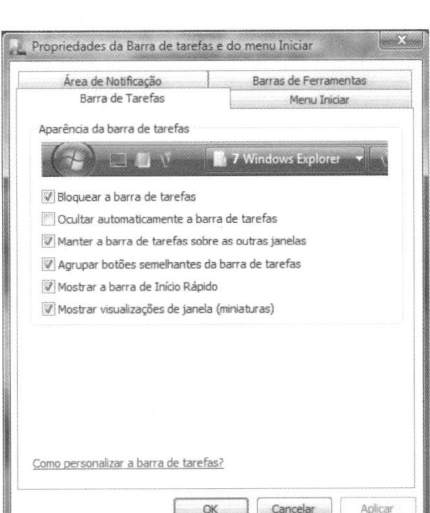

Aqui, estão as opções da guia **Barra de Tarefas**:

- **Bloquear a Barra de Tarefas**: Bloqueia a barra de tarefas para que ela não possa ser movida para outra posição da área de trabalho.

- **Ocultar Automaticamente a Barra de Tarefas**: Com esta opção ativada, a Barra de Tarefas fica invisível quando o usuário estiver trabalhando em um aplicativo.

- **Manter a Barra de Tarefas Sobre as Outras Janelas**: Faz com que a Barra de Tarefas fique sempre em primeiro plano quando um aplicativo estiver aberto.

- **Agrupar Botões semelhantes da Barra de Tarefas:** Com esta opção ativada, quando você tiver várias cópias de um mesmo programa aberto, o Windows irá organizá-las em uma única representação na **Barra de Tarefas**, que, quando clicada, irá mostrar todas as opção abertas.

- **Mostrar Barra de Início Rápido:** Mostra a barra de inicialização rápida na barra de tarefas.

- **Mostrar Visualizações de Janelas:** Mostra, na barra de tarefas, miniaturas dos programas abertos.

Mudando o Tamanho dos Ícones da Barra de Tarefas

1-Clique com o botão direito do mouse sobre uma área vazia da barra de tarefas.

2-Clique na aba **Menu Iniciar** e depois em **Personalizar**.

3-Na parte inferior da tela, procure a opção **Usar Ícones Grandes** e desative a mesma. Pressione **OK** e veja o resultado.

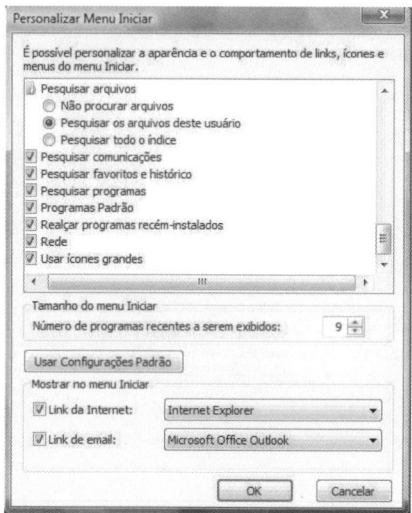

FIXANDO O APRENDIZADO

01-Abra os aplicativos WordPad, Computador e Calculadora.

02-Mude para o programa Calculadora.

03-Maximize as Janelas WordPad e Computador.

04-Agora minimize todas as janelas da área de trabalho.

05-Feche o aplicativo Calculadora e abra o Paint da pasta Acessórios

06-Organize janelas para que fiquem lado à lado.

07-Organize as janelas Empilhadas.

08-Organize as janelas em Cascata

09-Maximize o programa Computador

10-Desative a opção **Organizar Automaticamente** da Área de Trabalho.

11-Mova o ícone da Lixeira para a outra extremidade da Tela.

12-Ative novamente a opção **Organizar Automaticamente**.

13-Feche todos os programas usando o teclado.

14- Faça uma cópia do ícone Lixeira.

15- Apague a cópia da Lixeira.

16- Coloque as opções do Menu Iniciar no estilo Clássico.

17- Coloque os ícones do Menu Iniciar no tamanho pequeno.

18- Bloqueie a Barra de Tarefas para que a mesma não possa ser movida pela tela.

19- Volte o Botão iniciar para o modo Padrão do Windows VISTA.

20- Coloque os ícone do Menu Iniciar novamente em tamanho grande.

24- Desbloqueie a Barra de Tarefas.

25- Explique com suas palavras e de forma resumida a função dos itens do Menu Iniciar, mostrados abaixo:

Recentes:

_____
_____
_____

Músicas/Imagens/ Documentos:

_____
_____
_____

Pesquisar:

_____
_____
_____

Rede:

_____
_____
_____

Desligar:

_____
_____
_____

Microsoft®

WINDOWS VISTA

CAPÍTULO 3
Windows Explorer e Computador

Windows Explorer

Veja agora como utilizar todos os recursos do Windows Explorer e o Computador. Estes dois programas permitem ao usuário organizar seu sistema de arquivos, trabalhar com diretórios ou pastas e tudo mais relativo à organização do sistema.

Há muitas maneiras de iniciar o Explorer:

- Dê um clique no botão **Iniciar**, depois em **Todos os Programas/Acessórios** e, em seguida, em **Windows Explorer**.

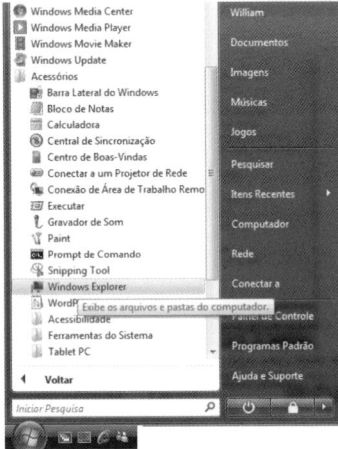

- Dê um clique com o botão direito no objeto Computador e escolha **Explorar** no menu, como a figura abaixo.

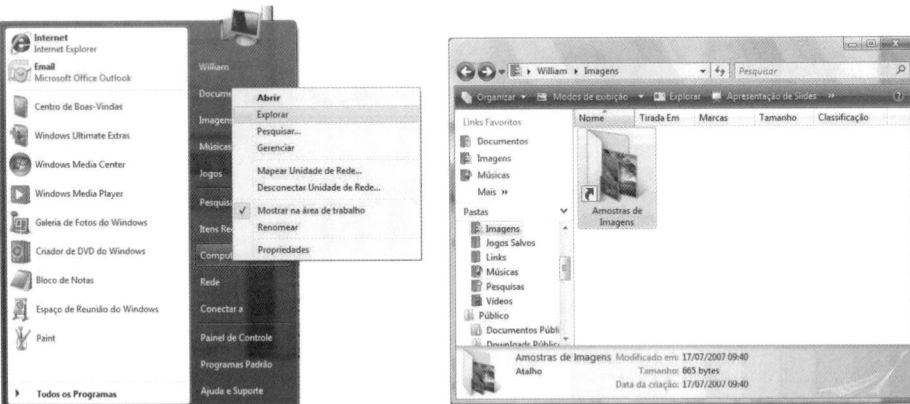

Drives

Antes de iniciar nosso trabalho com os discos, vamos entender um aspecto básico da organização dos itens dentro do computador, ou seja, os drives. Veja a seguir uma explicação concisa da função e organização desses itens.

Drive é o nome que o computador dá para os compartimentos de disquete, winchester e Cd (podendo ainda existir outros itens como Zip, Drives de Rede etc...)

Capítulo 3
Windows Explorer e Computador

Quando se trabalha com o computador e há a intenção de utilizar um destes componentes, devemos usar os respectivos nomes que são mostrados a seguir.

Periférico	Letra do Drive
Disquete de 3 ½	A:
Winchester	C:
CD-Rom ou CD-R	D:

Note que as letras do drive podem mudar de um micro para outro, mantendo-se apenas os drives de disquete e Winchester como Padrão.

Trabalhando com Discos

 Abra o Windows Explorer para executar os comandos mostrados aqui.

Percorra a árvore de diretório e clique no objeto **C:**, Depois, dê um clique com o botão **direito** do mouse

 Nota: Algumas opções podem não estar disponíveis no seu computador por questão de configuração.

- **Recolher:** Recolhe a árvore de diretórios para exibir os dados de forma resumida.

- **Explorar:** Inicia outra cópia do Explorer com uma visão de seu disco ou pasta selecionada.

- **Abrir:** Abre o conteúdo da pasta ou disco selecionado em outra janela.

- **Pesquisar:** Abre o utilitário para localização de arquivos, que será mostrado mais à frente.

- **Compartilhar:** Abre a guia Compartilhar para que você possa tornar este disco ou pasta acessível a outras pessoas cujos computadores estão conectados ao seu.

- **Formatar:** Abre uma caixa de diálogo para que você possa formatar discos flexíveis e discos rígidos para uso no seu computador.

- **Renomear**: Troca o nome de apresentação dos Discos. Lembre-se que as representações para drives não serão alteradas(A:, C:, D: etc..).

- **Novo:** Permite a criação de novos itens como Pastas, Atalhos, etc.

- **Propriedades:** Mostra a caixa de diálogo **Propriedades** para que você possa ver e alterar informações e configurações do disco.

Examinando e Mudando Configurações de Disco

Dê um clique com o botão **direito** do objeto **disco C** novamente e escolha **Propriedades**. Você verá uma caixa de diálogo similar à da figura a seguir.

A partir desta caixa de diálogo, você pode mudar o nome do disco digitando um novo nome e dando um clique no botão OK. Na metade inferior da caixa de diálogo, você pode ver qual o espaço em disco existente, quanto está em uso e quanto permanece disponível.

Se você der um clique na guia **Ferramentas** da caixa de diálogo, poderá acessar as opções de **Verificação de Erros**, **Backup** e **Desfragmentação** do seu disco.

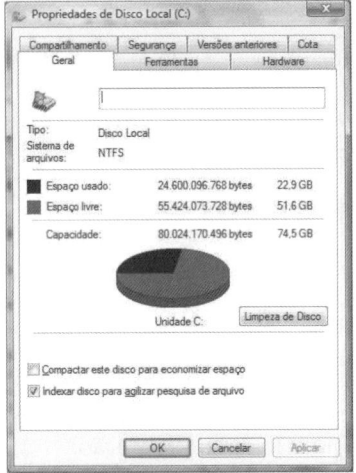

Modos de Vizualização de Explorer

No **Explorer,** há 6 modos diferentes para a visualização dos arquivos, sendo que eles podem ser alterados a qualquer momento. Por exemplo, você está trabalhando em uma pasta com vários arquivos de figuras. Neste caso, a melhor opção seria ter a exibição das miniaturas dessas imagens.

Para isso, vá até a Barra de Ferramentas e clique na seta ao lado do botão **Modos de Exibição**. Serão mostradas as opções a seguir.

Miniaturas : Exibe os arquivos de figuras como miniaturas de seu conteúdo.

Ícones: Permite visualizar o conteúdo das pastas com ícones maiores.

Lista: Permite visualizar o conteúdo com ícones dispostos em forma de listagem.

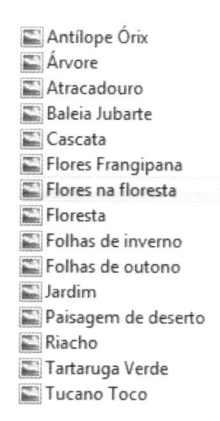

Detalhes: A visualização é como a do modo **lista**, porém, fornecendo informações como **Nome, Tipo, Tamanho e Data de Criação.**

Nome	Tirada Em	Marcas	Tamanho
Antílope Órix	22/04/2005 21:20	Amostra; ...	291 KB
Árvore	03/09/2005 22:40	Amostra; ...	752 KB
Atracadouro	23/06/2005 00:17	Amostra; ...	310 KB
Baleia Jubarte	30/11/2005 18:20	Amostra; ...	257 KB
Cascata	27/05/2005 12:15	Amostra; ...	281 KB
Flores Frangipana	02/06/2005 19:41	Amostra; F...	106 KB
Flores na floresta	26/04/2005 20:50	Amostra; F...	126 KB
Floresta	25/04/2005 04:00	Amostra; ...	649 KB
Folhas de inverno	17/01/2005 11:43	Amostra; F...	207 KB
Folhas de outono	04/11/2005 22:12	Amostra; ...	270 KB
Jardim	09/04/2004 12:17	Amostra; F...	505 KB
Paisagem de deserto	12/02/2004 21:30	Amostra; ...	224 KB
Riacho	30/04/2005 15:20	Amostra; ...	259 KB
Tartaruga Verde	10/05/2005 14:45	Amostra; ...	370 KB

Lado a Lado: Exibe os arquivos Lado a Lado, com seu nome Aplicativo Associado e respectivo tamanho.

Antílope Órix — Imagem JPEG — 290 KB	Árvore — Imagem JPEG — 751 KB
Atracadouro — Imagem JPEG — 309 KB	Baleia Jubarte — Imagem JPEG — 256 KB
Cascata — Imagem JPEG — 280 KB	Flores Frangipana — Imagem JPEG — 105 KB
Flores na floresta — Imagem JPEG — 125 KB	Floresta — Imagem JPEG — 648 KB
Folhas de inverno — Imagem JPEG — 206 KB	Folhas de outono — Imagem JPEG — 269 KB

Apresentação de Slides Esta opção aparece apenas em pastas em que o Windows identifique que existam figuras e fornece uma forma de visualização como uma seção de Slides. Selecione uma pasta que contenha apenas figuras e ative esta opção.

FIXANDO O APRENDIZADO

1-Formate um disquete no modo Formatação Rápida.

2-Faça uma cópia de disquetes.

3-Verifique a quantidade de espaço livre na unidade A:

4- Mude a visualização do Explorer para Apresentação de Slides, na pasta ExemplosFiguras, ou em outra pasta com figuras.

5- Coloque os arquivos no formato Lado a Lado.

6-Coloque os arquivos na visualização de **Ícones Grandes**.

7- Coloque os arquivos no modo **Detalhes**.

8-Coloque novamente os arquivos para visualização em Lista.

9-Formate novamente um disquete usando o modo padrão.

10-Efetue a limpeza do unidade de disco **C:.**

Microsoft®

WINDOWS VISTA

CAPÍTULO 4
Arquivos e Diretórios

Um arquivo é qualquer informação que você tenha armazenado no disquete, winchester ou CD. Um programa, um jogo, um texto ou qualquer outra informação que você colocar em seu disco será um arquivo.

O nome do arquivo é dividido em duas partes: um nome propriamente dito, que só pode ter no máximo 256 caracteres(letras) e uma extensão que, por convenção, possui 3 letras, não sendo, portanto, uma regra. O nome deve ser separado da extensão por um ponto.

Regras para Nomear um Arquivo

- O nome do arquivo não poderá exceder os 256 caracteres;
- Nem todos os caracteres estão disponíveis para o nome do arquivo, como (? \ * " < > |.

Exemplo:

CHICLETE.DOC é um nome de arquivo, no qual **CHICLETE** é o nome e DOC é sua extensão.

O nome do arquivo é definido por seu criador, já a extensão é atribuída pelo programa que o criou. Em nosso exemplo, o arquivo CHICLETE.DOC, provavelmente, foi criado no programa Microsoft Word, ou seja, quando você visualizar um arquivo com a extensão DOC, automaticamente saberá que pode ser alterado pelo programa Word.

Caso as extensões dos arquivos não estejam sendo exibidas em seu computador, efetue o seguinte procedimento.

1-Abra o Windows Explorer.

2-Vá ao botão **Organizar/Opções de Pasta e Pesquisa**.

3-Na tela que aparecerá, selecione a aba **Modos de Exibição**.

4-Na parte inferior da tela, procure a opção **Ocultar as extensões dos tipos de arquivo conhecidos** e a desative. Clique em OK e veja que arquivo todos os arquivos exibem as extensões.

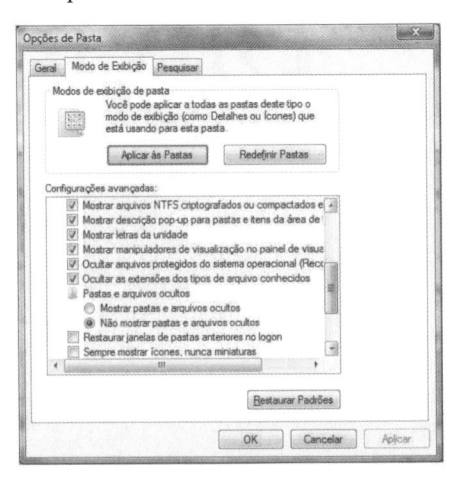

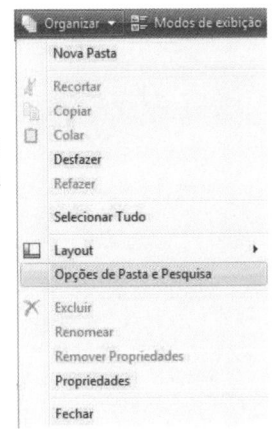

Pastas/Diretórios

A **PASTA** é uma **divisão criada num disco** para facilitar a organização dos dados ali contidos.

Com as **Pastas**, **podemos dividir o disco em várias partes** para facilitar a organização dos arquivos.

Assim, como ficaria difícil procurar alguma coisa num local desorganizado, fica também muito difícil encontrar um arquivo entre os milhares que um disco pode armazenar.

Para darmos **nome as pastas**, utilizamos o mesmo conceito adotado para dar nome aos arquivos

Criando um Diretório ou uma Pasta

Agora que já aprendemos como funciona o sistema de arquivos e pastas do Windows, vamos aprender a manipulá-los.

Siga as etapas a seguir:

1-Entre no programa **Windows Explorer**.

2-Dê um clique sobre o disco **C:**.

3-Clique no botão **Organizar**, depois em **Nova Pasta,** como mostrado ao lado.

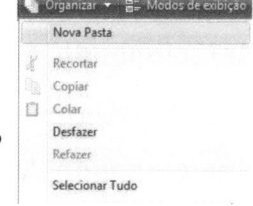

4-Será aberta uma **Nova Pasta** no Explorer.

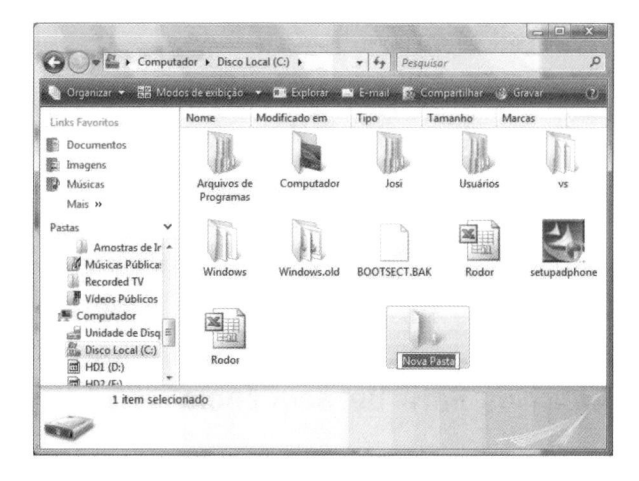

5-Dê à nova **Pasta** o nome **Treino** e pressione **Enter**.

6-Pressione **ENTER** novamente para selecionar a pasta recém-criada.

7-Vá novamente ao botão **Organizar/Nova Pasta**.

8-Digite o nome **WindowsVISTA**, pressione **Enter** e veja o resultado clicando no sinal de +, ao lado da pasta **Treino**. A pasta WindowsVISTA foi criada dentro da pasta Treino.

Renomeando um Diretório

1-Dê um clique com o botão direito sobre a **Pasta Treino** e escolha a opção **Renomear**.

2-Digite o novo **Computador** e pressione **Enter**.

Excluindo um Diretório

A exclusão de um diretório remove os arquivos e subdiretórios que estiverem dentro dele. Há várias maneiras de excluir um diretório.

1-Dê um clique sobre a pasta **WindowsVISTA** que você criou e pressione a tecla DELETE.

2-Dê um clique com o botão direito no diretório e escolha Excluir

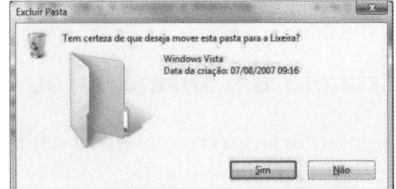

Na tela de confirmação, apenas pressione o botão **Sim**.

Manipulando Arquivos

Selecionando Apenas Um Arquivo

Basta clicar com o mouse sobre o arquivo desejado.

Selecionando Arquivos em Seqüência

Dê um clique no primeiro arquivo e, pressionando a tecla **Shift,** dê um outro clique no último arquivo que você pretende selecionar.

Selecionando Arquivos Fora de Seqüência

Dê um clique no primeiro arquivo e, pressionando a tecla **Ctrl,** clique nos outros que você deseja selecionar.

Copiando e Movendo Arquivos

Copiando Arquivos

A cópia de arquivos, tanto de uma pasta para outra, quanto de um disco para outro, é também facilmente realizada através do **Explorer.**

Siga os seguintes passos:

1- Com o aplicativo Explorer aberto, dê um clique no diretório **Imagens/Amostras de Imagens** ou outro diretório onde você tenha arquivos de exemplo.

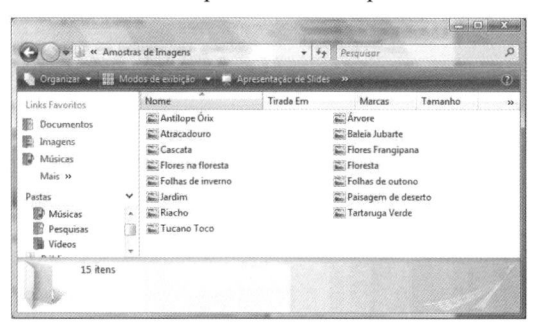

2-Vamos copiar um arquivo para o diretório **Computador** que você criou anteriormente. Caso você já o tenha apagado, crie novamente.

3-Na pasta **Amostra de Imagens,** clique sobre o arquivo **Árvore.jpg** para selecioná-lo.

4-Vá ao botão **Organizar/Copiar**. Este procedimento copia o arquivo para a memória do computador.

5-Agora, selecione a pasta **Computador** e vá ao botão **Organizar/Colar**. Este procedimento busca o conteúdo da memória do computador e coloca-o dentro da pasta selecionada.

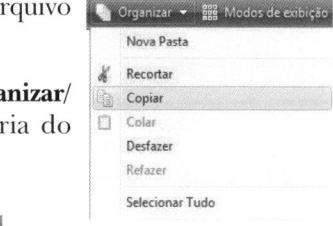

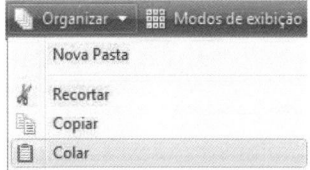

Movendo Arquivos

Para mover arquivos, os passos são bem semelhantes. A diferença é que, ao mover um arquivo, ele irá desaparecer do local de origem, diferente da opção Copiar que mantém uma duplicata do arquivo no local de origem.

1-Clique na pasta **Amostra de Imagens** e selecione o arquivo **Riacho.jpg**.

2-Vá ao botão **Organizar/Recortar**. Este procedimento move o arquivo selecionado para a memória do computador.

3-Selecione a pasta **Computador** e vá ao botão **Organizar/Colar**.

Note que o arquivo foi para o diretório Computador e não encontra-se mais no diretório **Amostra de Imagens**.

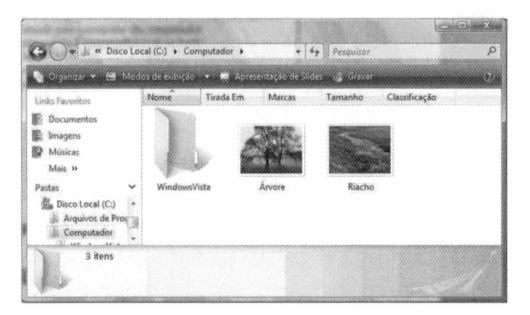

Para mover, copiar ou excluir vários arquivos, basta utilizar os comandos da seção **Selecionando Arquivos**.

Os procedimentos de mover e copiar arquivos podem ser realizados através dos comandos de arrastar e soltar, mostrados no capítulo 2.

Excluindo Arquivos e Diretórios

AUMENTE SUA ATENÇÃO AO TESTAR OS PROCEDIMENTOS DE EXCLUSÃO PARA NÃO APAGAR NADA ESSENCIAL AO SISTEMA OPERACIONAL

1-Clique na Pasta **Computador** e selecione o arquivo **Árvore.jpg**. Em seguida, pressione a tecla **Delete ou Del.** O Windows mostrará uma mensagem de aviso semelhante a esta:

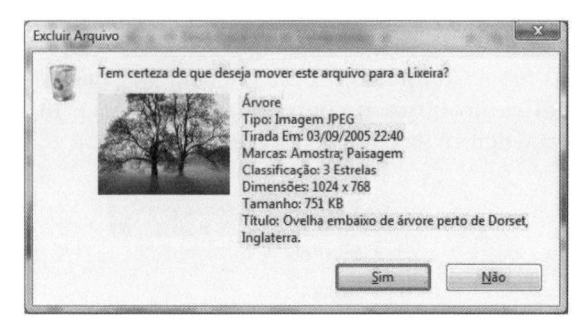

2-Caso você tenha selecionado múltiplos arquivos para a exclusão, o Windows mostrará uma mensagem de aviso como esta a seguir. No entanto, saiba que alguns nomes específicos de arquivos não são listados nesta caixa, assim você precisa ter certeza de que realmente selecionou os arquivos que desejava excluir.

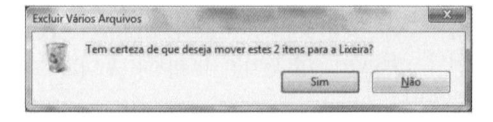

3-Dê um clique no botão **Sim** para apagar arquivos.

Neste caso, os arquivos foram enviados para a Lixeira, onde poderão ser recuperados posteriormente. Caso você queira apagar o arquivo definitivamente, você deverá utilizar as teclas **Shift+Delete**. Lembre-se que deste modo o arquivo não poderá ser recuperado.

Lixeira

A Lixeira funciona como uma rede de segurança quando arquivos ou pastas são excluídos. Quando você exclui qualquer um desses itens do seu disco rígido, o Windows o coloca na Lixeira, cujo ícone muda de vazio para cheio. Os itens excluídos de um disquete ou de uma unidade de rede são descartados permanentemente e não são enviados para a Lixeira.

Os itens contidos na Lixeira permanecem nela até que você decida excluí-los permanentemente do computador. Esses itens ainda ocuparão espaço no disco rígido, poderão ser restaurados para seu local original ou sua exclusão poderá ser desfeita. Quando a Lixeira estiver cheia, o Windows automaticamente fará a limpeza para possibilitar a acomodação dos arquivos e pastas excluídos mais recentemente.

Se você tiver pouco espaço no disco rígido, lembre-se sempre de esvaziar a Lixeira. Também é possível restringir o tamanho da Lixeira para limitar a quantidade de espaço ocupada por ela no disco rígido.

Recuperando um Arquivo

Dê um clique duplo na **Lixeira, localizada** na área de trabalho ou dentro do Windows Explorer, para abri-la e ver seu conteúdo. Na figura a seguir, a lixeira contém apenas um arquivo excluído.

1-Para recuperar um arquivo, basta clicar nele e escolher **Restaurar este Item**.

O arquivo é restaurado e volta a sua localização original.

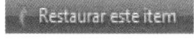

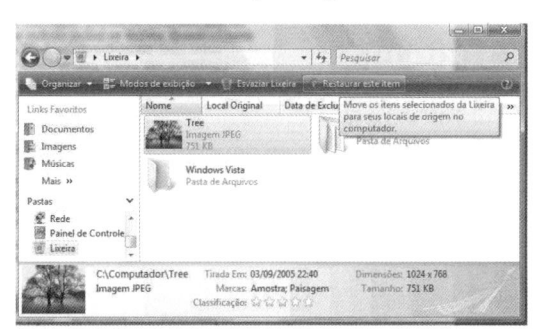

Esvaziando a Lixeira

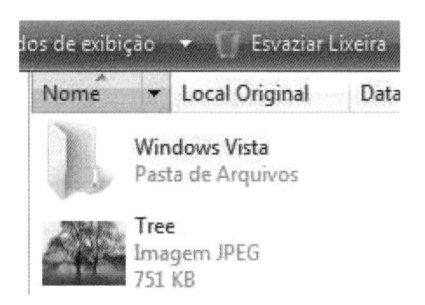

Tamanho da Lixeira

O tamanho da Lixeira pode ser alterado para facilitar a vida de quem tem pouco espaço em disco ou deseja uma Lixeira maior como margem de segurança.

Para isso, clique com o botão direito do mouse sobre a Lixeira e escolha **Propriedades**.

Na tela que aparecerá você pode mudar o tamanho da Lixeira ou configurá-la para que não receba arquivos. Outra opção é configurar a Lixeira para que não peça confirmação nas exclusões, o que não é uma boa idéia.

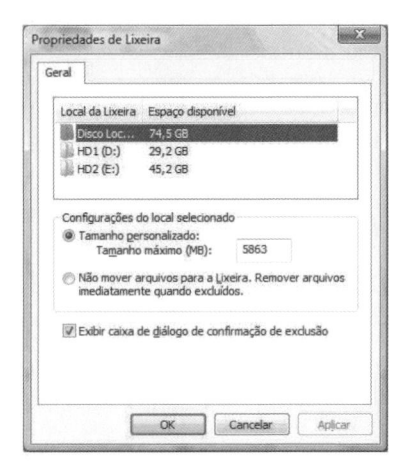

Pesquisando Arquivos

O Windows oferece um utilitário para pesquisa de arquivos no computador ou na Internet. Com este utilitário, você poderá procurar arquivos esquecidos ou que, simplesmente, você não sabe onde se encontram.

Você pode procurar os arquivos por nome, data, conteúdo ou por outro critério.

Veja como:

1-Clique na opção **Iniciar Pesquisa** do menu **INICIAR**.

2-Digite Tree.jpg e tecle **Enter**.

4- O Windows localizará o arquivo desejado.

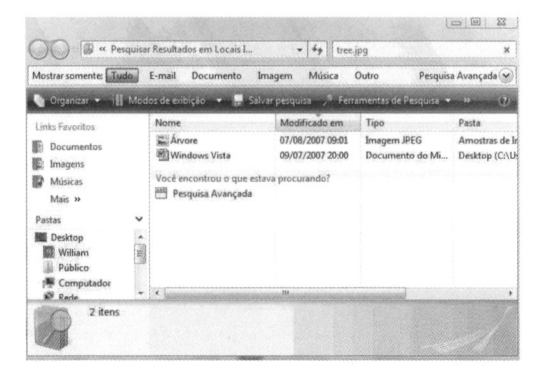

Você poderá ainda localizar arquivos a partir de parte do nome ou da extensão.

6-Clique em Iniciar Pesquisa

7- Digite ***.doc** e tecle **Enter**

Você também pode procurar o arquivo digitando somente o início do nome do mesmo ou, então, por uma palavra ou nome específico que esteja dentro dele. Para isso, use a segunda Caixa de Texto **Uma palavra ou frase no arquivo**.

Clique na opção **Pesquisa Avançada** para exibir as opções

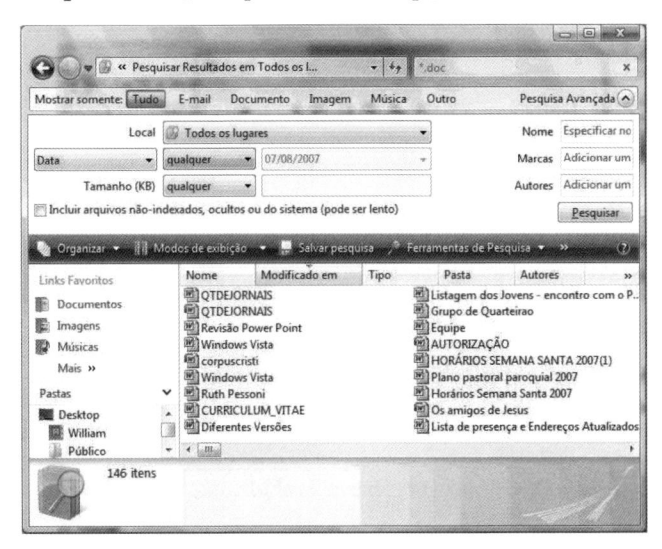

Usando as opções avançadas você poderá realizar pesquisas pela data de modificação ou criação do arquivo ou ainda pelo seu tamanho. Você poderá também definir opções avançadas, como procurar arquivos por pasta, diferenciar letras maiúsculas de minúsculas ou pesquisar arquivos ocultos.

FIXANDO O APRENDIZADO

Pastas e Arquivos

01- Crie pastas dentro da pasta **Amostra de Imagens** para que fique como a figura mostrada a seguir. (Pode-se usar outra **Pasta** qualquer de trabalho, caso não tenha a Pasta **Amostra de Imagens**).

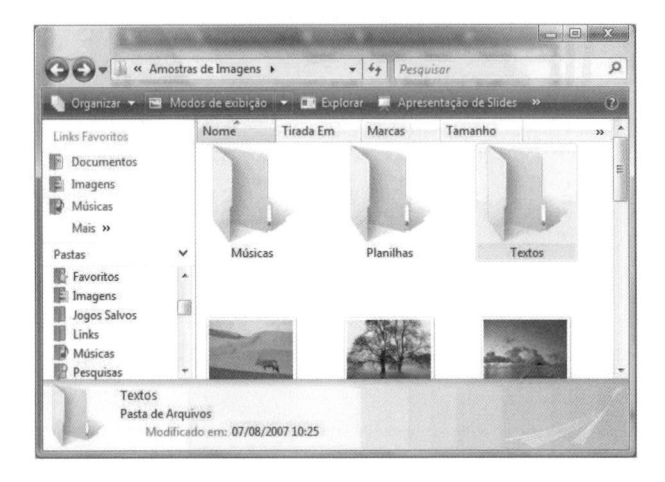

02-Copie todos os arquivos da pasta **Amostra de Imagens** para a pasta **Textos**.

03-Copie todos os arquivos da pasta **Textos** para o pasta **Relatórios**.

04-Copie de uma só vez os arquivos **Árvore.jpg, Cascata.jpg e Floresta.jpg** da pasta **Relatórios** para a pasta **Planilhas**.

05-Apague de uma só vez os arquivos **Riacho.jpg** e **Jardim.jpg** da pasta **Textos**.

06- Mova o arquivo **Atracadouro.jpg** da pasta **Amostra de Imagens** para a pasta **2001**.

07- Recupere o arquivo **Jardim.jpg** da Lixeira.

08- Troque o nome da pasta **2001** para **2003**.

09- Troque o nome da pasta **Músicas** para **Sons**.

10- Apague o arquivo **Baleia Jubarte.jpg** da pasta **Textos**.

11-Limpe a Lixeira.

12- Apague todos os arquivos e pastas da pasta **Trabalhos**.

13-Pesquise no computador um arquivo com o nome **Distance.wma**.

14-Pesquise no computador os seguintes arquivos: Autoexec.Bat e Setuplog.txt.

15- Pesquise todos os arquivos de vídeo de seu computador.

16- Localize todos os arquivos **criados** no último mês em seu computador.

17-Pesquise todos os arquivos que tenham a seqüência **PER** no nome.

18- Pesquise todos os arquivos de Imagem do Computador.

19-Procure todos os arquivos com a palavra **Windows** em seu conteúdo.

20-Procure todos os documentos criados ou modificados no **Ano Passado**.

21 - Localizem arquivos que tenham, no mínimo, 700 kbytes.

22 - Localizem arquivos que tenham, no máximo, 5 kbytes.

23 – Mude o tamanho da Lixeira para 8% do tamanho da Unidade C:

24 – Limpe a Lixeira novamente.

Microsoft®

WINDOWS VISTA

CAPÍTULO 5
Criando Atalhos

Informática Elementar
Windows Vista + Excel 2007 + Word 2007

Você pode adicionar novos itens ao Menu Iniciar ou à área de trabalho, criando atalhos para novos programas ou documentos de uso contínuo. Veja como:

Para Adicionar Itens ao Menu Iniciar

1. Clique com o botão direito do mouse no botão **Iniciar** e, em seguida, clique em **Explorar**.

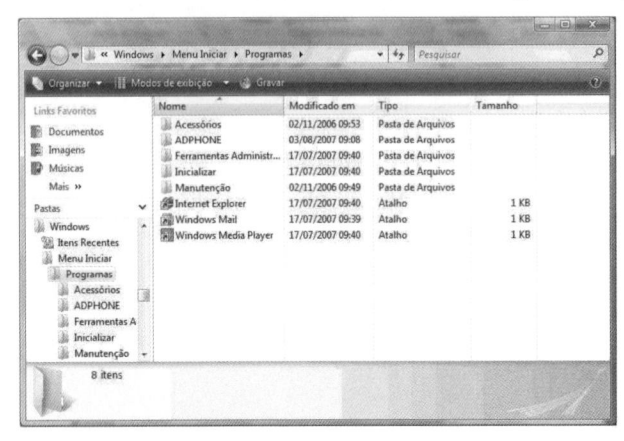

2. Na tela que aparecerá, dê um clique duplo em **Programas.**

3. Clique com o botão direito do mouse na área livre e escolha **Novo/Atalho.**

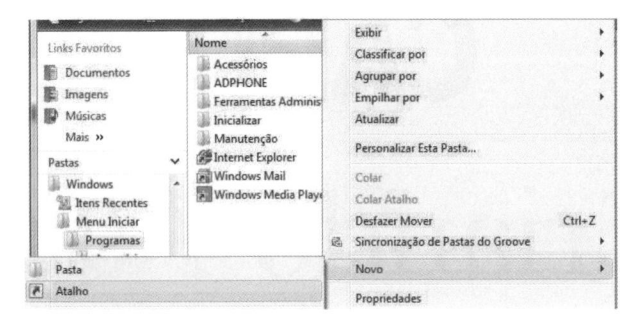

4. Na tela, digite **Mspaint.exe** e clique em **Avançar.**

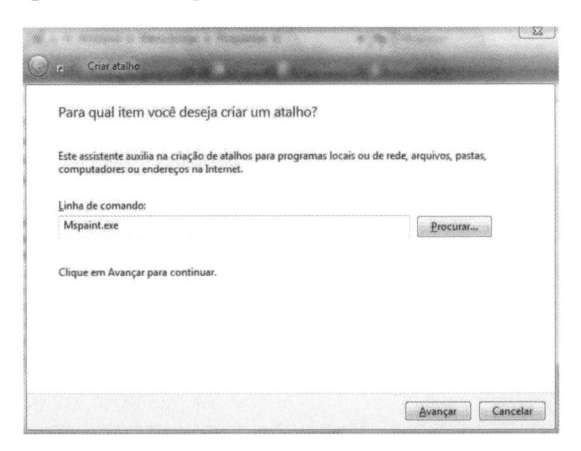

5. Digite **Paint** e clique em **Concluir.**

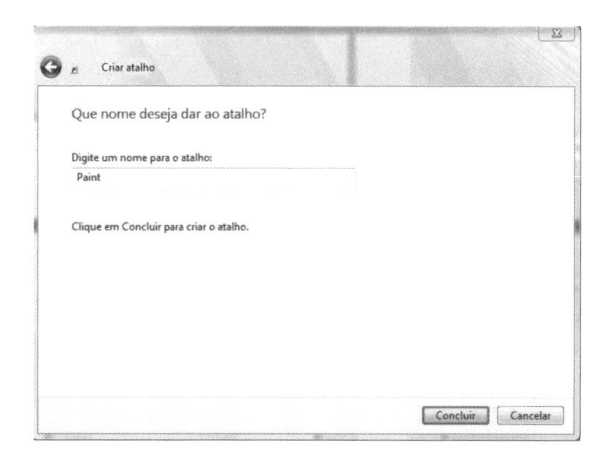

7-Confira o resultado no botão Iniciar.

Atalhos na Área de Trabalho

O processo para criar atalhos na área de trabalho é muito parecido com o botão iniciar.

Siga os seguintes passos:

1-Clique com o botão direito do mouse sobre um espaço vazio da área de trabalho e escolha a opção **Novo** depois **Atalho**.

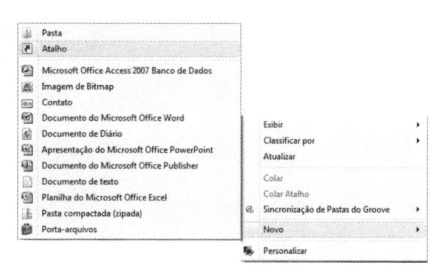

2-Na tela que aparecerá, digite a linha de comando **Notepad.exe**, que representa o arquivo do programa desejado, no caso. o **Bloco de Notas**. Clique em Avançar.

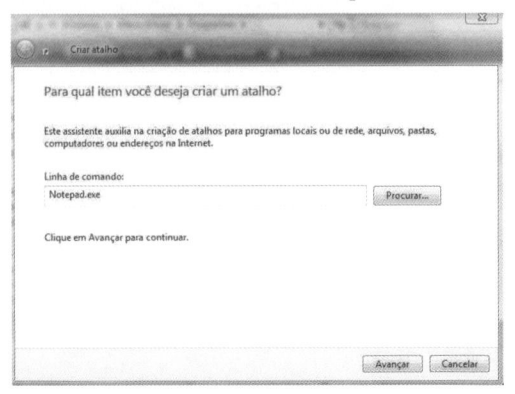

3-Digite o nome para o atalho e clique em Concluir.

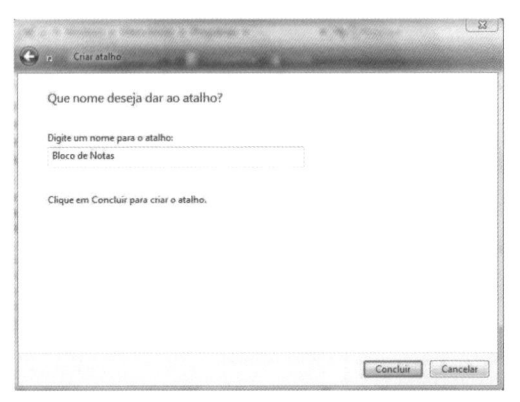

4-O atalho automaticamente aparecerá na área de trabalho.

Executar

A opção **Executar** mostra-se como mais uma forma de abrir programas que já estão instalados no seu computador, mas não aparecem como uma opção no menu Iniciar ou como um atalho na Área de Trabalho. A opção também é utilizada para executar programas de instalação CONFIG, SETUP, INSTALAR ou INSTALL para instalação de novos programas no seu computador. Esses, estão tipicamente localizados em um disquete ou em um CD-ROM.

Siga os seguintes passos:

1-No botão Iniciar, clique em **Todos os Programas/Acessórios** e clique na opção **Executar**.

2-Na tela que aparecerá, digite a linha de comando do programa desejado, como mostrado a seguir:

01- Crie um atalho para o arquivo **Calc.exe** dentro do botão iniciar.

02- Crie o mesmo atalho na área de trabalho.

03- Apague o atalho criado no exercício 1.

04- Abra o programa **MsPaint.exe** pela opção executar.

05- Abra o programa **wordpad.exe** pela opção executar.

06- Feche todos os aplicativos que foram abertos.

07- Crie um atalho na área de trabalho para o arquivo **explorer.exe**.

08- Crie um atalho na área de trabalho para o arquivo **MsPaint.exe**.

09- Apague todos os atalhos que você criou.

Microsoft®
WINDOWS VISTA

CAPÍTULO 6
Painel de Controle

Painel de Controle

O Painel de Controle é utilizado para personalizar seu sistema. Nele, você poderá trocar figuras de fundo, proteção de tela, velocidade do mouse e do teclado, entre outras opções.

Veja como:

1-Clique no botão **Iniciar/Painel de controle**.

2-A tela abaixo é mostrada:

3-Alterne para o modo clássico, clicando na opção Alternar para o Modo de Exibição Clássico.

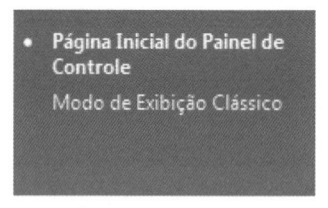

Neste Modo, as opções aparecem separadamente e não agrupadas por utilização, o que nem sempre é prático.

Veja, agora, a aparência do Painel de Controle (Lembre-se que você pode trabalhar da maneira que achar mais cômoda.

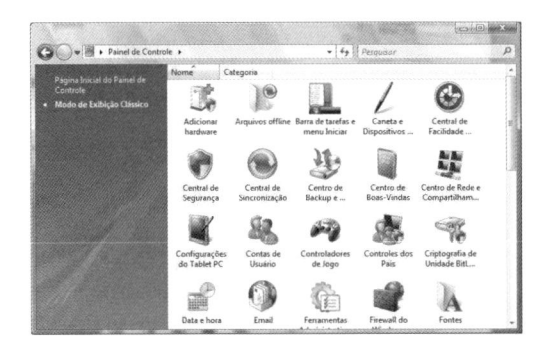

Data e Hora

Vamos começar com a alteração mais óbvia que você pode ter que fazer no seu sistema: atualizar a data e a hora. Dê um clique duplo sobre o objeto **Data/Hora,** na janela Painel de Controle. Em instantes, você verá a caixa de diálogo a seguir:

Clique em **Alterar Data e Hora** para configurar o relógio.

O acerto da data e da hora nesta caixa de diálogo é quase auto-explicativo:

Dê um clique nas setas laterais no campo do mês para escolher o mês correto.

Dê um clique em um dia no calendário.

Acerte o novo horário no campo hora, dando um clique na seta para cima ou para baixo ou ainda clicando em qualquer lugar no texto e digitando um novo número.

➡ Você também pode dar um clique duplo no relógio no canto inferior direito da sua **Barra de Tarefas** para mostrar a caixa de diálogo Data/Hora e fazer as alterações no horário.

Mouse

Você pode mudar as configurações do mouse dando um clique duplo no objeto Mouse, no Painel de Controle.

A caixa de diálogo mostrada a seguir aparecerá. Note que ela contém 5 guias: Botões, Ponteiros, Opções de Ponteiro, Roda (esta opção só aparecerá caso seu mouse possua o botão de rolagem) e HardWare.

Botões

A guia Botões é onde os canhotos podem ir mudar a configuração dos botões do mouse.

Você também controla a velocidade do clique duplo.

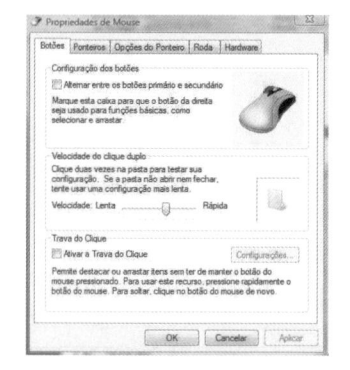

Ponteiro

Dê um clique na guia Ponteiros para abrir a caixa de diálogo Ponteiros, mostrada na figura abaixo.

Você verá uma lista dos ponteiros do mouse, que o Windows apresenta quando estiver ocupado ou quando você estiver trabalhando em um aplicativo especial, como um programa de desenho.

Você pode mudar os ponteiros abrindo arquivos especiais de cursor. Você encontrará uma boa coleção no diretório **C:\WINDOWS\CURSORS** ou, então, pode escolher um **Esquema** pré selecionado.

Opções de Ponteiro

Velocidade de Ponteiro: Na caixa de Velocidade do Ponteiro, desloque o botão da seta para a esquerda ou para a direita para mudar a rapidez com que o ponteiro do mouse se movimenta quando você o desloca no mouse pad. Dê um clique no botão Aplicar para testar as suas alterações. Se você for um usuário principiante, use uma velocidade baixa até se acostumar com o mouse.

Rastro do Ponteiro: Se você tiver dificuldade para rastrear o caminho do ponteiro do mouse, desloque o botão de seta Rastro do mouse para o lado **Curto**. Isto cria uma "esteira" de ponteiros que demora a desaparecer e segue o ponteiro do mouse na tela. Se você tiver um computador portátil com tela de cristal líquido, ajuste a opção para o lado **Longo** da barra deslizante.

Teclado

Dê um clique duplo no ícone Teclado, no Painel de Controle, para mudar as características do seu teclado.

Intervalo de Repetição: Para mudar o tempo que o usuário tem que pressionar uma tecla até ela começar a se repetir, desloque o botão da seta no campo Intervalo de repetição entre Longo e Curto.

Taxa de Repetição: Para mudar a rapidez com que os caracteres são repetidos quando uma tecla é mantida pressionada, desloque o botão da seta no campo Taxa de Repetição entre Lenta e Rápida.

Taxa de Intermitência do Cursor: Para mudar a velocidade de intermitência do cursor, dê um clique e arraste o botão de seta no campo Taxa de intermitência do cursor. O cursor intermitente à esquerda muda a velocidade de intermitência à medida que você muda o controle deslizante.

Personalização

Há muitas maneiras de personalizar a sua área de trabalho. Você pode mudar a cor e acrescentar uma figura ao fundo ou mudar o tamanho da tela.

Você pode acessar a caixa de diálogo para mudar a área de trabalho e a tela de duas maneiras:

1- Com o clique duplo no objeto **Personalização,** no **Painel de Controle.**

2-Clicando com o botão direito em uma parte vazia da área de trabalho, depois escolhendo Personalizar, no menu a seguir:

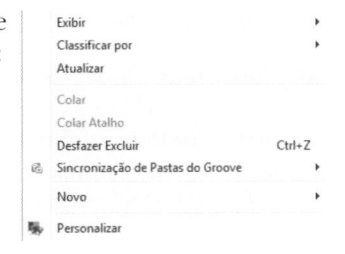

TEMAS

Os Temas determinam a aparência geral do seu ambiente de trabalho, como fundo, ícones, ponteiros do mouse entre outras configurações. Você poderá, inclusive, colocar o Windows VISTA com a mesma aparência do Windows XP, 98 ou Me, um recurso muito útil quando se tem pouca memória no computador, pois as peles do Windows VISTA, que acrescentam os efeitos de aparência, ocupam um considerável espaço na memória. Você também pode pegar mais Temas para o Windows, na Internet.

Para ativar o tema **Clássico do Windows** ou **Windows Vista,** clique na opção **Tema.**

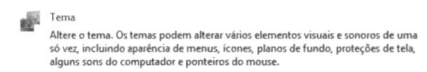

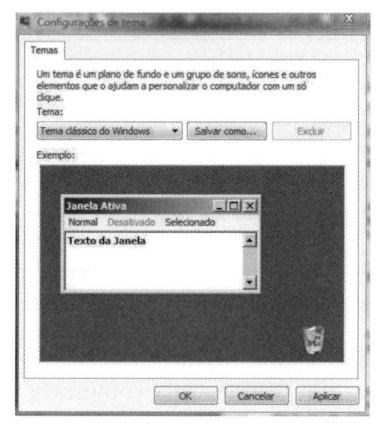

Área de Trabalho

Na guia Área de Trabalho, você poderá escolher, entre outras coisas, uma figura para ficar de fundo no Windows(papel de parede).

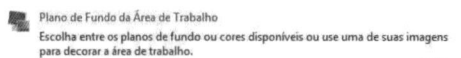

1-Escolha uma das figuras na opção Plano de Fundo e clique em Ok para verificar o resultado em sua área de trabalho.

No botão **Alterar ícones da Área de Trabalho**, você pode determinar quais ícones aparecerão na área de trabalho, trocar os ícones de programas como Lixeira e Computador e pode ainda colocar uma página da Internet como fundo da Área de Trabalho.

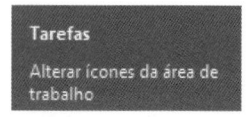

Proteção de Tela

Para estabelecer uma Proteção de Tela, vá à caixa de diálogo Personalização e clique na guia Proteção de Tela .

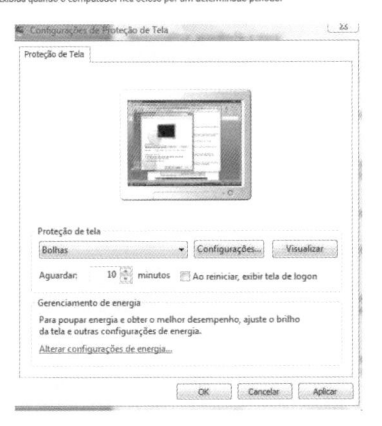

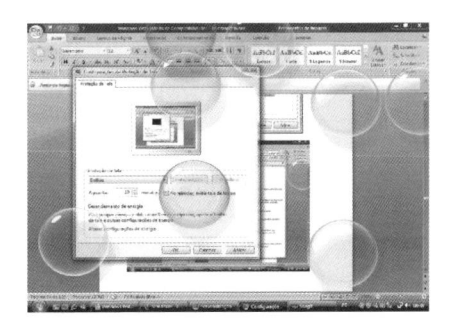

Para utilizar um Protetor de Tela, siga os seguintes passos:

1-Dê um clique na opção Proteção de Tela e escolha o tipo **Texto 3D**.

2-Para mudar a mensagem a ser exibida, clique em **Configurações**.

3-Na opção **Texto Personalizado**, digite **WindowsVISTA**.

4-Clique na opção **Escolher Fonte** para alterar a fonte.

5- Escolha a fonte Times New Roman.

6-Clique em OK. Depois, altere a cor de fundo e a velocidade. Clique em OK.

7-De volta as propriedades do vídeo, clique em Visualizar para testar a proteção de tela.

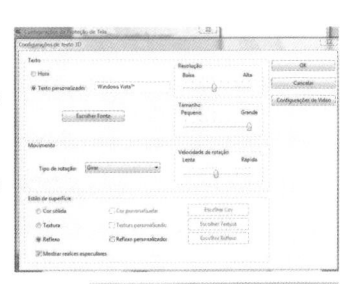

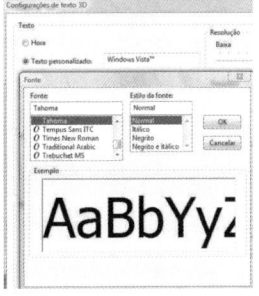

8-Determine também o tempo de ócio para a entrada da proteção de tela.

Teste as outras opções de Proteção de Tela.

ESQUEMAS DE CORES

Para mudar o esquema de cores do Windows VISTA, dê um clique na guia **Cor e Aparência** na caixa de diálogo Personalização.

A sua tela ficará parecida com a figura abaixo. Nessa página, você poderá mudar as cores de diferentes partes da tela, como a fonte das letras.

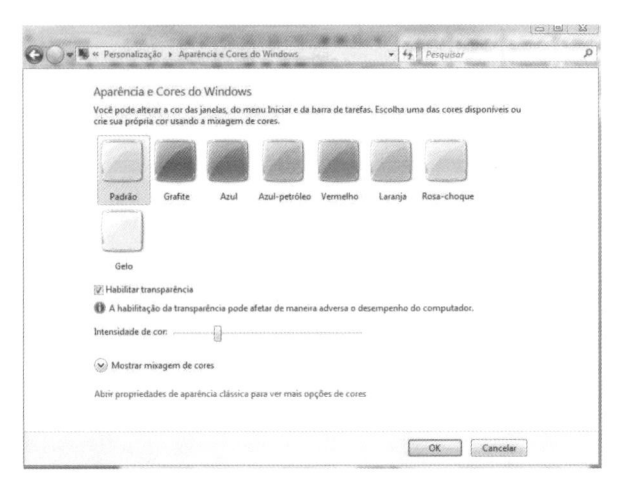

Contas de Usuário

O Windows já implementa o recurso para trabalhar com usuários, desde suas versões anteriores. Mas a partir do Windows VISTA, você tem muito mais opções para controlar os usuários. Agora, você pode definir permissões, copiar configurações, restringir o acesso a certos arquivos e programas entre outras opções. Veja como criar e alterar as contas de usuário.

1-Dentro do Painel de Controle, clique no ícone Contas de Usuário.

2-Na tela que aparecerá, você poderá criar, alterar ou até mesmo remover uma conta do computador.

3-Clique na opção **Gerenciar uma outra conta.**

4 - Clique na opção **Criar Nova Conta**.

5-Na tela que aparecerá, digite o nome do novo usuário.

6-Escolha o tipo da conta desejada: Usuário Padrão ou Administrador. Na própria tela, é dada uma descrição do que cada um dos usuários poderá fazer. Clique em **Criar a Conta.**

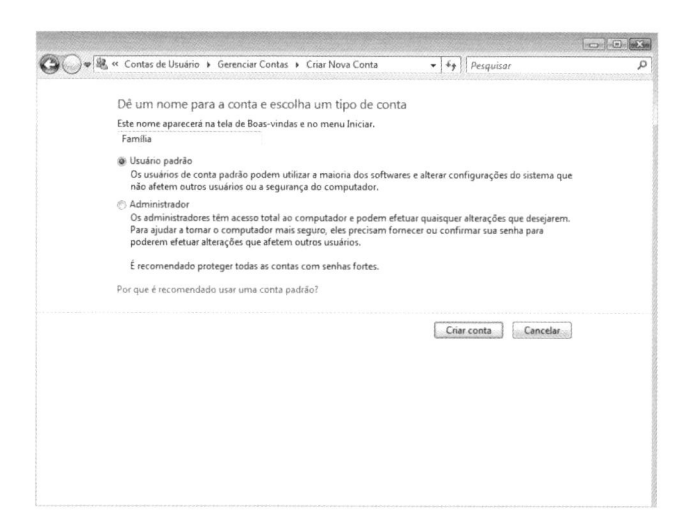

7-Foi criado um novo usuário, clique nele para realizar algumas alterações.

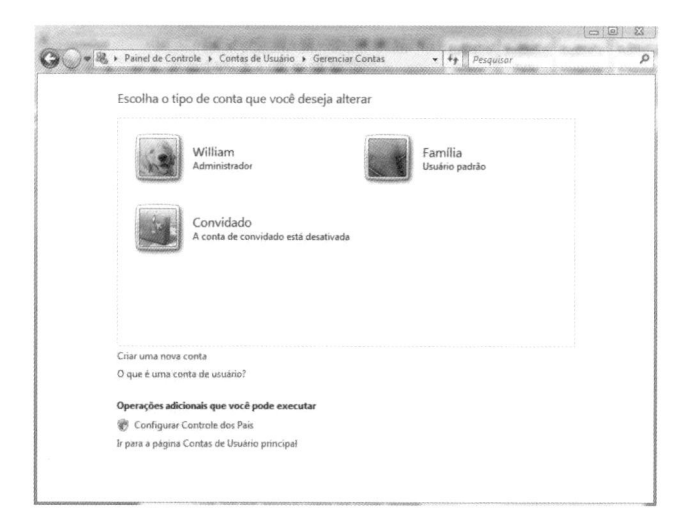

8-Na tela que aparecerá, clique em **Criar Senha**.

9-Defina uma senha para o usuário, confirme e coloque uma frase como lembrete.

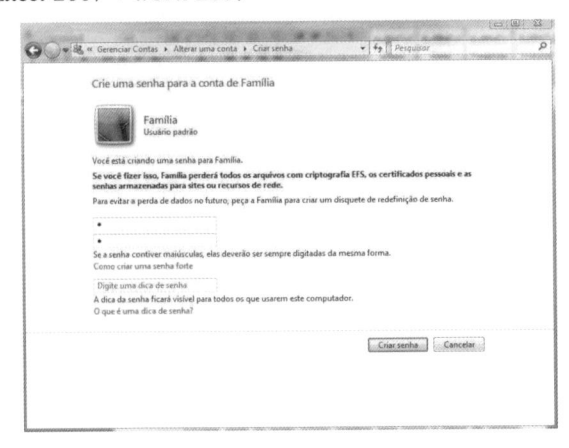

10 - Clique, agora, no botão Alterar Imagem para trocar a figura do usuário, podendo-se colocar até mesmo a foto do usuário.

11 - Escolha a imagem desejada e clique em **Alterar Imagem**.(Caso queira outra imagem, clique em **Procurar mais Imagens**).

12-Agora, você poderá **Efetuar o LogOff** do computador e logar como o novo usuário para definir suas configurações personalizadas.

Controle de Pais

Você pode usar o Controle dos Pais para ajudar a gerenciar o modo como as crianças usam o computador. Por exemplo, você pode definir limites no acesso das crianças à Web, os horários em que elas podem fazer logon no computador, bem como os jogos que podem participar e os programas que podem executar.

Quando o Controle dos Pais bloqueia o acesso a uma página da Web ou jogo, uma notificação é exibida informando sobre o bloqueio. Seu filho pode clicar em um link na notificação para solicitar permissão de acesso a essa página da Web ou a esse programa. Você pode permitir o acesso inserindo informações da conta.

Antes de iniciar, verifique se cada criança para as quais você deseja configurar o Controle dos Pais tem uma conta de usuário padrão, pois o Controle dos Pais só pode ser aplicado a contas de usuário padrão. Para configurar o Controle dos Pais, será necessário ter uma conta de usuário de Administrador, que não poderá sofrer bloqueios por essa ferramenta. Para obter mais informações sobre as contas de usuário e sobre como configurá-las, consulte O que é uma conta de usuário?

Para ativar o Controle dos Pais em uma conta de usuário padrão

1.Dentro do Painel de Controle, clique no ícone **Controle De Pais**.

2.Clique para abrir **Controle dos Pais**. Se você for solicitado a informar uma senha de administrador ou sua confirmação, digite a senha ou forneça a confirmação.

3.Clique na conta de usuário padrão na qual você deseja aplicar o Controle dos Pais.

4.Em **Controle dos Pais**, clique em **Ativado, aplicar configurações atuais**.

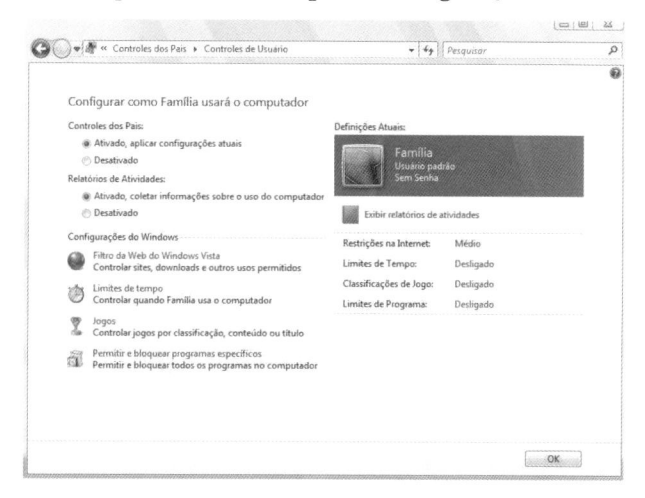

Depois de ativar o Controle dos Pais para a conta de usuário padrão do seu filho, você pode ajustar as configurações individuais que deseja controlar. Você pode controlar as seguintes áreas:

Restrições da Web. Você pode restringir os sites que as crianças poderão visitar e certificar-se de que elas somente visitam sites adequados para a idade delas. Alem disso, você pode indicar se deseja permitir downloads de arquivo e configurar o conteúdo que deseja que os filtros de conteúdo bloqueiem e permitam. Também é possível bloquear ou permitir sites específicos.

Limites de Tempo. Você pode definir limites de tempo para controlar os horários em que as crianças terão permissão para fazer logon no computador. Os limites de tempo impedem que as crianças façam logon durante as horas especificadas e, se já estiverem conectadas, serão desconectadas automaticamente. Você pode definir horas de logon diferentes para cada dia da semana.

Jogos. Nesta opção, você pode controlar o acesso aos jogos, escolher um nível de classificação etária, definir o tipo de conteúdo que deseja bloquear, além de decidir se deseja permitir ou bloquear jogos não classificados ou específicos.

Permitir ou bloquear programas específicos. Você pode impedir que as crianças executem programas que você não deseja não considera apropriados.

FIXANDO O APRENDIZADO

01- Inverta os Botões do Mouse.

02- Mude a velocidade do duplo clique para Lenta

03- Volte o botão do mouse para o Modo Padrão.

04- Mude a velocidade do duplo clique para Rápida.

05- Mude a velocidade do ponteiro do mouse para Lenta.

06- Coloque o ponteiro para exibir o rastro.

07- Altere o intervalo da repetição para Curto no teclado.

08- Coloque como papel de parede a figura de uma Ponte.

09- Mude o tema para Windows Clássico.

10- Volte a velocidade do clique duplo para Normal, a velocidade do ponteiro para normal e desative o rastro do mouse.

11- Coloque o tema Windows VISTA.

12- Altere a data para 01/06/2002.

13- Crie um protetor de tela com a frase **O Windows VISTA é Fácil**.

14- Mude o protetor de tela para Bolhas.

15- Mude o esquema de cores para **Prateado** e, depois, para **Verde Oliva**.

16- Crie dois novos usuários no computador, um deles deverá ser administrador e o outro, Padrão.

17- Defina uma senha para o usuário Administrador.

18- Efetue o LogOff e logue novamente com o usuário Administrador.

19- Bloqueie os Jogos dos usuários criados.

20- Bloqueie o download de arquivos dos usuários criados.

Microsoft®
WINDOWS VISTA

CAPÍTULO 7
Barra Lateral

Gadgets e Barra Lateral do Windows

A Barra Lateral é uma barra longa, vertical, exibida ao lado da área de trabalho. Ela contém miniprogramas chamados Gadgets, que oferecem informações rápidas e acesso fácil às ferramentas usadas com freqüência. Por exemplo, você pode usar gadgets para exibir uma apresentação de slides, exibir manchetes atualizadas continuamente ou pesquisar contatos. Poderá também conferir a temperatura de qualquer localidade, exibir o relógio analógico na tela, entre outros.

Para exibir a Barra Lateral:

Clique em **Iniciar/Todos os Programas/Acessórios** e escolha **Barra Lateral**.

A barra será exibida ao lado direito da tela.

Personalizando a Barra de Tarefas

Para adicionar itens à Barra Lateral siga os seguintes passos:

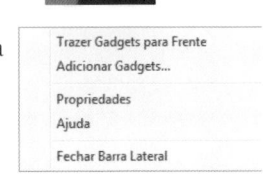

1. Clique com o botão direito do mouse em cima da barra e escolha **Adicionar Gadgets**.

A seguinte tela será exibida:

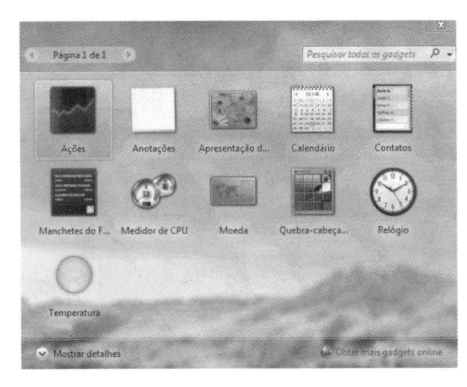

2. Dê um clique duplo nos itens que deseja adicionar à barra.

3. Faça com que fiquem ativos o Relógio, Quebra-Cabeças, Temperatura e Manchetes.

Manchetes

Para personalizar as manchetes que serão exibidas, clique na ferramenta ao lado da caixa Manchetes.

A seguinte tela será exibida:

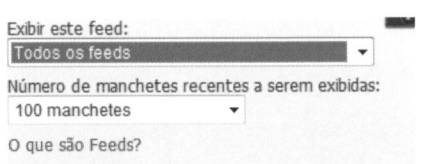

Escolha os itens desejados e clique em **OK**.

Quebra-cabeças

Para personalizar o Quebra-Cabeças, clique na ferramenta ao lado da caixa.

Escolha a imagem desejada e clique em OK.

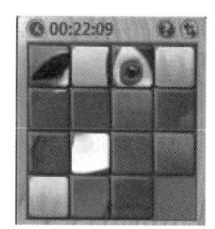

Temperatura

Para personalizar a exibição da Temperatura, clique na ferramenta ao lado da caixa.

Digite a localidade desejada e clique em **OK**

Relógio

Para personalizar o Relógio, clique na ferramenta ao lado da caixa.

Escolha o modelo desejado e clique em **Ok.** Se você desejar, poderá ajustar data e hora clicando em **Alterar data e hora do computador.**

Para excluir itens, basta clicar no **X** ao lado de cada item.

Microsoft®
WINDOWS VISTA

CAPÍTULO 8
Aplicativos Windows

Calculadora

1-Clique no ícone calculadora, na pasta Acessórios.

A calculadora do Windows VISTA pode ser **Padrão ou Científica**.

2-Para mudar o tipo de calculadora, vá ao Menu **Exibir** e escolha **Científica**.

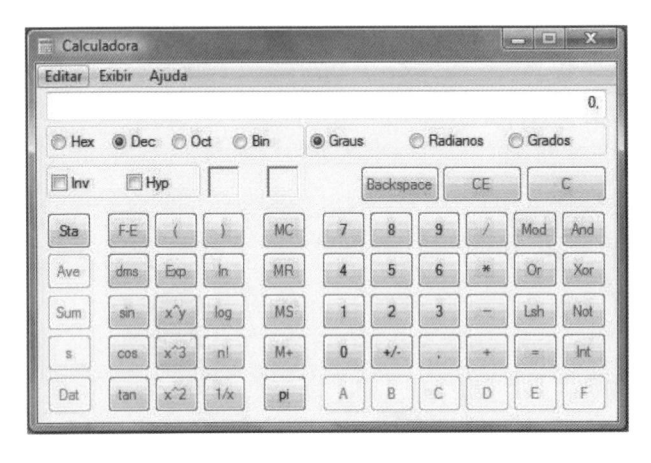

Bloco de Notas

O Bloco de Notas é um editor de textos simples, que permite exclusivamente a formatação de fontes e armazena seus arquivos no formato .TXT.

Ele permite também a visualização de arquivos que acompanham a instalação de programas, com informações sobre configuração e números seriais, por exemplo.

1-Clique em **Iniciar/Todos os Programas/Acessórios**.

2-Clique em **Bloco de Notas** e ele será mostrado como na imagem seguinte:

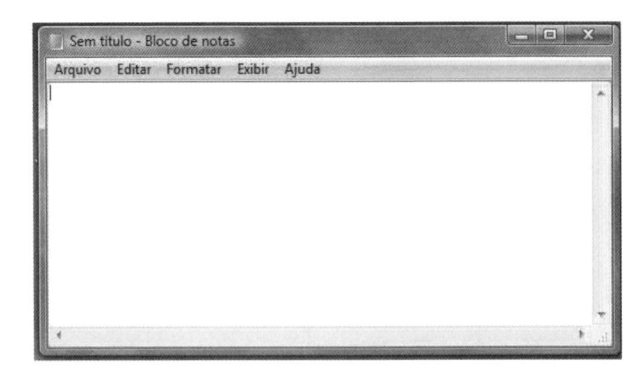

Para localizar palavras e/ou caracteres contidos no texto, clique no menu **Editar** e, em seguida, em **Localizar**.

Na Caixa **Localizar**, digite a palavra a ser encontrada.

Clique em **Localizar Próxima**.

Editando, Recortando e Colando Textos

Para movimentar partes de um texto para uma nova página ou para outro arquivo, você terá duas opções:

- **RECORTAR** – Este comando retirará o texto selecionado para que ele possa ser inserido em outro local.

- **COPIAR** – Este comando permitirá a inserção do arquivo em outro local, no entanto, fará uma cópia dele na Área de Transferência.

Recortando o texto ou partes dele:

- Selecione o trecho desejado.
- Clique em **Editar** e, em seguida, em **Recortar.**
- Ou você poderá efetuar a operação pelo teclado, usando as teclas **Ctrl+X**.

Inserindo o trecho em outro local:

- Abra um novo arquivo ou entre no que já estiver armazenado.
- Clique em **Editar** e, em seguida, em **Colar**.
- Ou você poderá efetuar a operação pelo teclado, usando as teclas **Ctrl+V**

Copiando o texto ou partes dele:

- Selecione o trecho desejado.
- Clique em **Editar** e, em seguida, em **Copiar**
- Ou você poderá efetuar a operação pelo teclado, usando as teclas **Ctrl+C**.

Para armazenar este trecho, repita a operação mostrada em **Inserindo o trecho em outro local**.

Ajustando o texto à janela

Sem a Quebra Automática de Linha o seu texto é visualizado em apenas uma linha. Para que o texto esteja ajustado à janela, siga os passos à seguir:

- Clique em **Formatar** e, em seguida, em **Quebra Automática de Linha**.

Inserindo a data e hora do sistema em seu documento

- Clique no trecho do documento onde deverá ser colocada a data ou a hora.

- Clique em **Editar** e, em seguida, em **Hora/Data** ou use o teclado, apertando a tecla **F5**.

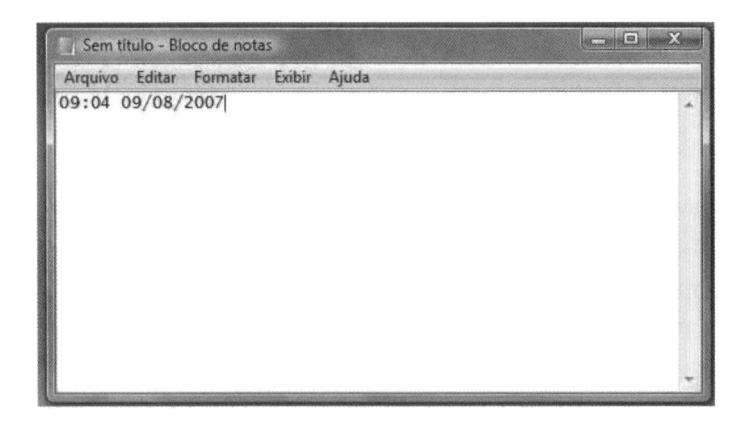

Formatando a fonte do texto

A Formatação do Texto permite que você modifique o estilo e o tamanho da letra que será impressa.

Para isso, siga os passos:

- Clique em **Formatar** e em seguida em **Fonte**. A seguinte tela aparecerá:

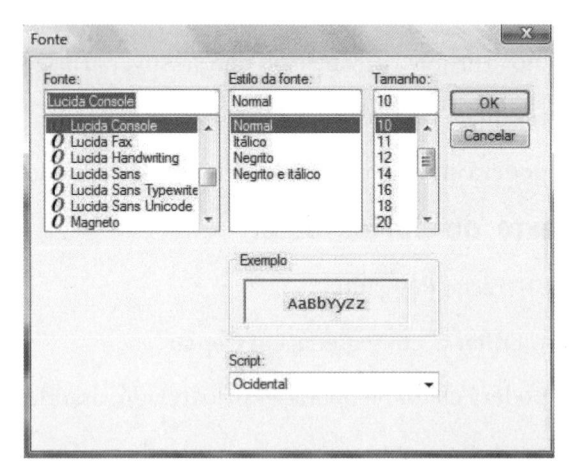

- Em Fonte, escolha o modelo da letra desejado. O modelo escolhido aparecerá na caixa Exemplo para que você possa visualizá-lo antes da conclusão.

- Escolha o Estilo da Fonte.

- Escolha o tamanho da letra em Tamanho e conclua, clicando em **OK**.

Salvando o documento

É importante que o documento digitado possa ser armazenado no seu winchester para que possa ser usado posteriormente.

Para isso, siga os passos:

- Clique em **Arquivo** e, em seguida, em **Salvar**. Aparecerá a seguinte tela:

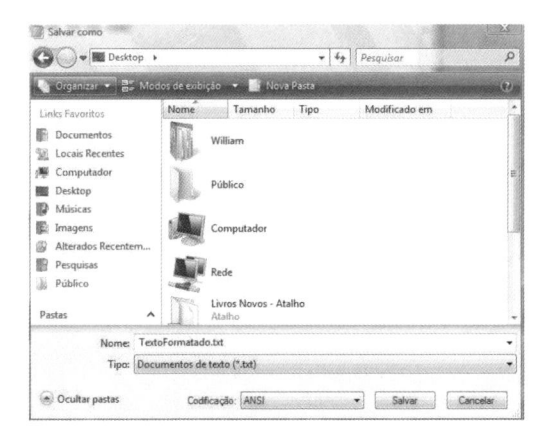

- Na caixa que aparecerá, escolha o diretório onde o arquivo deverá ser armazenado.
- Digite um nome para o arquivo e em seguida clique em **OK**.

O arquivo está armazenado em seu computador.

Para que um arquivo já armazenado, que tenha sido alterado, possa ser gravado com outro nome, siga os passos.

- Clique em Arquivo e, em seguida, em **Salvar Como**.
- Na caixa que aparecerá, escolha o diretório onde o arquivo deverá ser armazenado.
- Digite um nome para o arquivo e clique em **OK**.

FIXANDO O APRENDIZADO

1. Entre no Bloco de Notas.

2. Digite seu nome e endereço.

3. Formate a Fonte do Texto para **Arial Black** com Tamanho **16**.

4. Salve o arquivo no diretório **C:\ DOCUMENTOS** com o nome de **Trabalhando com Textos.txt**.

Microsoft® **WINDOWS VISTA**

CAPÍTULO 9
Paint

Informática Elementar
Windows Vista + Excel 2007 + Word 2007

O Paint é uma ferramenta que acompanha o Windows VISTA. Com ela, você poderá:

- Criar avisos.
- Criar ilustrações para um texto;
- Criar figuras para uso em outros programas do Windows
- Retocar as figuras ou fotografias digitalizadas;
- Desenhar figuras para papel de parede.

Para acessá-lo, siga as instruções abaixo.

- Clique no menu **Iniciar/Todos Programas/Acessórios** e, em seguida, em **Paint**.

A exibição será semelhante à da figura abaixo:

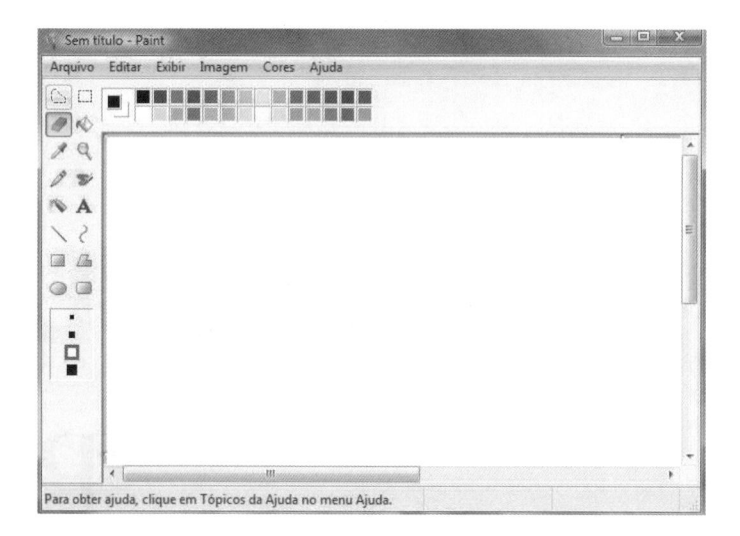

Barra de Desenho

Forma Livre — Selecionar

Apagador/Apagador de Cor — Preencher cor

Selecionar Cor — Lupa

Lápis — Pincel

Spray — Texto

Linha — Curva

Retângulo — Polígono

Elipse — Retângulo Arredondado

Desenhando Linhas

- Na Barra de Desenhos, clique na Ferramenta **Linha.**

Você poderá escolher a espessura da linha usando as opções mostradas no canto inferior direito da Barra de Desenhos, como mostrado à seguir:

- Clique na área de desenho e arraste com o botão esquerdo do mouse até que a linha esteja de sua preferência.

Dica: Para efetuar linhas perfeitas, segure a tecla **SHIFT** enquanto desenha.

Desenhando Linhas de Forma Livre

- Clique na Ferramenta **Lápis,** na **Barra de Desenho**

- Clique na área de desenho e arraste com o botão esquerdo do mouse até que a forma do desenho esteja à seu gosto.

Desenhando com o Pincel

- **Na Barra de Desenho,** clique na Ferramenta **Pincel.**

- Clique na área de desenho e arraste com o botão esquerdo do mouse até que a forma do desenho esteja à seu gosto.

Desenhando uma Curva

- Clique na Ferramenta **Curva,** na **Barra de Desenho.**

- Clique na área de desenho e arraste com o botão esquerdo do mouse até que a linha esteja à seu gosto.

- Dê um clique na área de desenho para determinar o ângulo do arco.

- Em seguida, dê um clique em cima do arco para que a linha seja confirmada.

Desenhando uma Elipse

- Clique na Ferramenta **Elipse,** na **Barra de Desenho.**

- Clique na área de desenho e arraste com o botão esquerdo do mouse até que a elipse esteja à seu gosto.

Dica: Para efetuar círculos perfeitos, segure a tecla **SHIFT** enquanto desenha.

Desenhando um Retângulo

- Clique na Ferramenta **Retângulo,** na **Barra de Desenho.**

- Clique na área de desenho e arraste com o botão esquerdo do mouse até que o retângulo esteja à seu gosto.

Dica: Para efetuar quadrados perfeitos, segure a tecla **SHIFT** enquanto desenha.

Desenhando um Polígono

- Clique na Ferramenta **Polígono,** na **Barra de Desenho.**

- Clique na Área de Desenho e, em seguida, clique com o botão esquerdo do mouse em outros cantos para dar forma ao polígono.Clique duas vezes para finalizar a operação.

Digitando e alterando texto no Paint

Para trabalhar com textos no Paint você deverá seguir as instruções:

- Na **Barra de Desenho,** clique na Ferramenta **Texto**

- Clique na área de desenho e faça um retângulo na tela onde será colocado o desenho.

- Digite o texto desejado.

- Para modificar o formato do texto, clique no menu **Exibir/Barra de Ferramenta de Texto**, como mostra o quadro abaixo:

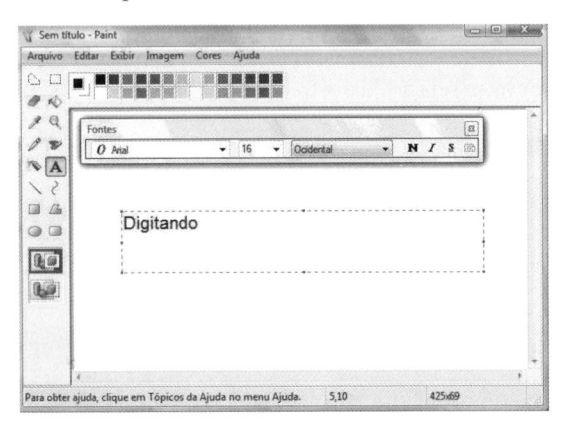

Apagando áreas desenhadas

- Na **Barra de Desenho,** clique na Ferramenta **Apagador.**

- Clique na área de desenho e arraste com o botão esquerdo do mouse até que a área desejada seja apagada.

Apagando áreas determinadas

- Na **Barra de Desenho,** clique na Ferramenta **Seleção ou Seleção Forma Livre.**

- Clique na área de desenho e arraste com o botão esquerdo do mouse até que a área desejada esteja circundada por um retângulo pontilhado.

- Aperte a tecla **DEL** ou **DELETE.**

Limpando todo o desenho

- Clique no menu **Imagem/Limpar Imagem.**

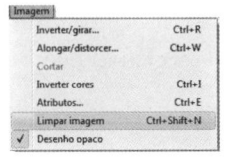

Microsoft®

WINDOWS VISTA

CAPÍTULO 10

Wordpad

Informática Elementar
Windows Vista + Excel 2007 + Word 2007

O WordPad é uma ferramenta para edição de textos que acompanha o Windows VISTA. Diferente do Word, o Wordpad é uma ferramenta gratuita e que permite ao usuário criar textos formatados, simples tabelas para que possam ser impressas rapidamente.

Para acessá-lo, siga as instruções abaixo.

- Clique no menu **Iniciar/Todos os Programas/Acessórios** e, em seguida, em **Wordpad**.

A exibição será semelhante a da figura abaixo:

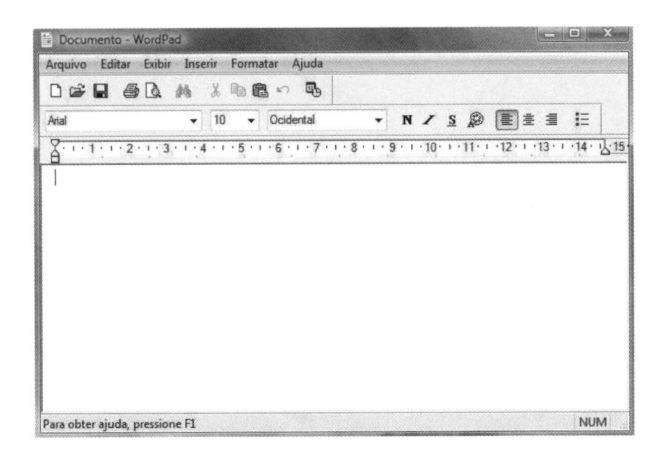

No Wordpad, você encontrará várias Barras de Ferramentas com diferentes funções:

Barra de Ferramentas Padrão: Contém os comandos mais utilizados que existem na Barra de Menus.

Barra de Ferramentas de Formatação: Contém comandos para realizar alterações na formatação de textos, como cores, fontes, tamanho e alinhamento.

Barra de Status: Onde são exibidas informações referentes ao documento atual.

Régua de Tabulação: Com a Régua de Tabulação, você poderá ajustar as margens e recuos do texto na página.

Todas as Barras podem ser ativadas ou desativadas acessando o menu **Exibir.**

Criando um novo documento

Para utilizar uma folha em branco e iniciar seu novo trabalho, faça o seguinte:

- Clique em **Arquivo** e, em seguida, em **Novo**. Ou utilize o botão **Novo** na **Barra de Ferramentas Padrão.**

Aparecerá um novo documento para que você possa iniciar seu trabalho.

Salvando alterações em um documento

- Clique em **Arquivo** e, em seguida, em **Salvar**, ou use o botão **Salvar**.

A seguinte tela irá aparecer:

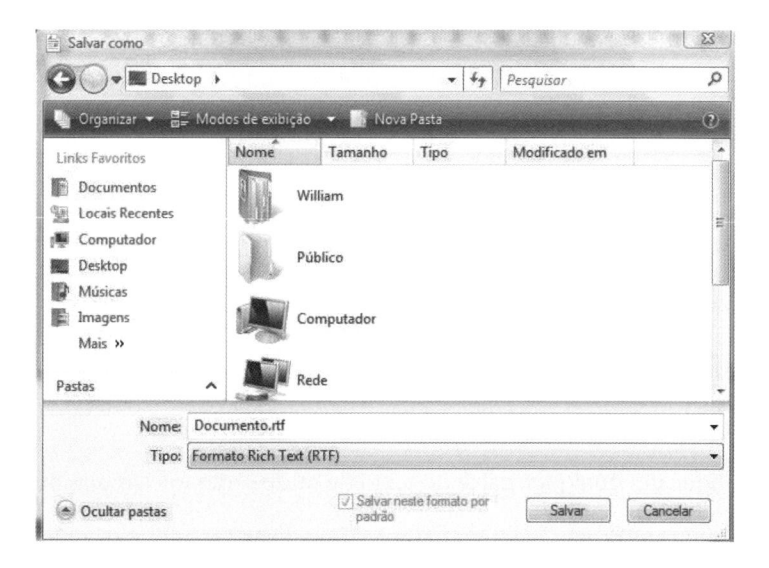

- Digite um nome para o arquivo e clique em **OK**.

O arquivo está armazenado em seu computador.

Abrindo um documento

Para executar um documento já armazenado no computador:

- Clique em **Arquivo** e, em seguida, em **Abrir,** ou use o botão **Abrir**
- Na caixa que será exibida, escolha o diretório onde se encontra o arquivo desejado e clique nele.
- Clique na opção **Abrir.**

Copiando partes de um documento

- Selecione o trecho desejado.
- Clique no menu **Editar** e, em seguida, clique em **Copiar.**
- Ou você poderá efetuar a operação pelo teclado usando as teclas **Ctrl+C**.
- Escolha o arquivo onde as informações deverão ser colocadas.
- Clique no menu **Editar** e, em seguida, em **Colar**. Ou utilize as teclas **Ctrl+V.**

Esta transferência de partes de um documento só é possível porque, quando copiamos ou recortamos partes de um texto, ele fica armazenado em uma área do computador chamada **Área de Transferência,** até que possamos colar o documento em outro local.

Desfazendo operações

Ao cometer erros no Wordpad, não é necessário que o trabalho seja recomeçado. Para desfazer operações:

- Clique no menu **Editar** e, em seguida, em **Desfazer.**

- Ou utilize as teclas **Ctrl+Z** para cada alteração que você queira desfazer.

Excluindo partes do texto

Para excluir partes do texto:

- Selecione o texto a ser excluído.

- Use a tecla **DEL** ou **DELETE** em seu teclado.

Buscando palavras no texto

Para buscar palavras ou frases no texto:

- Clique em qualquer parte do texto de onde serão iniciadas as buscas.

- Clique em **Editar** e, em seguida, em **Localizar.** Ou utilize o botão **Localizar** que se encontra na **Barra de Ferramentas Padrão.**

A seguinte janela será exibida:

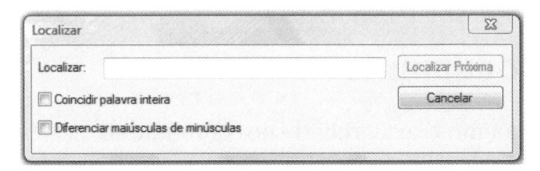

Em **Localizar** , digite a palavra ou frase que será procurada.

- Clique em **Localizar Próxima.**

- Clique novamente no botão Localizar Próxima, se você quiser que a ferramenta continue a busca no restante do texto.

Substituindo palavras no texto

Para substituir palavras ou frases do texto:

- Clique em qualquer parte do texto de onde serão iniciadas as buscas e substituições.

- Clique em **Editar** e, em seguida, em **Substituir.**

A seguinte janela será exibida:

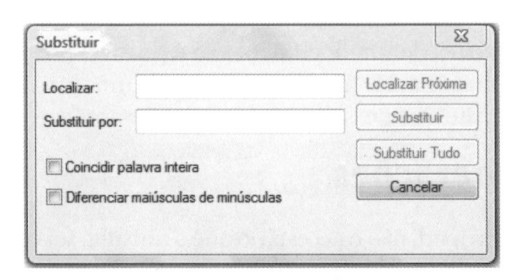

- Em **Localizar,** digite a palavra à ser procurada.

- Em **Substituir por,** digite a palavra que deverá aparecer no lugar da palavra encontrada.

- Clique em **Substituir Todas.**

Inserindo Data e Hora no texto

- Clique no ponto do texto onde deverá aparecer a Data e Hora.

- Clique em **Inserir** e, em seguida, em **Data e Hora.** Ou clique no botão **Data e Hora,** na **Barra de Ferramentas Padrão** .

A seguinte janela será exibida:

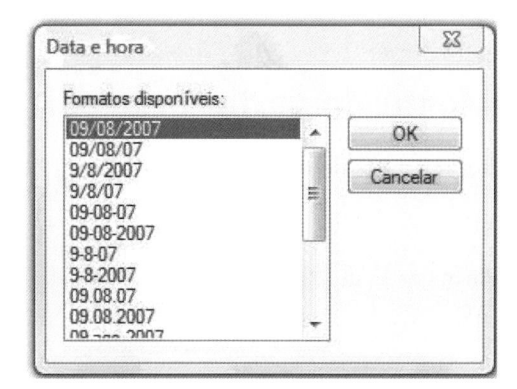

- Na caixa que aparecerá, escolha o formato desejado.

- Clique em **OK.**

Alterando a aparência do texto

Para que o WordPad visualize seu texto na tela de maneira agradável, sem que o texto seja mostrado em apenas uma linha, você deverá inserir uma Quebra de Linha Automática.

- Clique no menu **Exibir** e, em seguida, em **Opções**.

- Na área **Quebra automática de linha,** escolha o estilo de quebra desejado.

- Para que o texto mude de linha ao atingir as bordas da página, escolha **Ajustar à Janela.**

- Para que o texto mude de linha ao atingir as margens da página, escolha **Ajustar à Régua.**

Veja o exemplo:

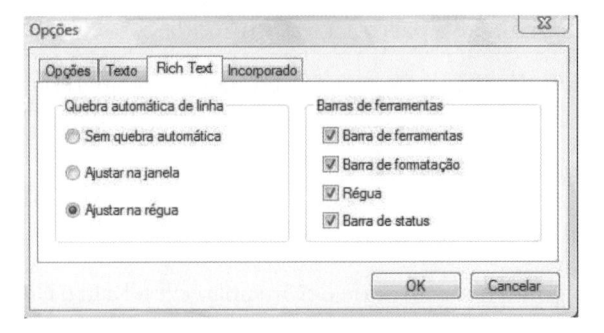

Estas modificações fazem com que seja alterada somente a visualização do texto na tela. A forma com que o texto será alterado é configurada a partir do menu **Arquivo/Configurar Página**.

Formatando a fonte do texto

Aqui, veremos como alterar a fonte do texto no WordPad.

Para isso, faça o seguinte:

- Clique em **Formatar** e, em seguida, em **Fonte**. A seguinte tela aparecerá:

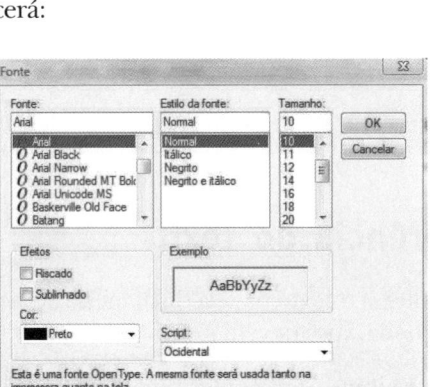

Em Fonte, escolha o modelo da letra desejado. O modelo escolhido aparecerá na caixa Exemplo para que você possa visualizá-lo antes da conclusão.

- Escolha o Estilo da Fonte.
- Escolha a Cor da Fonte desejada.
- Escolha o Tamanho da Letra.
- Conclua, clicando em **OK**.

Selecionando todo texto

- Clique no menu **Editar** e, em seguida, em **Selecionar Tudo.**
- Ou use as teclas **Ctrl+T.**

Formatando parágrafos do texto

Para alterar o alinhamento do texto:

- Selecione o trecho a ser alterado.
- Use os botões de alinhamento **À Esquerda**, **À Direita** ou **Centralizado,** que se encontram na **Barra de Ferramentas Padrão.**

Trabalhando com tabulações

A tabulação é um recurso muito utilizado por quem necessita trabalhar com documentos em mais de uma coluna ou simples tabelas.

Para isto:

- Dê um clique na posição em que o texto deverá ser mostrado, utilizando a **Régua de Tabulação.**
- Em cada cm clicado, aparecerá um indicador da posição escolhida.
- Utilizando a tecla **Tab** para se movimentar para a direita e a tecla **Enter** para inserir uma nova linha, crie uma tabela como a mostrada na figura abaixo:

PRODUTOS	PREÇO	QUANTIDADE
Teclado	R$ 25,00	15
Mouse	R$ 12,50	22
Caixa Disquete 3 ½	R$ 15,00	8

Limpando Tabulações

Para limpar tabulações de um documento, faça o seguinte:

- Clique no menu **Formatar** e, em seguida, em **Tabulações.**
- Clique no botão **Limpar Tudo.**
- Clique em **OK.**

Imprimindo e visualizando um arquivo

Para visualizar o arquivo antes de imprimir:

- Clique no menu **Arquivo** e escolha **Visualizar Impressão.**

- Se a aparência do documento for satisfatória, clique no botão **Imprimir** ou vá ao menu **Arquivo/Imprimir.**

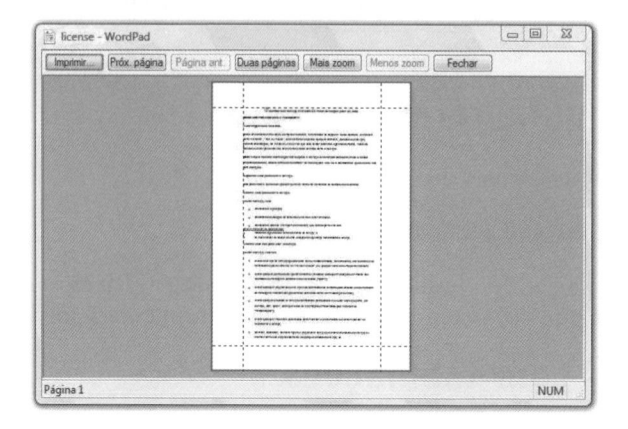

Microsoft®

WINDOWS VISTA

CAPÍTULO 11

Novos Aplicativos

Captura de Tela (Snipping Tool)

Você pode usar a Ferramenta de Recorte para obter uma captura de tela ou recorte de qualquer objeto na tela e, em seguida, anotar, salvar ou compartilhar a imagem. Basta usar o mouse ou caneta eletrônica para capturar qualquer um dos seguintes tipos de recorte:

- **Recorte de Forma Livre**: Desenhe uma linha irregular, como um círculo ou triângulo, em torno de um objeto.

- **Recorte Retangular:** Desenhe uma linha precisa arrastando o cursor em torno de um objeto para formar um retângulo.

- **Recorte de Janela:** Selecione uma janela ou caixa de diálogo do navegador que deseja capturar.

- **Recorte de Tela Inteira:** Captura toda a tela quando você seleciona esse tipo de recorte.

Depois de obter um recorte, ele será automaticamente copiado para a janela de marcação, onde será possível anotar, salvar ou compartilhar o recorte.

Para capturar tela:

1. Clique no botão **Iniciar/Todos os Programas/Acessórios** e escolha **Snipping Tool.**

2. A tela ao lado será mostrada:

3. Clique na opção **Novo**. A tela ficará opaca. Clique com o botão direito do mouse na Área de Trabalho e arraste-o até que forme um retângulo selecionando a área que você deseja.

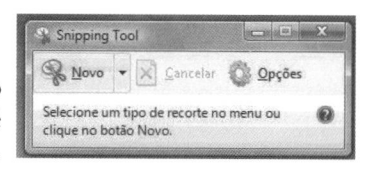

4. A nova imagem será mostrada na janela **Snipping Tool.**

5. Para gravar essa imagem, clique no botão **Salvar Captura** e escolha o nome e local onde será armazenada a imagem.

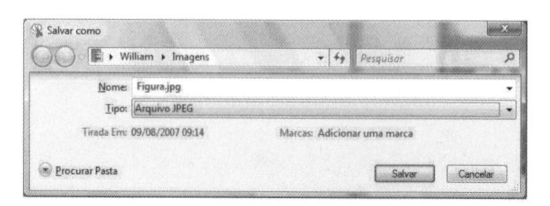

Microsoft®

WINDOWS VISTA

CAPÍTULO 12
Recursos de Multimídia

Media Player

O Media Player é uma ferramenta multimídia que acompanha o Windows VISTA e pode, facilmente, explorar os recursos de áudio e vídeo em cd-roms, imagens e vídeos capturados na internet. Com o Windows Media **Player**, você pode executar CDs e DVDs, criar seus próprios CDs, ouvir estações de rádio, procurar e organizar arquivos de mídia digital e copiar arquivos em um dispositivo portátil.

Para utilizar o Media Player:

- Clique em **Iniciar/Todos os Programas / Windows Media Player**.

A janela ao lado será exibida.

Acima da tela, você encontrará um menu com os seguintes itens:

Em Execução: Mostra o nome do artista, faixa do DVD em execução ou de um CD de áudio.

Biblioteca: Organiza os arquivos de mídia.

Copiar do CD: Permite a transferência de faixas de um CD para o winchester.

Sincronizar: No Player, sincronização é o processo pelo qual arquivos de mídia digital são copiados da biblioteca do Player em um dispositivo portátil. Feito isso, é possível reproduzir esses arquivos no dispositivo.

Gravar: Faz a transferência de arquivos de mídia para CD's ou computadores portáteis.

Media Guide: O Guia exibe todos os programas de TV em uma tabela, com a data e a hora no topo da tela. O número e o nome do canal e o título do programa ficam na parte horizontal da tela.

Ouvindo um CD de áudio

- Insira um CD de áudio em seu CD-Rom. Para abrí-lo, clique no botão do próprio CD-Rom.

- A música será inicializada automaticamente e o Media Player será aberto.

- Se o programa não for executado automaticamente, clique em **Iniciar/ Todos os Programas/ Windows Media Player.**

- No botão **Em Execução,** escolha a faixa que você deseja ouvir. Você verá também uma imagem no centro de seu Media Player, que será alterada de acordo com o ritmo da música.

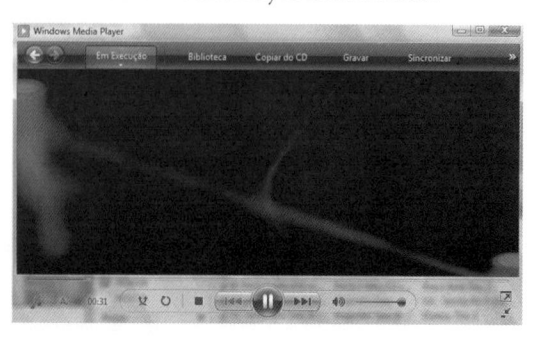

Você poderá efetuar operações como mudar de faixa, aumentar ou diminuir o volume do som, controlar a mixagem e muito mais.

Para que o CD seja reproduzido continuamente quando chegar à última faixa clique no botão **Ligar Repetição**.

Para que o CD execute músicas aleatoriamente, clique no botão **Ativar Ordem Aleatória**.

Pela barra **Busca,** você poderá determinar a partir de que ponto a música será executada.

Para modificar a aparência da figura da janela, utilize o botão **Em Execução/Visualizações**.

Ao lado direito da janela da opção **Em Execução,** serão mostradas as faixas e a duração das músicas do CD em execução.

Copiando faixas para o computador

Podemos copiar faixas de um CD para que possam ser executadas a partir do winchester de seu micro.

Para isso:

- Clique na opção **Copiar de CD,** que se encontra ao lado esquerdo da janela do Media Player.

Todas as faixas estarão marcadas.

- Desmarque as que você **não** deseja copiar, usando a caixa de seleção ao lado de cada faixa.

Observe a janela abaixo:

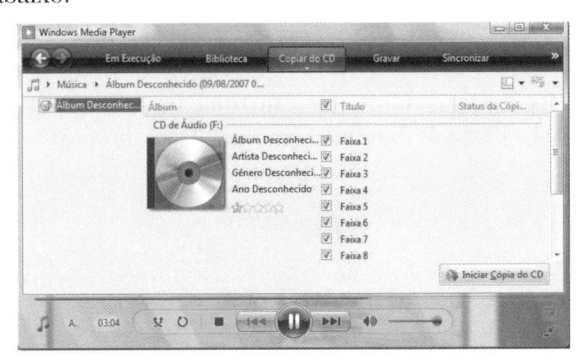

- Após escolher as faixas desejadas, clique em **Iniciar Cópia do CD**.

Todas as faixas selecionadas serão copiadas automaticamente para o computador e serão armazenadas na pasta **Minhas Músicas** do diretório **Documentos**.

Para alterar o local de gravação automática, vá ao botão localizado abaixo de **Copiar do CD**, clique em **Mais Opções** e, em seguida, clique na guia **Copiar do Música**. Na opção **Copiar Música do para este local,** escolha o botão **Alterar**. Na janela **Procurar Pasta**, selecione **C:** e escolha a pasta para onde serão direcionadas as músicas gravadas no computador.

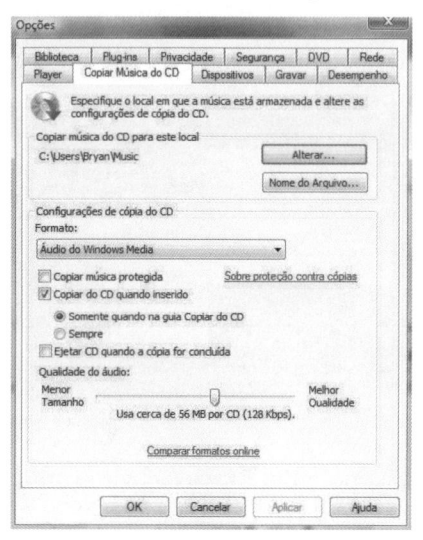

Reproduzindo sons

Para reproduzir um som armazenado no computador usando o Media Player, você deve:

- Localizar em seu computador arquivos com a extensão **Wav**.
- Arrastar o arquivo desejado para o Media Player

Você verá a seguinte tela:

- Se você desejar pausar a música, clique em **Executar** e, em seguida, em **Pausar**
- Clique no botão **Executar/Parar** se desejar parar a música.
- Para visualizar clipes de vídeo, siga as instruções mostradas em **Reproduzindo Sons** e escolha arquivos com a extensão .avi, .mpg, .wmv.

Há várias maneiras de controlar o volume de som, uma delas é clicar duas vezes no alto-falante que aparece na **Barra de Tarefas,** no canto inferior direito de seu monitor. Veja ao lado.

A opção **Mixer** exibirá a janela de som personalizada.

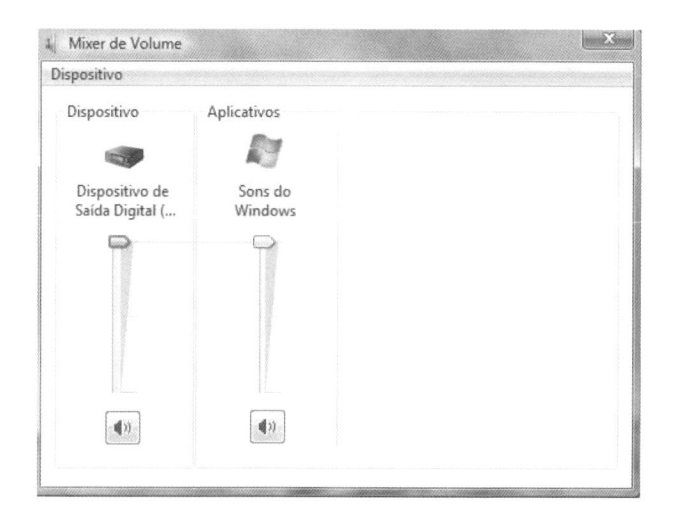

WINDOWS MOVIE MAKER

Com o Windows Movie Maker, você pode transferir vídeo e áudio gravados de uma fonte, como uma câmera de vídeo digital ou camcorder analógica, para o seu computador. Além de usar o seu próprio conteúdo gravado, também é possível importar arquivos de vídeo e áudio existentes e usá-los nos filmes criados por você. Depois de criar o filme, você pode compartilhá-lo com a família e amigos por meio do Windows Movie Maker, enviando-o por e-mail ou postando-o em um site da Web.

- Para abrir o Windows Movie Maker, vá em **Iniciar/Todos os Programas** e clique em Windows Movie Maker.

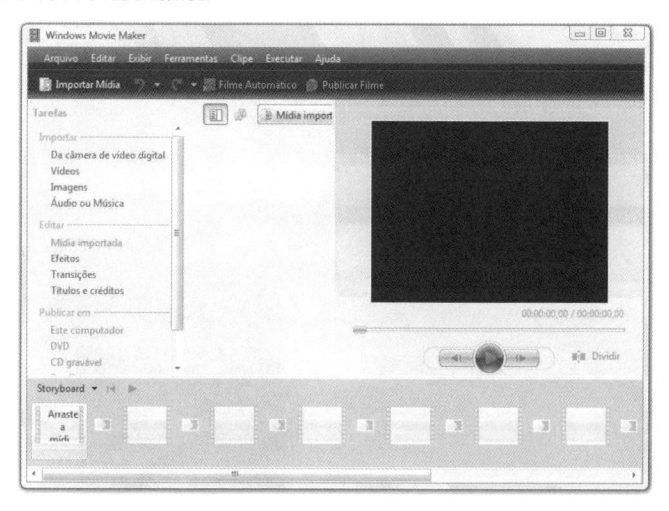

A criação de um filme usando o Windows Movie Maker pode ser dividida em três etapas fáceis: importar, editar e publicar.

Para importar arquivos no Windows Movie Maker:

1. Clique em **Arquivo** e, em seguida, em **Importar Itens de Mídia**.

2. Navegue até o local que contém os arquivos de mídia digital que deseja importar e

clique em **Importar** (Você poderá utilizar os exemplos de arquivos de vídeo do Movie Maker, que estão na pasta C:\Users\Public\Videos\Sample Videos).

Dicas

Você pode importar vários videoclipes de uma vez. No caso de clipes consecutivos, clique no primeiro da lista, mantenha pressionada a tecla SHIFT e, depois, clique no último clipe da lista. Para videoclipes não consecutivos, mantenha pressionada a tecla CTRL e clique em cada clipe que deseja importar no Windows Movie Maker.

Também é possível importar arquivos de vídeo e imagem arrastando-os da Galeria de Fotos do Windows para o Windows Movie Maker.

Editando e Adicionando Efeitos ao Clipe

1. Arraste o clipe importado para o StoryBoard (Linha do tempo), na parte inferior da tela.

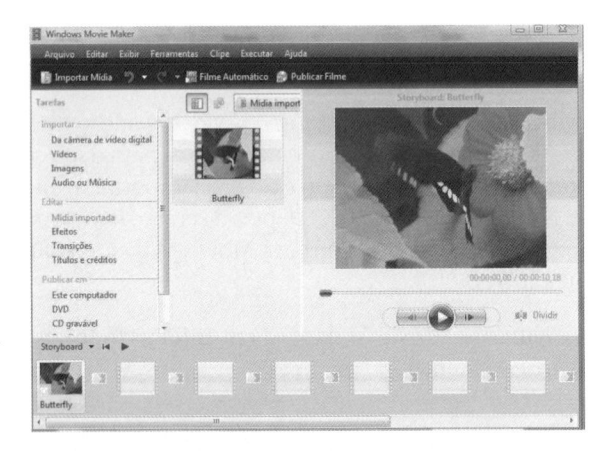

2. Clique em **Efeitos** e escolha **Idade do Filme, Mais Antigo**

3. Arraste o efeito para o clipe na linha do tempo.

4. Clique em Executar para ver o resultado.

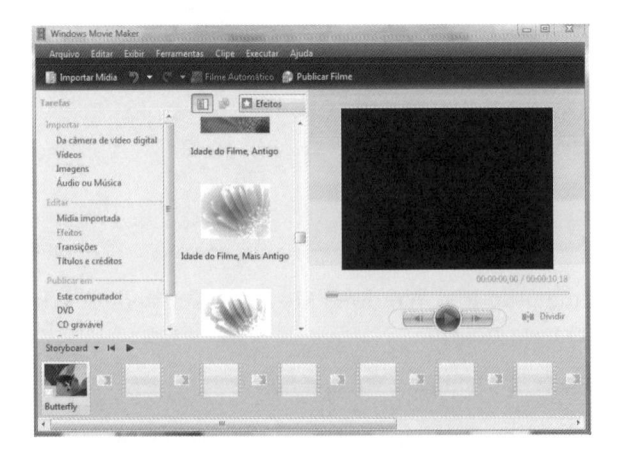

Publicando o filme criado

Quando você concluir o trabalho em um projeto, poderá publicá-lo como um filme. Um filme é um arquivo de mídia do Windows com a extensão .wmv ou um arquivo AVI com a extensão .avi. Quando você publica um filme no Windows Movie Maker, pode compartilhá-lo de diversas maneiras: no computador, em um CD gravável, como um anexo em uma mensagem de email ou em fita de vídeo em uma câmera de vídeo digital.

1. Clique em **Arquivo/Publicar Filme**

2. Na tela que aparecerá, escolha **Este Computador** e clique em **Avançar**.

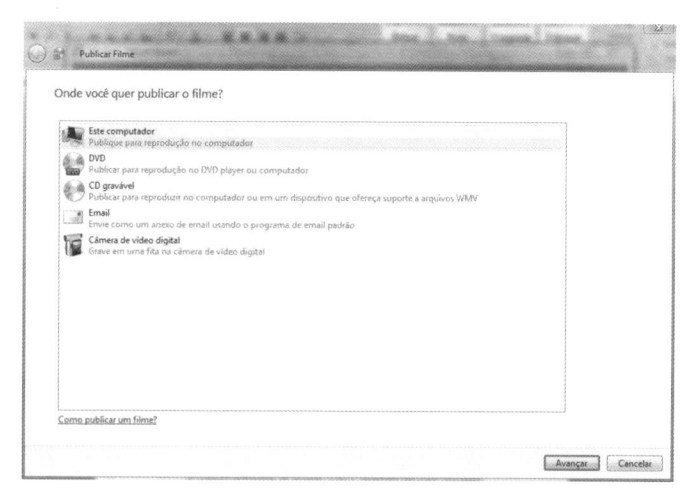

3. Dê um nome para o arquivo, escolha o diretório desejado e clique em **Avançar**.

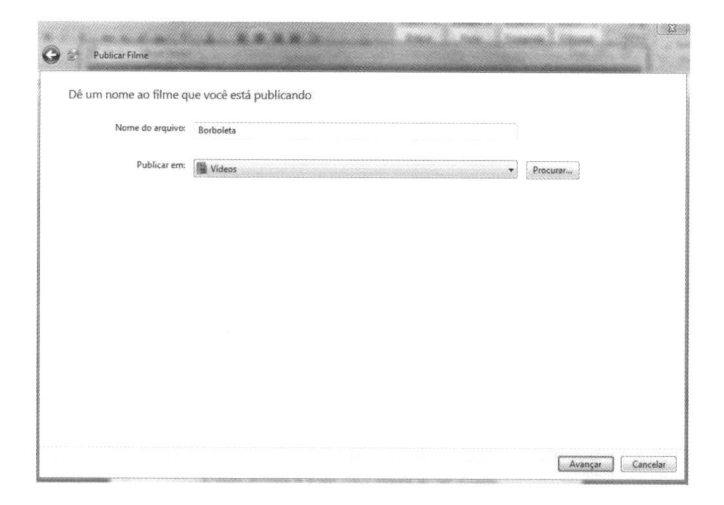

4. Escolha a qualidade desejada e clique em **Publicar**.

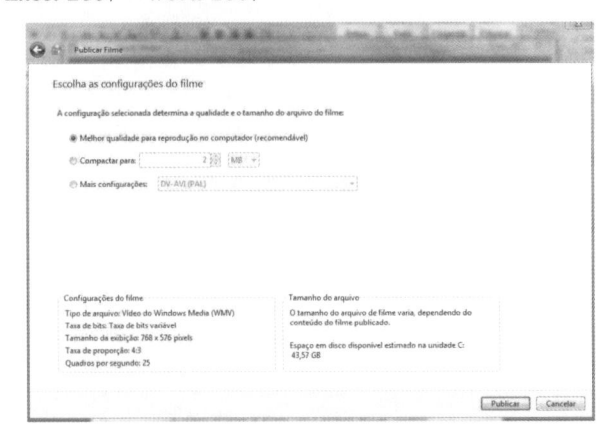

A criação demorará de acordo com o tamanho do clipe utilizado.

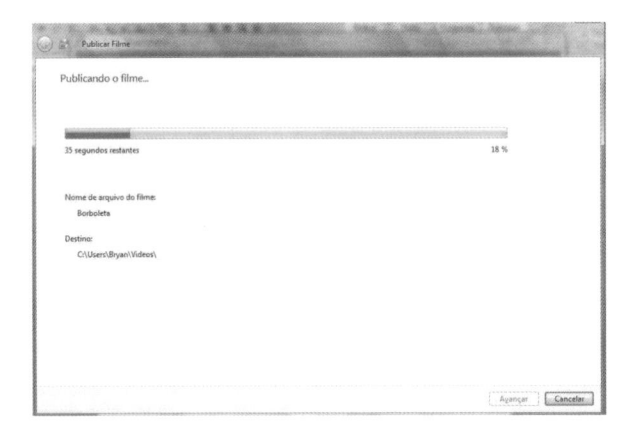

Em seguida, clique em **Concluir**.

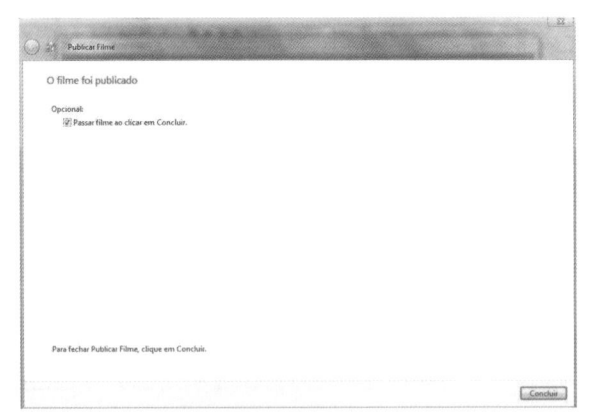

Criador de DVD do Windows

É possível criar DVDs de forma rápida e fácil, usando o Criador de DVD do Windows. Você pode adicionar vídeo, imagem e áudio, além de criar apresentações de slides para o DVD ou adicionar projetos do Windows Movie Maker. Uma vez adicionados os arquivos, você poderá gravar o DVD com um clique. Se preferir, poderá escolher entre vários estilos de menu e opções de apresentação de slides para tornar o seu DVD especial antes de gravá-lo. Pode também personalizá-lo ainda mais escrevendo você mesmo o texto de menu do DVD.

Depois que você criar um DVD, poderá reproduzí-lo em um DVD Player e assistir filmes e apresentações de slides na TV. As etapas a seguir explicam como usar o Criador de DVD do Windows para gravar um DVD.

Para abrir o Criador de DVD do Windows:

1. Clique em **Iniciar/Todos os Programas** e em **Criador de DVD do Windows**.

> **Observação** também é possível abrir o Criador de DVD do Windows inserindo um DVD gravável ou regravável em branco no Gravador de DVD. Quando a caixa de diálogo Reprodução Automática aparecer automaticamente, clique em Gravar um vídeo em DVD, usando o Criador de DVD do Windows .

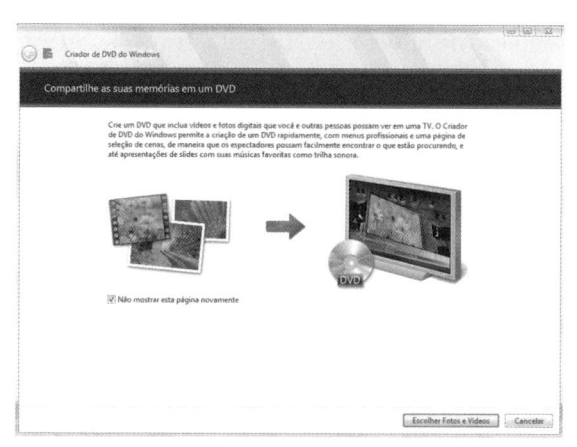

2. Clique em **Escolher Fotos e Vídeos.**

3. Clique em **Adicionar Itens** para escolher os arquivos desejados.

4. Escolha os arquivos e clique em **Adicionar.**

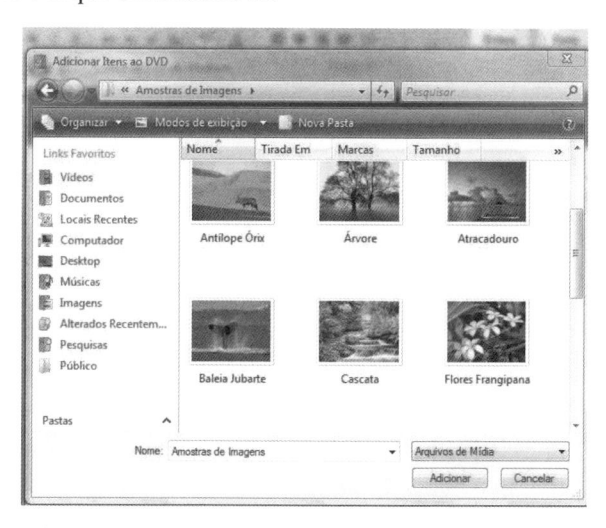

5. Clique no botão **Próximo.**

6. Em **Estilos de Menu,** escolha a tela inicial desejada.

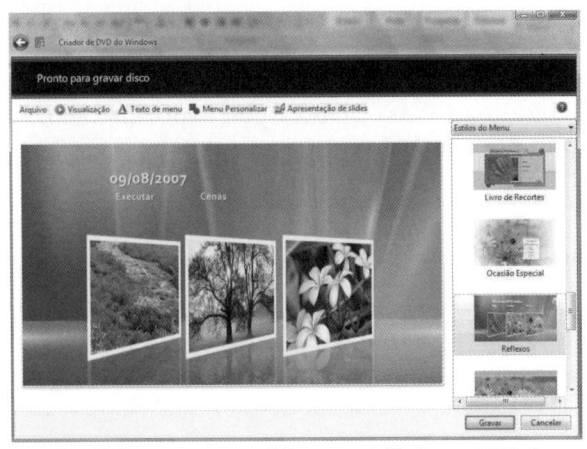

7. Clique em **apresentação de Slides** e, em seguida, em **Adicionar Música** para que o DVD contenha trilha sonora.

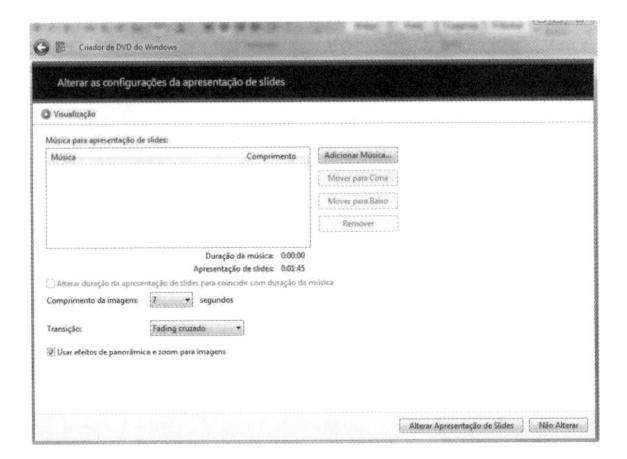

8. Clique em **Visualização** para ver a prévia do DVD.

9. Clique em **Gravar** para iniciar o processo de gravação.

Parte 2
Excel 2007

O Excel é a mais conceituada planilha de cálculo para o ambiente Windows, possuindo recursos avançados de formatação e um auxiliar que facilita a construção de gráficos de vários tipos diferentes. Como todo programa para ambiente Windows, o Excel é fácil e gostoso de ser usado. Sendo assim, vamos conhecer mais sobre essa preciosa ferramenta de trabalho para cálculos.

Planilha Eletrônica

Tomar decisões é algo que acompanha o dia-a-dia do homem. Com a evolução do microcomputador, surge a necessidade de criação de ferramentas que auxiliem o processo de tomada de decisões. Essas ferramentas são os softwares.

Batalha naval, boletins escolares, tabuadas, folhas de pagamento, extratos bancários, controles de estoque e muitos outros usam o formato de tabela para expor seus conteúdos.

As tabelas são práticas pela forma de exposição em dois sentidos: na horizontal (linhas) e na vertical (colunas). Nessa disposição, pode-se visualizar melhor o resultado e, assim, melhorar o processo decisório. Com o surgimento do VisiCalc, a primeira planilha eletrônica, pôde-se então utilizar o microcomputador nesse processo.

A planilha eletrônica nada mais é do que uma tabela no computador, composta de linhas, colunas e células. As células são formadas pelo encontro entre as linhas e as colunas.

A principal vantagem da planilha eletrônica em relação à folha de papel é que qualquer alteração de dados gera uma atualização de toda a planilha.

Novos recursos no Microsoft Office Excel 2007

O Microsoft Office Excel 2007 é uma ferramenta poderosa que você pode usar para criar e formatar planilhas, bem como analisar e compartilhar informações para tomar decisões com maior embasamento. Com a nova interface orientada a resultados, uma sofisticada visualização de dados e modos de exibição de tabela dinâmica, é mais fácil criar e usar gráficos de aparência profissional. O Microsoft Office Excel 2007, combinado com os Serviços do Excel, uma nova tecnologia que será fornecida com o Microsoft Office SharePoint Server 2007, proporciona avanços significativos para compartilhar dados com maior segurança. Você pode dividir informações comerciais confidenciais de maneira mais ampla e mais segura com colegas de trabalho, clientes e parceiros. Ao compartilhar uma planilha usando o Microsoft Office Excel 2007 e os Serviços do Excel, você pode navegar, classificar, filtrar, inserir parâmetros e interagir com modos de exibição de tabela dinâmica diretamente no navegador da Web.

O Office Excel 2007 tem uma nova interface de usuário para ajudá-lo a encontrar ferramentas poderosas, quando você precisa delas.

Encontre as ferramentas que deseja, quando precisa, usando a nova interface orientada para resultados do Microsoft Office Excel 2007. De acordo com o trabalho que precisa realizar, quer seja a criação de uma tabela ou escrever uma fórmula, o Microsoft Office Excel 2007 apresenta os comandos adequados para você, com uma nova interface de usuário.

Importe, organize e explore conjuntos de dados maciços dentro de planilhas significativamente expandidas.

Trabalhe com quantidades maciças de dados no Microsoft Office Excel 2007, que oferece suporte a planilhas que podem ter até um milhão de linhas e 16 mil colunas. Os usuários não precisarão mais trabalhar em várias planilhas ou em outros aplicativos, quando tiverem que analisar grandes quantidades de informações.

Use o mecanismo de gráficos, completamente redesenhado, do Microsoft Office Excel 2007, que o ajuda a compartilhar sua análise com aparência profissional.

Crie gráficos de aparência profissional mais rápido e com menos cliques usando ferramentas gráficas na nova interface de usuário. Aplique melhorias visuais mais ricas aos seus gráficos, como sombreamento leve e transparência. Crie e interaja com gráficos da mesma maneira, independentemente do aplicativo que está usando, pois o mecanismo gráfico do Microsoft Office Excel 2007 é consistente no Microsoft Office Word 2007 e no Microsoft Office PowerPoint 2007.

Desfrute o suporte melhorado para trabalhar com tabelas.

Crie, formate, expanda e consulte tabelas dentro de fórmulas, pois o Microsoft Office Excel 2007 melhorou muito o suporte para as mesmas. Ao analisar dados contidos em uma tabela grande, o Microsoft Office Excel 2007 mantém os títulos das tabelas na exibição, enquanto você faz a rolagem da tela.

Crie e trabalhe com modos de exibição PivotTable, com facilidade.

Os modos de exibição PivotTable permitem reorientar rapidamente os dados para ajudá-lo a responder várias perguntas. Encontre as respostas que precisa mais rápido, pois o Microsoft Office Excel 2007 o ajudará a criar e a usar modos de exibição PivotTable mais facilmente.

Consulte tendências importantes e encontre exceções nos dados.

Aplique formatação adicional mais facilmente. Em seguida, descubra padrões e destaque as tendências nos seus dados, usando esquemas de exibição rica, como gradientes, limiares e ícones de indicadores de desempenho.

Use o Microsoft Office Excel 2007 e os Serviços do Excel para ajudar a compartilhar planilhas com os outros de maneira mais segura.

Os Serviços do Excel processam uma planilha como HTML, dinamicamente, para que outros possam acessar uma planilha armazenada no Microsoft Office SharePoint Server 2007 dentro de qualquer navegador da Web. Devido ao alto grau de fidelidade com o cliente do Microsoft Office Excel 2007 e aos Serviços do Excel, os usuários podem navegar, classificar, filtrar, inserir parâmetros e interagir com os modos de exibição PivotTable, tudo dentro do navegador da Web.

Ajude a garantir que você e sua organização trabalhem com as informações comerciais mais atuais.

Evite a disseminação de várias cópias ou de cópias desatualizadas de uma planilha pela organização, usando o Microsoft Office Excel 2007 e publicando planilhas vitais para a empresa no Microsoft Office SharePoint Server 2007. Controle quais usuários podem exibir e modificar planilhas no servidor, usando acesso baseado em permissão.

Reduza o tamanho das planilhas e melhore a recuperação do arquivo danificado ao mesmo tempo.

O novo formato compactado XML do Microsoft Office Excel 2007 oferece uma redução drástica em tamanho de arquivo, enquanto sua arquitetura oferece melhoria na recuperação de dados de arquivos danificados. Esse novo formato oferece uma enorme economia de requisitos de armazenamento e de largura de banda, além de reduzir a carga do pessoal da área de Tecnologia da Informação.

Amplie seus investimentos em inteligência comercial, pois o Microsoft Office Excel 2007 oferece suporte completo para o Microsoft SQL Server 2005 Analysis Services.

Aproveite a flexibilidade e as novas funções de cubo no Microsoft Office Excel 2007 para criar um relatório personalizado de um banco de dados OLAP. Também é possível conectar-se a fontes de dados externas mais facilmente, usando a Biblioteca de Conexão de Dados do Microsoft Office Excel 2007.

Requisitos de Sistema

Para usar o Microsoft Office Excel 2007, você precisará de:

Componente	Requisito
Computador e processador	Processador de 500 megahertz (MHz) ou superior
Memória	256 megabyte (MB) de RAM ou superior
Disco rígido	1,5 gigabytes (GB); uma parte desse espaço em disco será liberada após a instalação, se o pacote original baixado for removido do disco rígido.
Unidade	Unidade de CD-ROM ou DVD
Exibição	Resolução do monitor de 1024x768 ou superior
Sistema operacional	Microsoft Windows(R) XP com Service Pack (SP) 2, Windows Server(R) 2003 com SP1 ou sistema operacional posterior
Outros	Alguns recursos de tinta exigem a execução do Microsoft Windows XP Tablet PC Edition ou versão posterior. A funcionalidade de reconhecimento de voz requer um dispositivo de saída de áudio e um microfone de curto alcance. Os recursos de IRM (gerenciamento de direitos de informação) requerem acesso a um Microsoft Windows Server 2003 com SP1 ou versão posterior, que execute o Windows Rights Management Services. A conectividade com o Microsoft Windows Server 2003 com SP1 ou versão posterior, executando o Microsoft Windows SharePoint Services, é necessária para algumas funcionalidades avançadas de colaboração. Internet Explorer 6.0 ou versão posterior, apenas para navegadores de 32 bits. A funcionalidade de Internet exige acesso à Internet (pode requerer pagamento de taxas).
Informações adicionais	Os requisitos reais e a funcionalidade do produto podem variar de acordo com o sistema operacional e a configuração do seu sistema.

Microsoft EXCEL 2007

CAPÍTULO 13
Iniciando o Excel

INICIANDO O EXCEL 2007

Uma das formas de se iniciar o Excel é através do botão **Iniciar** – chegando-se à opção desejada, outra se dá por meio da criação de um atalho na área de trabalho ou, ainda, pela opção **Executar** do menu **Iniciar,** digitando a palavra **Excel**.

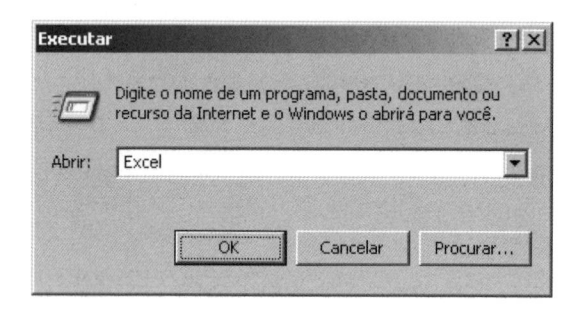

No Microsoft Office Excel **2007**, uma **pasta** de **trabalho** é o arquivo no qual você trabalha e armazena seus dados. Cada Pasta de Trabalho pode conter diversas planilhas (inicialmente, três). Você poderá organizar vários tipos de informações relacionadas em um único arquivo.

Cada planilha possui a estrutura de uma tabela, formada de linhas (existem **1.048.576 linhas**) e colunas (existem **16.384 colunas**) que, ao se cruzarem, formam as células onde são armazenados os dados que formam uma planilha.

A TELA DO EXCEL

Quando você iniciar o Excel, sua tela estará organizada da seguinte maneira, conforme a figura anterior: Barra de Títulos, Barra de Menus, Barra de Ferramentas Padrão, Barra de Ferramentas de Formatação, Barra de Fórmulas, Área de Trabalho, Guias de Planilha, Barras de Rolagem e Barra de Status.

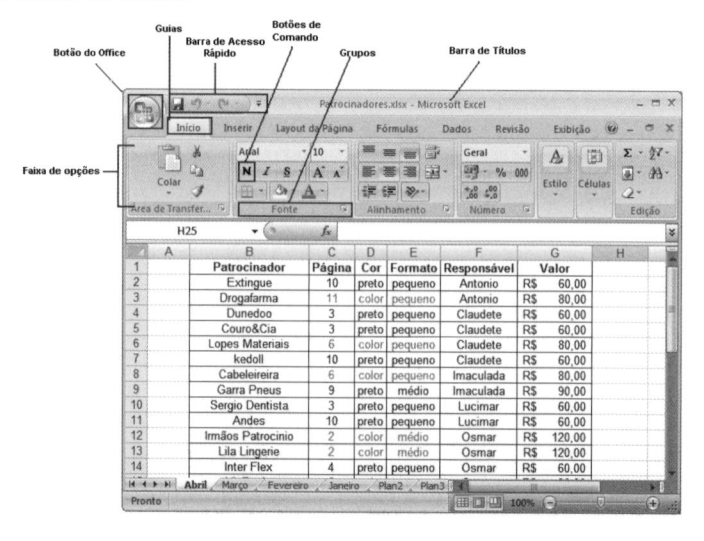

A BARRA DE FERRAMENTAS DE ACESSO RÁPIDO

Quando você entrar pela primeira vez no Excel, ele exibirá um documento em branco, pronto para receber dados. Na primeira linha da tela, está localizada a Barra de Ferramentas de Acesso Rápido, onde se encontram os comandos mais comuns do dia a-dia.

AS GUIAS

As guias do programa aparecem na tela de acordo com o objeto selecionado na página. Exemplo: se o objeto selecionado for uma imagem, as guias de Ferramentas de Imagem recebem foco colorido e exibem comandos para formatação da imagem.

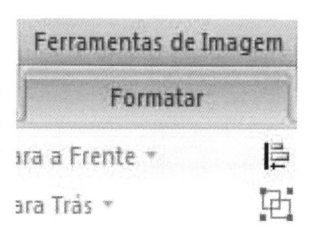

O BOTÃO DO MICROSOFT OFFICE

O Botão do Microsoft Office substitui o menu Arquivo e está localizado no canto superior esquerdo dos programas do Microsoft Office 2007.

Quando você clicar no Botão do Microsoft Office, verá os mesmos comandos básicos disponíveis nas versões anteriores do Microsoft Office para abrir, salvar e imprimir arquivos.

No entanto, na versão 2007 do Office, existem mais comandos, como Concluir e Publicar. Por exemplo, nos programas Word, Excel e PowerPoint, ao apontar para Concluir e clicar em Inspecionar Documento, você poderá verificar se há informações pessoais ou metadados ocultos em um arquivo.

No Microsoft Office Outlook 2007, ao ler ou criar uma mensagem, uma tarefa, um contato ou um item do calendário, você verá o novo Botão do Microsoft Office.

> **DICA:** se você posicionar o mouse sobre cada botão, o Excel fornecerá uma pequena explicação acerca de cada um deles, logo abaixo dos mesmos, e uma mais detalhada na última linha do vídeo, na Barra de Status que estudaremos a seguir.

A BARRA DE FERRAMENTAS DE FORMATAÇÃO

Localizada logo abaixo da Barra de Ferramentas de Acesso Rápido, esta guia contém os principais comandos para se formatar um texto. Nela encontramos estilos de texto, tipos e tamanho de fontes, opções para posicionar um texto etc.

A BARRA DE FÓRMULAS

Esta barra mostra os itens digitados dentro da célula e serve para que você possa editar suas fórmulas.

A BARRA DE STATUS

A função da **Barra de Status** é dar mensagens de erro ou informar o que está sendo executado, no momento, pelo Excel.

> *Mensagens:* Neste espaço, o Excel emite diversas mensagens de auxílio ao usuário durante o seu trabalho, por isso fique de olho nas mensagens.

AS PASTAS DE TRABALHO

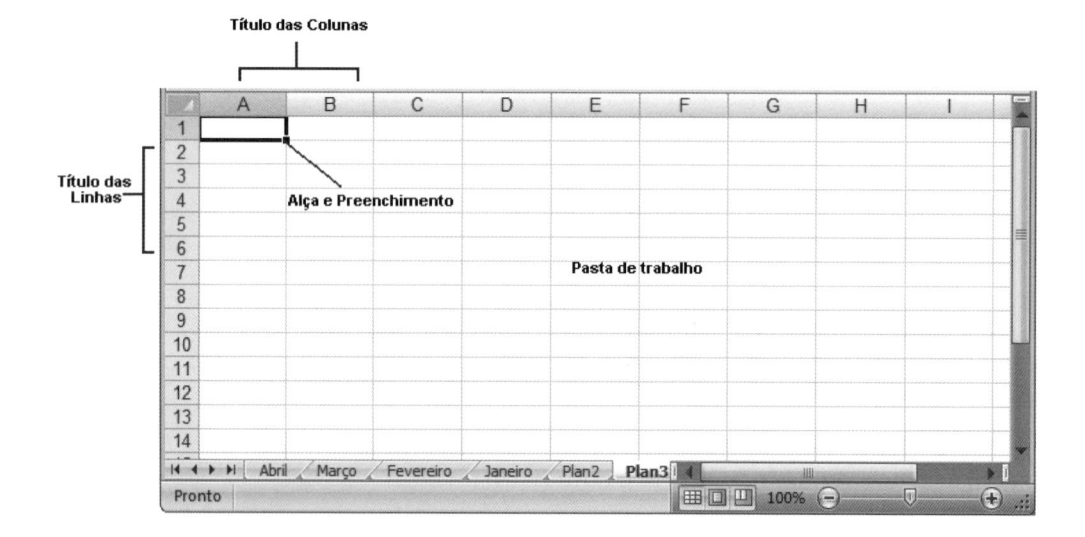

Título das Colunas -> Usado para seleção e localização dentro da planilha.

Alça de Preenchimento -> Usada nas operações de cópia e auto-incremento.

Título das Linhas -> Usado para seleção e localização dentro da planilha.

Pasta de Trabalho -> Área onde, efetivamente, você irá colocar os dados de sua planilha.

ABRINDO UMA NOVA PASTA DE TRABALHO

Quando começamos uma nova pasta de trabalho, podemos iniciá-la pela Barra de Ferramentas Padrão, através do botão **Novo**, ou por meio do menu **Arquivo** na opção **Novo**. Qualquer uma das duas formas abrirá uma Pasta de Trabalho com três planilhas prontas para receber dados.

botão Novo

Você poderá abrir uma nova pasta da seguinte forma: clique no Botão do Microsoft Office e, em seguida, no botão Novo, como mostrado a seguir.

Botão do Microsoft Office

Através desta opção, o Excel permite que você escolha um arquivo em branco ou um modelo pré-criado. Veja como:

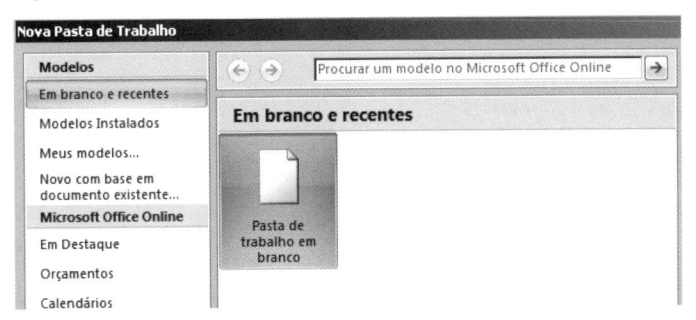

1. Na barra lateral, selecione **Modelos Instalados**; na tela que se abre, escolha **Cartão de Ponto**.

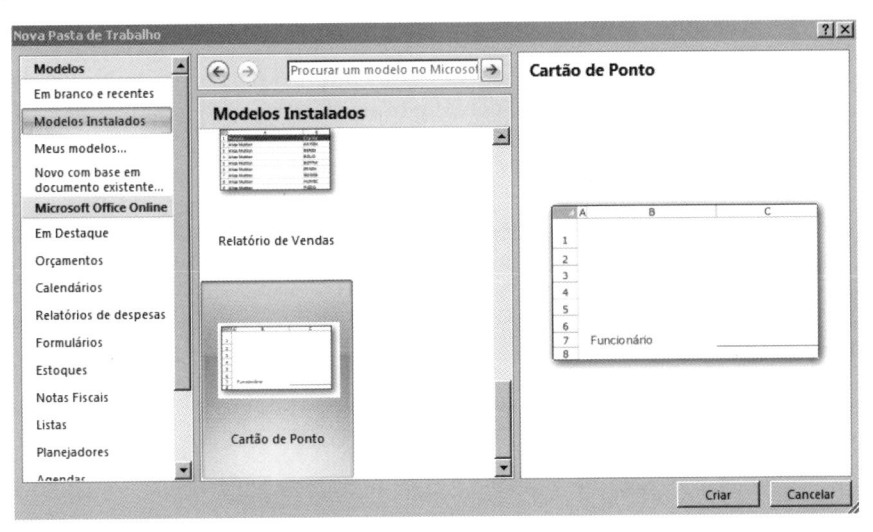

2. Escolha a opção **Cartão de Ponto** e clique em **Criar**.

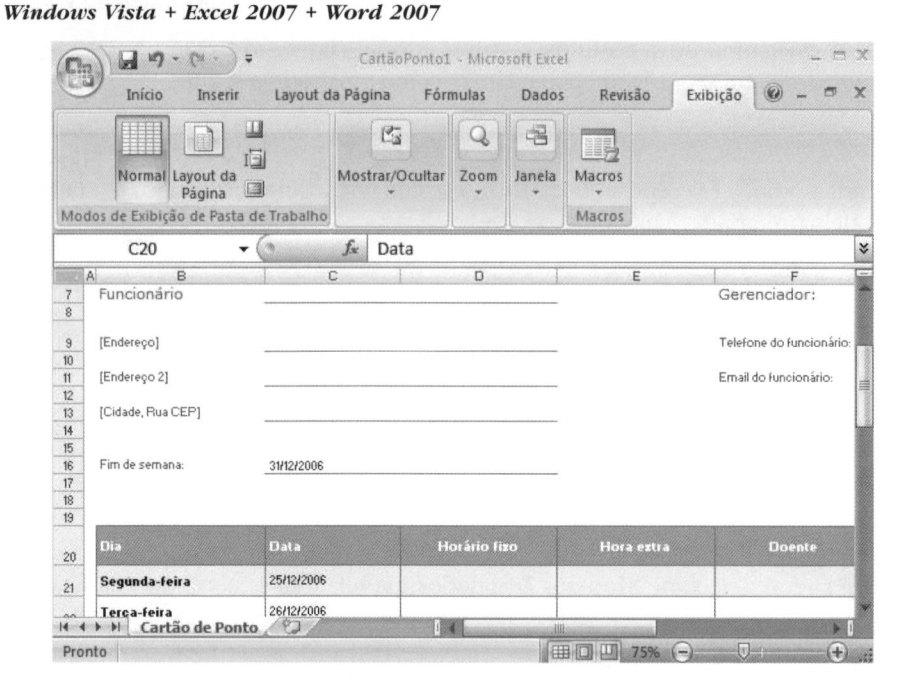

Veja que o Excel abre, automaticamente, um novo arquivo para lançamento de dados de horas trabalhadas, bastando agora que você digite as informações desejadas.

ABRINDO UM ARQUIVO

Para abrir uma Pasta de Trabalho, podemos usar o botão Abrir, da Barra de Ferramentas de Acesso Rápido, ou a opção **Abrir,** do **Botão do Microsoft Office**. Podemos usar qualquer um dos dois caminhos.

botão Abrir

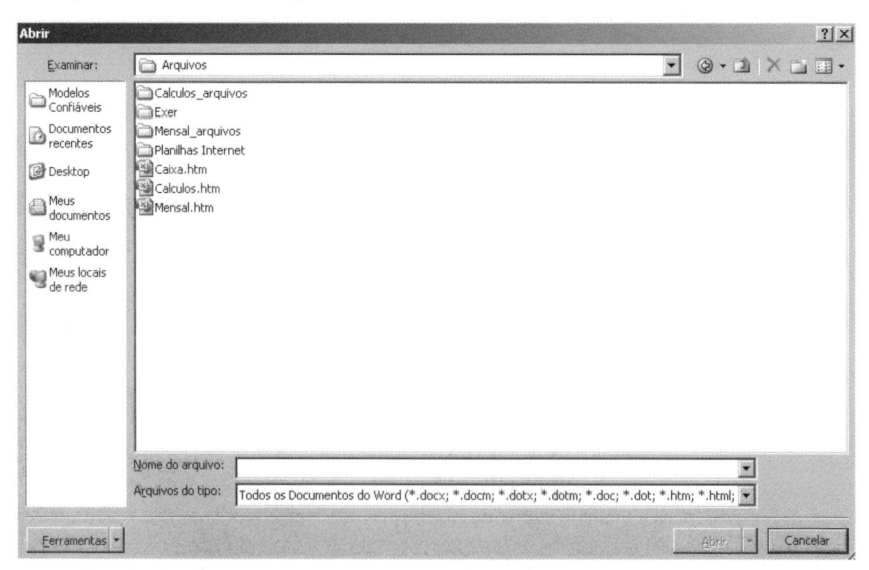

1. Dê um clique no botão Abrir, da Barra de Ferramentas de Acesso Rápido. Em seguida, aparece a seguinte caixa de diálogo:

2. Escolha em **Nome do arquivo -> Patrocinadores.xlsx**.

(Lembre-se que você encontra os arquivos solicitados para download na Internet, no site http://www.altabooks.com.br).

3. Em seguida, clique **Abrir**.

Ou

Pode-se utilizar, ainda, a opção **Pesquisar, Arquivos ou Pastas do Menu Iniciar**. Para vermos como funciona, siga as seguintes etapas:

1. Menu Iniciar.

2. Pesquisar/ Arquivos ou pastas do Menu Iniciar

3. Digite o nome do arquivo.

4. Clique em **Pesquisar**.

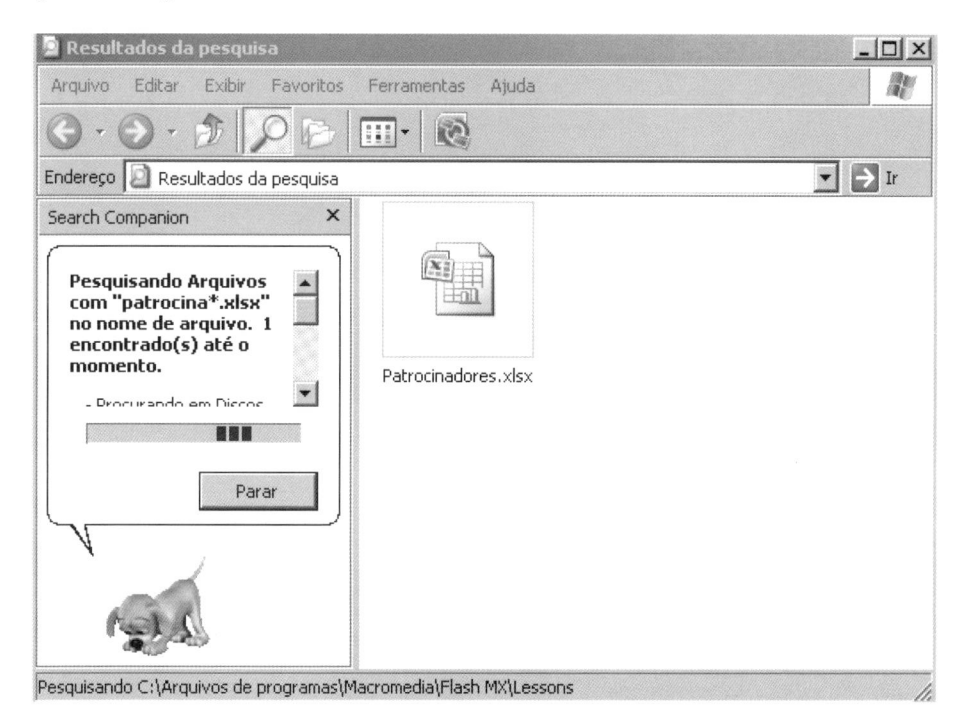

5. Dê um clique duplo, sobre o arquivo, para abri-lo.

SALVANDO SUA PASTA DE TRABALHO

Para salvar a Pasta de Trabalho, podemos optar por uma, entre quatro formas. Uma das quatro opções está disponível tanto no Botão do Microsoft Office como na Barra de Ferramentas de Acesso Rápido: o botão **Salvar** tem a mesma finalidade da opção **Salvar** do Botão do Microsoft Office.

botão Salvar

As opções do menu **Arquivo** são as seguintes:

OPÇÃO	UTILIZAÇÃO
Salvar	Grava a Pasta de Trabalho usada no momento.
Salvar Como	Grava a Pasta de Trabalho com outro nome.
Salvar como Página da WEB.	Converte os dados da planilha para uma página Web.
Salvar Espaço de Trabalho	Grava todos os arquivos em uso, armazenando suas posições e formatos, para que tenham a mesma aparência quando forem abertos novamente.

1. Use o botão Abrir, da Barra de Ferramentas Padrão, e abra o arquivo **Fechamentos.xlsx**.

2. Use a opção **Salvar Como,** do menu Arquivo, e grave o arquivo com o nome de **Mensal.xlsx**

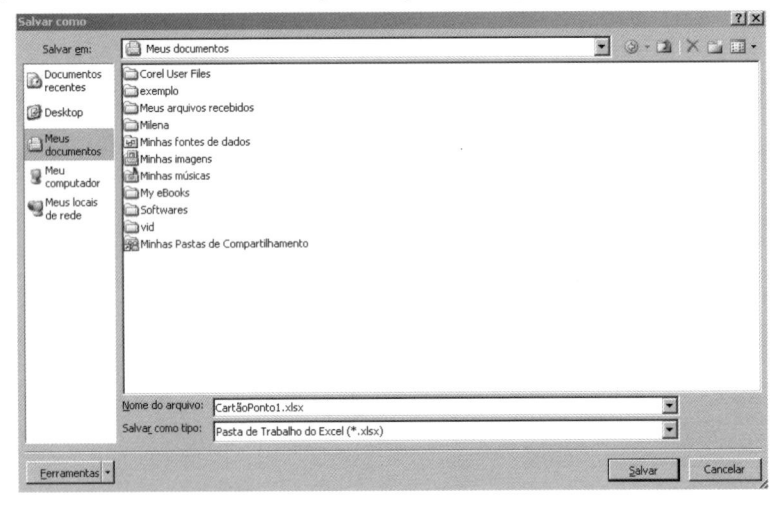

➡ Quando você usa o comando Salvar Como, o arquivo original é mantido e é gravado um novo, com as alterações efetuadas.

3. Abra o arquivo **Mensal.xlsx** e use o comando Salvar Como Página da Web, com o nome de **Mensal.htm**.

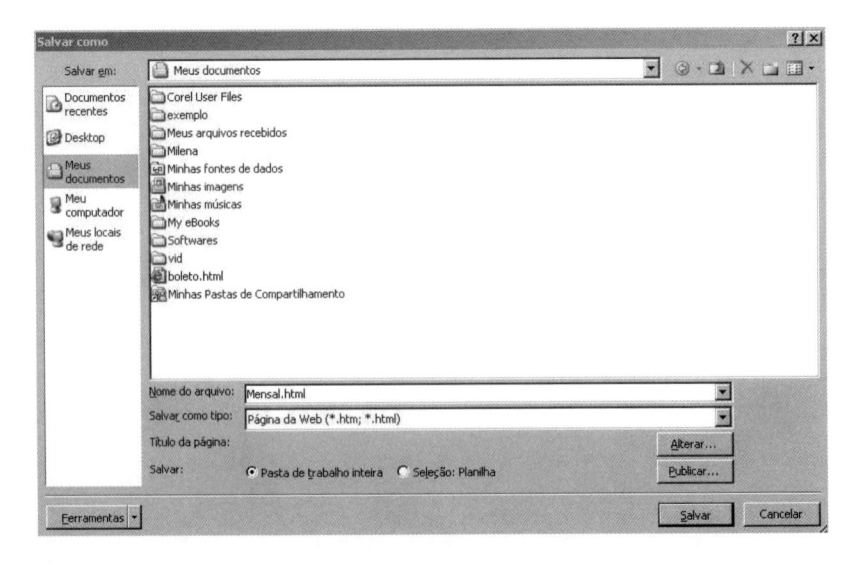

4. Você poderá abrir o arquivo recém-criado diretamente em um navegador de Internet, de preferência o **Internet Explorer**. Veja abaixo o resultado:

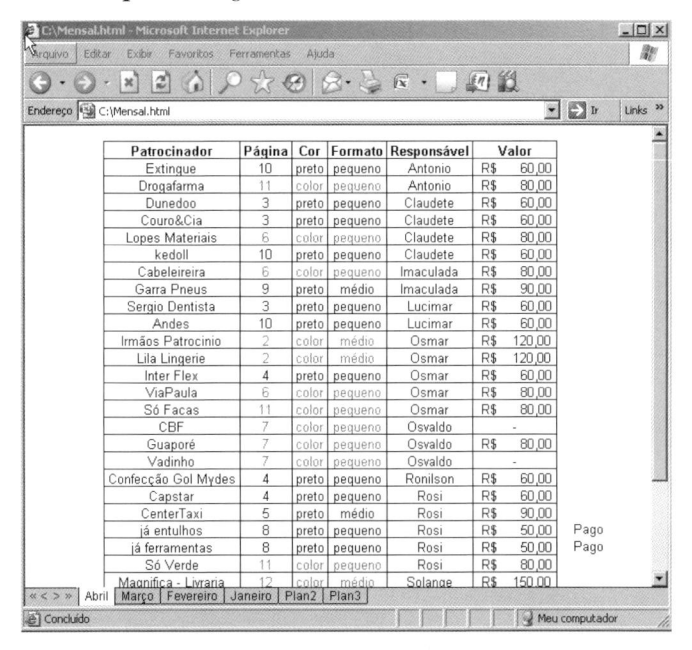

FECHANDO UM ARQUIVO

Para fechar um arquivo, você poderá usar a opção **Fechar,** do menu **Arquivo**. Vamos fechar a Pasta de Trabalho que foi aberta no tópico anterior.

1. Se o arquivo **Patrocinadores.xlsx** não estiver aberto, use o botão Abrir e abra novamente o arquivo.

2. Abra o menu **Arquivo** e dê um clique na opção **Fechar.**

Ou

Pelo teclado: **CTRL + F4**

COMANDOS DE MOVIMENTAÇÃO

Page Up -> Move o cursor uma janela acima.

Page Down -> Move o cursor uma janela abaixo.

CTRL + Home -> Move para o início da planilha.

CTRL + End -> Move para a última célula que contenha dados na planilha.

CTRL + Page Down -> Move para a próxima planilha na Pasta de Trabalho.

CTRL + Page Up -> Move para a planilha anterior na Pasta de Trabalho.

CTRL + Setas -> Move o cursor para a primeira ou a última célula de uma faixa contínua de dados.

F5-> Move o cursor para uma célula qualquer, se fornecido o seu endereço. Veja:

1. Abra o arquivo **Clientes.xlsx**.

2. Execute o comando F5 na janela que aparece, digite **R896** como mostrado abaixo e pressione OK. Veja que, automaticamente, o Excel se movimenta para a célula informada.

3. Você poderá, também, definir um nome amigável para a célula, basta que você digite um nome na **caixa Nome** na Barra de Fórmulas.

4. Digite o nome "Teste", como mostrado abaixo para a célula **R896**.

5. Pressione **CTRL+Home** para voltar ao início da planilha.

6. Vamos, agora, voltar à célula **R896**, mas usando como referência o nome "Teste" que foi dado à mesma.

7. Pressione a tecla **F5**; na tela que aparece, escolha o nome "**Teste**" e pressione **OK**. Note que, automaticamente, o Excel se movimenta para a célula **R896,** sem que seja necessário conhecer sua referência exata.

FIXANDO O APRENDIZADO

1. Abra o arquivo **Patrocinadores.xlsx**

2. Abra o arquivo **Fechamentos.xlsx**.

3. Uma vez dentro do arquivo **Fechamentos.xlsx** mude para o arquivo **Patrocinadores.xlsx**.

4. Vá direto para a última célula da planilha, pelo teclado.

5. Movimente-se para a célula **F12798**.

6. Coloque o nome de "Senha" na célula **F12798**.

7. Grave o arquivo com o nome **Clientes.xlsx**.

8. Grave o arquivo **Fechamentos.xlsx** com o nome **Cálculos.htm**.

9. Localize o arquivo **Carga Horária.xlsx**.

10. Abra o arquivo **Vendas.xlsx**.

11. Vá para a planilha Plan 3.

12. Abra um novo arquivo e crie a planilha mostrada a seguir:

	Controle de Cheques		
Banco	Num Cheque	Valor Cheque	Bom Para
Bradesco	256	R$ 60,00	29/10/2002
Bradesco	2456	R$ 452,00	30/8/2002
Banco do Brasil	78952	R$ 2.369,00	7/9/2002
Banespa	21	R$ 452,00	4/4/2002
Banerj	7425	R$ 189,00	5/5/2002
Caixa	4563	R$ 752,00	7/8/2002
Unibanco	2563	R$ 563,00	4/2/2002
Real	4852	R$ 296,00	10/1/2002

13. Grave o arquivo com o nome de **Controle de Cheques.xlsx**.

Microsoft® EXCEL 2007

CAPÍTULO 14
Alterando a Estrutura

RENOMEANDO PLANILHAS

Quando você abre uma nova Pasta de Trabalho, todas as planilhas vêm nomeadas no formato **Plan1** à **Plan3**. Estes nomes não indicam o conteúdo de cada planilha, fazendo com que você tenha que abrir cada uma delas para achar o item desejado. Sendo assim, o Excel fornece a opção para você colocar o nome que quiser em sua planilha, o que torna muito mais fácil entender o que há dentro da mesma. Por exemplo: uma planilha que contenha os **cheques emitidos** poderá se chamar **Cheques Emitidos**. Existe a possibilidade, também, de definir cores para cada guia de planilha, a fim de facilitar sua localização.

Siga o exemplo:

1. Use o botão **Abrir**, da Barra de Ferramentas de Acesso Rápido, e abra o arquivo **Vendas.xlsx**.

2. Posicione o ponteiro do mouse sobre o nome da planilha **Vendas** até que ele vire uma seta apontando para cima.

3. Dê um clique duplo sobre o nome da planilha.

4. Digite: **Vendas 2007**.

5. Pressione **ENTER** para confirmar.

Depois de pressionar Enter, sua planilha aparecerá com o novo nome. O conteúdo da planilha é o mesmo, somente seu nome foi alterado.

6. Agora clique com o botão direito do mouse sobre a planilha **Vendas 2007**.

7. Escolha a opção **Cor da Guia**.

8. Na tela que aparece, escolha a cor **Vermelha**.

9. Mude para a planilha Plan 2 e veja que a guia da planilha **Vendas 2007** fica na cor escolhida, permitindo que você faça grupos de planilha por cores.

Opção Cor da Guia

INSERINDO PLANILHAS

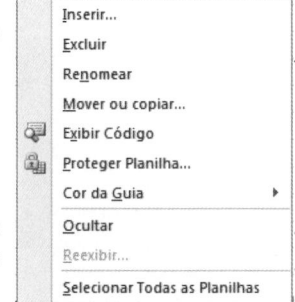

Como foi dito, o Excel abre novos arquivos com três planilhas, mas você poderá criar novas planilhas em cada um.

Para inserir uma planilha, basta seguir os passos abaixo:

1. Abra o arquivo **Clientes.xlsx**.

2. Dê um clique com a tecla direita do mouse sobre a planilha **Clientes**.

3. Abra o menu **Inserir** e escolha **Planilha**.

4. Na tela que aparece, selecione a opção Planilha e dê **OK**.

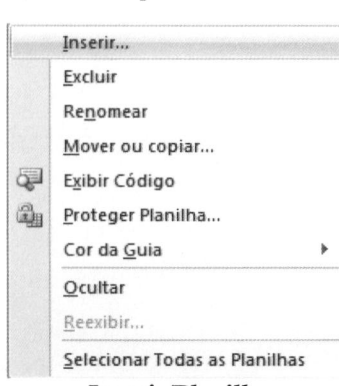

Inserir/Planilha

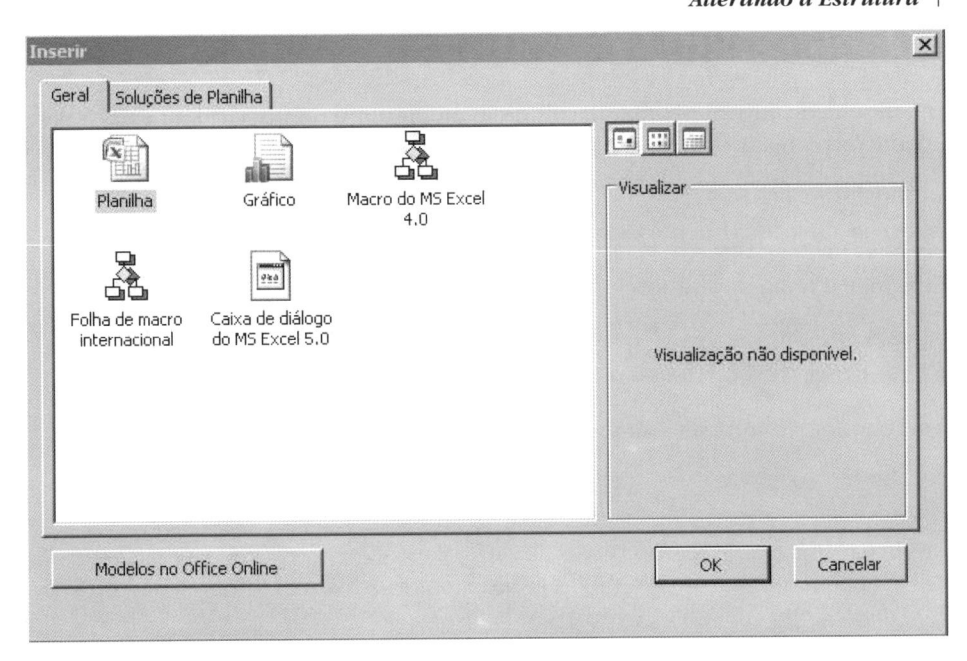

> Note que a nova planilha é sempre inserida antes daquela na qual você clicou com o botão direito.

EXCLUINDO PLANILHAS

1. Abra o arquivo **Clientes.xlsx,** caso não esteja aberto.

2. Dê um clique, com a tecla direita do mouse, na planilha **Clientes.**

3. Escolha **Excluir**

4. Dê um clique no botão **Excluir** para apagar a planilha.

5. Se a planilha que for excluída não contiver dados, a mesma será excluída automaticamente, sem perguntas.

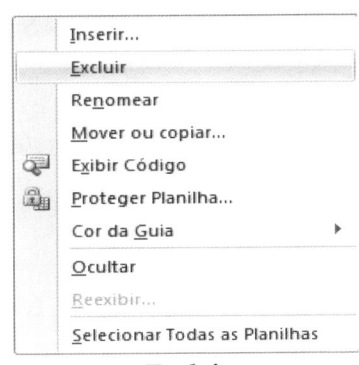

Excluir

SELECIONANDO COLUNAS E LINHAS

Mouse:

Para selecionar uma coluna ou uma linha pelo mouse, basta clicar na letra da coluna ou no número da linha.

Teclado:

Para selecionar uma linha pelo teclado, pressione SHIFT + Espaço; para selecionar uma coluna, pressione CTRL + Espaço.

INSERINDO LINHAS E COLUNAS

O processo de incluir mais linhas e colunas é muito útil para inserir dados em posições já ocupadas da planilha. Trata-se de um processo simples, você só precisa lembrar que a linha ou a coluna será inserida na posição atual do cursor.

1. Abra o arquivo **Movimento Caixa.xlsx**.

2. Selecione a linha 7, clicando no título da linha.

| 7 | DATA | COD | CONTA | HISTÓRICO | ENTRADA | SAÍDA | SALDO |

3. Clique com a tecla direita do mouse sobre a linha e escolha **Inserir**.

4. Veja que a nova linha será sempre inserida antes da selecionada.

Note que serão incluídas tantas linhas quantas estiverem selecionadas, ou seja, caso você escolha 10 linhas, serão inseridas 10 linhas.

O processo para inserir colunas é o mesmo, com a diferença de que, neste, você deverá selecionar os títulos de coluna.

EXCLUINDO LINHAS E COLUNAS

O processo de excluir uma linha é tão simples quanto o de inserir.

1. Abra o arquivo **Movimento de Caixa.xlsx** e use a planilha **Plan1**.

2. Selecione o título da linha **6**.

3. Clique com o botão direito do mouse sobre a célula marcada e escolha **Excluir**.

MOVENDO E COPIANDO PLANILHAS

Para mover uma planilha dentro de uma pasta, é só clicar com o mouse em cima da planilha e arrastá-la.

Você também pode copiar uma planilha dentro da mesma pasta, arrastando-a com o mouse e pressionando, ao mesmo tempo, a tecla **CTRL**.

MOVENDO E COPIANDO PLANILHAS ENTRE ARQUIVOS

Muitas vezes, será necessário que se copie uma planilha inteira de um arquivo para outro. Para tanto, siga os passos a seguir:

1. Abra os arquivos **Clientes.xlsx e Datas.xlsx**.

2. Vá até a guia **Exibição** e escolha a opção **Organizar Tudo**. Na tela que aparece, escolha Na **horizontal**.

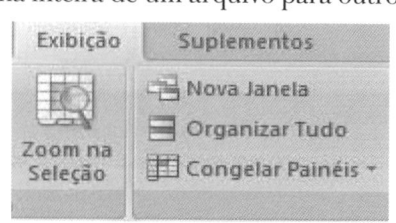

Organizar tudo

3. Note que os dois arquivos são organizados na tela.

4. Selecione a planilha **Clientes**, pressione a tecla CTRL e arraste-a até o arquivo **Datas.xlsx**.

5. Veja que a planilha foi copiada para o arquivo **Datas.xlsx**.

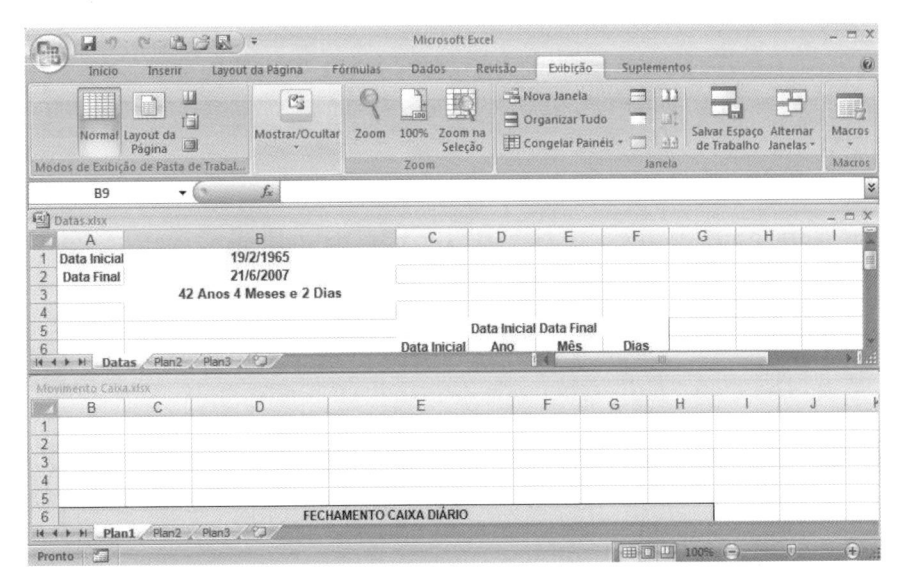

SELECIONANDO UM INTERVALO DE CÉLULAS

Usando o Mouse

1. Abra um novo arquivo.

2. Clique com o mouse na célula B4 e arraste até a célula D9.

Usando o Teclado

1. Leve o cursor até a célula B4.

2. Pressionando a tecla SHIFT, leve o cursor, com as setas, até a célula D9.

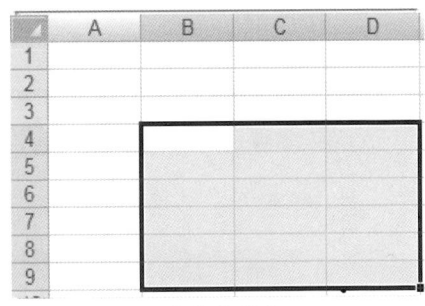

Célula D9

A seleção de um intervalo faz com que as células inclusas recebam os efeitos das operações executadas no Excel.

- A referência do intervalo de células selecionadas é composta pelo endereço da primeira e da última célula, separados por dois pontos (:)

- Exemplo: B4:D9 corresponde ao intervalo da célula da coluna B linha 4 até a célula da coluna D linha 9.

SELECIONANDO CÉLULAS NÃO CONSECUTIVAS

Em primeiro lugar, selecione uma célula aleatoriamente.

Logo após, mantenha a tecla **CTRL** pressionada enquanto você arrasta o mouse em outras células não adjacentes.

Para selecionar pelo teclado, use as teclas SHIFT + F8; a partir daí, leve o cursor até a região que você deseja desejar.

SELECIONANDO TODA A PLANILHA

O processo para selecionar todo o conteúdo da planilha é muito simples. Veja como:

1. Você poderá pressionar as teclas **CTRL + T**.

2. Outra maneira de selecionar a planilha inteira é clicar sobre o botão **Selecionar Tudo,** na janela do Excel, como indicado a seguir:

FIXANDO O APRENDIZADO

1. Abra o arquivo **Pagamentos.xlsx.**

2. Mude o nome da planilha **Pagamentos** para **Financiamento**.

3. Mude o nome da planilha **Gráfico 1** para **Demonstrativo**.

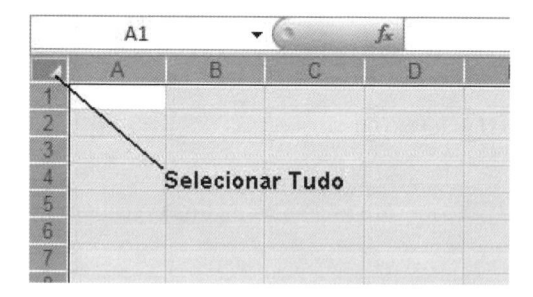

4. Insira uma nova planilha entre **Financiamento** e **Demonstrativo**.

5. Mude o nome da planilha recém-inserida para **Quitadas**.

6. Mova a planilha que você renomeou para o fim do arquivo.

7. Apague as planilhas **Plan2** e **Plan3**.

8. Mude a cor das guias.

9. Na planilha Financiamento, insira duas linhas entre a tabela e o título Pagamentos.
10. Apague a coluna D da mesma.
11. Insira duas colunas depois da coluna B.
12. Selecione o intervalo de células **C3:F15**.
13. Selecione as células C3, D4, E5, F6.
14. Grave o arquivo com o nome de **Financiamento.xlsx**.
15. Abra um novo arquivo e digite os dados abaixo.

	Controle de Comissões		
Vendedor	Data	Valor Venda	Valor Comissão
Pedro	7/8/2001	R$ 52,00	R$ 7,00
Paulo	9/7/2001	R$ 63,00	R$ 5,00
Carlos	13/8/2001	R$ 51,00	R$ 6,00
Maria	5/8/2001	R$ 77,00	R$ 9,00
William	15/7/2001	R$ 23,00	R$ 4,00
Bryan	5/8/2001	R$ 56,00	R$ 8,00
José	10/5/2001	R$ 78,00	R$ 7,00
Bryan	7/8/2001	R$ 45,00	R$ 1,00
Pedro	5/7/2001	R$ 65,00	R$ 4,00

16. Renomeie a planilha para **Comissão** e grave o arquivo com o nome de **Comissões.xlsx**.
17. Altere sua planilha para que fique como a seguir:
18. Grave o arquivo novamente.

	Controle de Comissões			
Vendedor	Data	Valor Venda	Setor	Valor Comissão
Pedro	7/8/2001	R$ 52,00	Informática	R$ 7,00
Paulo	9/7/2001	R$ 63,00	Papel	R$ 5,00
Carlos	13/8/2001	R$ 51,00	Informática	R$ 6,00
Maria	5/8/2001	R$ 77,00	Alimentos	R$ 9,00
William	15/7/2001	R$ 23,00	Papel	R$ 4,00
Bryan	5/8/2001	R$ 56,00	Alimentos	R$ 8,00
José	10/5/2001	R$ 78,00	Alimentos	R$ 7,00
Bryan	7/8/2001	R$ 45,00	Papel	R$ 1,00
Pedro	5/7/2001	R$ 65,00	Informática	R$ 4,00

Microsoft® EXCEL 2007

CAPÍTULO 15
Digitando na Planilha

Veja as várias formas de dados que você encontra nas planilhas do Excel e como inserir as mesmas de forma correta.

1. Entre no Excel e digite os dados na célula desejada.

2. Tecle **ENTER** para confirmar a inclusão ou **ESC** para cancelar.

	Texto	
Tabela de Preços		
Computador	2/5/2007	Data
Preço a Vista	Preço a Prazo	Desconto
R$ 1.910,00	R$ 2.100,00	R$ 190,00
Numérico		Fórmula

➡ Uma coisa importante a ser lembrada é que nos valores monetários deverão ser digitadas somente as partes numéricas, depois é realizada a formatação para R$, que será vista mais à frente. Isto porque, caso você digite os valores em R$, os cálculos que forem realizados posteriormente não funcionarão, pois o Excel não compreenderá a diferença entre a letra R$ e a parte numérica.

Os dados digitados podem ser, portanto, do tipo:

1. NUMÉRICO

2. TEXTO

3. DATA/HORA

4. FÓRMULA

1. DADOS NUMÉRICOS

O dado numérico é simplesmente um número. Como o valor numérico pode ser positivo, negativo ou fracionário, existem diversas formas de representá-lo na planilha. Além disso, dependendo de como fôr digitado, o número poderá assumir formatos diferentes. Veja o exemplo ao lado:

953	Positivo
-356	Negativo
0,78	Decimal
1.236,50	Ponto de Milha + Decimal
7 1/2	Fracionário
1,00E+04	Notação Científica

Os dados numéricos devem começar por:

Número---	(0....9)
+	Número Positivo
-	Número Negativo
,	Número Decimal
()	Número Negativo

➤ Quando um DADO NUMÉRICO é maior em caracteres do que a largura da coluna, este número será apresentado com "**####**". Para resolver este problema, é só aumentar a largura da coluna, arrastando a borda na posição do título de coluna, ou dando um clique duplo na divisão do título da coluna desejada.

2. DADOS DO TIPO TEXTO

Dados do tipo texto são formados por qualquer caractere desde que o Excel não o considere como numérico, data/hora ou fórmula. Os dados do tipo texto são, inicialmente, alinhados à esquerda da célula.

3. DADOS DO TIPO DATA/HORA

A data e a hora são tipos de dados que se parecem muito com o numérico, porém o Excel os trata de forma bem diferente. Com uma data, podem ser feitos cálculos cronológicos, de período entre duas datas etc. Além disso, a data e a hora podem ser digitadas de vários jeitos diferentes. Veja o exemplo abaixo:

30/10/1998
30/out/98
30/out
9:11 AM
17:45:25

Quando um dado do tipo data/hora é maior em caracteres do que a largura da coluna onde ele está, o mesmo será apresentado como "###". Para resolver isso, basta aumentar a largura da coluna.

4. DADOS DO TIPO FÓRMULA

Para que os cálculos sejam efetuados na planilha, usam-se fórmulas. Uma fórmula pode conter valores numéricos, operadores aritméticos, funções internas do Excel e referências de células que contenham dados numéricos ou do tipo data/hora. Uma das vantagens das fórmulas que utilizam referência de outras células é a de que a planilha se mantém sempre atualizada, pois ao alterar os valores das células, as fórmulas dependentes são atualizadas.

CRIANDO SEQÜÊNCIA DE DADOS

Na maioria das vezes, o Excel é utilizado para preenchimento de valores seqüenciais e lógicos. Sendo assim, o Excel tem um recurso muito interessante para digitação de valores seqüenciais.

Criando uma seqüência

1. Digite o valor **25** na célula D3, mantendo-a selecionada.

2. Leve o ponteiro do mouse até a **Alça de Preenchimento** e, pressionando o botão direito do mouse, arraste até o lugar desejado.

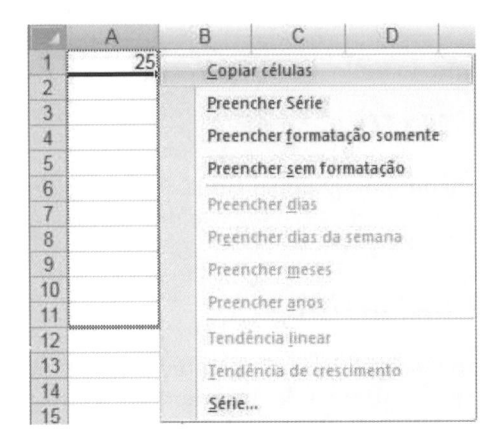

3. Escolha a opção Preencher Série e veja o resultado: automaticamente o Excel fará a seqüência a partir do número 25, ou seja, 26, 27, 28 e assim por diante.

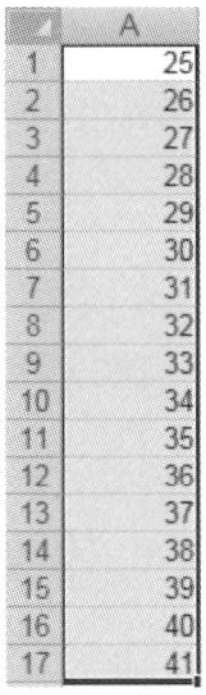

Outro exemplo, mas agora com dado do tipo data/hora:

1. Digite na célula F4 a data 12/12/2004.

2. Selecione a célula com a data, posicione o mouse na Alça de Preenchimento e arraste com o botão direito do mouse para a parte inferior da tela.

3. Escolha a opção **Preencher Dias**.

Veja outras opções que você poderá usar:

Preencher série

	A	B	C	D
1	Preencher Dias	Preencher Dias Úteis	Preencher Meses	Preencher Anos
2	12/12/2006	12/12/2006	12/12/2006	12/12/2006
3	13/12/2006	13/12/2006	12/1/2007	12/12/2007
4	14/12/2006	14/12/2006	12/2/2007	12/12/2008
5	15/12/2006	15/12/2006	12/3/2007	12/12/2009
6	16/12/2006	18/12/2006	12/4/2007	12/12/2010
7	17/12/2006	19/12/2006	12/5/2007	12/12/2011
8	18/12/2006	20/12/2006	12/6/2007	12/12/2012
9	19/12/2006	21/12/2006	12/7/2007	12/12/2013
10	20/12/2006	22/12/2006	12/8/2007	12/12/2014
11	21/12/2006	25/12/2006	12/9/2007	12/12/2015
12	22/12/2006	26/12/2006	12/10/2007	12/12/2016

CRIANDO UMA SEQÜÊNCIA COM INCREMENTOS DIFERENTES

1. Digite a data 07/02/2002 na célula **B4**.

Capítulo 15 | Digitando na Planilha

2. Leve o ponteiro do mouse até a Alça de Preenchimento, pressione o botão **direito** do mouse e arraste-o na direção desejada.

3. Escolha a opção **Série** na tela que aparece e coloque um incremento de 10.

Sequência de 7 em 7 dias	Sequência de -7
7/2/2006	7/2/2006
14/2/2006	31/1/2006
21/2/2006	24/1/2006
28/2/2006	17/1/2006
7/3/2006	10/1/2006
14/3/2006	3/1/2006
21/3/2006	27/12/2005
28/3/2006	20/12/2005
4/4/2006	13/12/2005
11/4/2006	6/12/2005

Para criar seqüências, existem ainda outras opções:

Incremento: será utilizado para determinar o intervalo entre os valores da seqüência.

Limite: é o valor máximo que a seqüência pode atingir.

Seqüência: determina a direção, que pode ser a linha ou a coluna do valor inicial.

Tipo de Seqüência

Linear: o intervalo é adicionado aos valores.

Crescimento: o intervalo é multiplicado pelos valores.

Data: quando o dado inicial é uma data, você define se quer o valor do intervalo baseado em dia, semana, mês ou ano.

Auto Preenchimento: determina, automaticamente, o tipo da seqüência.

Criando uma seqüência de texto

Você poderá também criar seqüências de texto. Siga o exemplo:

1. Em uma nova planilha, digite o valor **Janeiro**.

2. Posicione o mouse na **Alça de Preenchimento** e arraste-o até a posição desejada, com o botão esquerdo.

3. Note que, automaticamente, os valores foram preenchidos. Veja abaixo o exemplo, além de outros casos.

Janeiro	Fevereiro	Março	Abril	Maio	Junho
Janeiro	Fevereiro	Março	Abril	Maio	Junho
Dom	Seg	Ter	Qua	Qui	Sex
Domingo	Segunda-feira	Terça-feira	Quarta-feira	Quinta-feira	Sexta-feira

Criando uma seqüência personalizada

Você poderá, também, criar seqüências personalizadas de textos que serão usadas muitas vezes no programa. Veja o exemplo:

1. Abra um novo arquivo.

2. Na planilha, selecione a lista de itens que deseja utilizar na série de preenchimento.

3. Clique no Botão do Microsoft Office, e, em seguida, clique em **Opções do Excel.**

4. Clique em **Mais Usados** e, em seguida, em **Opções principais para o trabalho com o Excel** e, depois, em **Editar Listas Personalizadas**.

5. Verifique se a referência da célula da lista de itens selecionada é exibida na caixa **Importar Lista das Células** e, em seguida, clique em **Importar**.

6. Os itens na lista selecionada serão adicionados à caixa Listas Personalizadas.

7. Clique em OK duas vezes.

8. Na planilha, clique na célula e, em seguida, digite o item na série de preenchimento personalizada que você deseja utilizar para iniciar a lista.

9. Arraste a Alça de Preenchimento sobre as células que você deseja preencher. (Alça de Preenchimento: o pequeno quadrado preto no canto inferior direito da seleção. Quando você aponta para a Alça de Preenchimento, o ponteiro se transforma em uma cruz preta.)

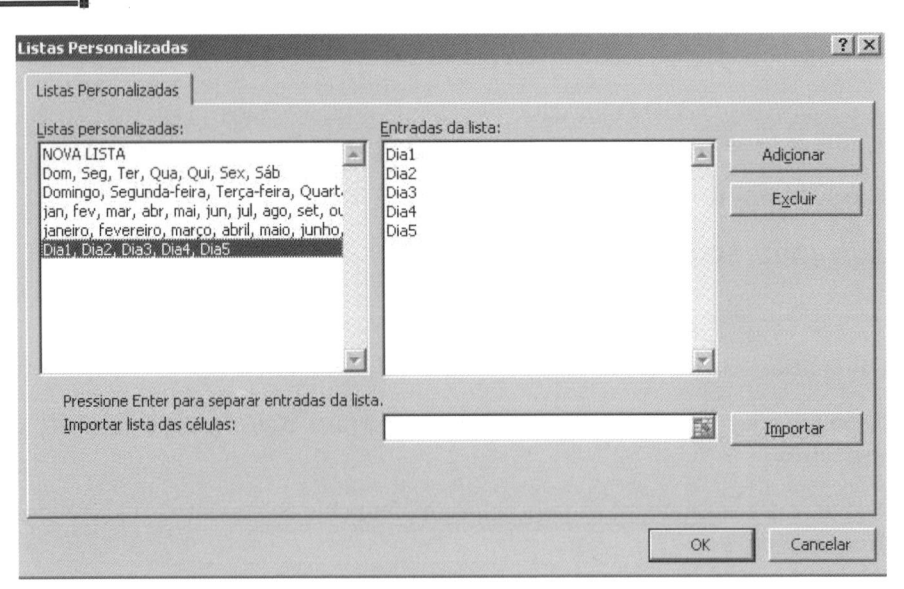

10. Clique no botão **Adicionar**.

11. A partir de agora, quando você digitar na planilha um dos valores da lista e arrastá-lo com a Alça de Preenchimento, as informações restantes serão completadas.

FIXANDO O APRENDIZADO

1. Abra um novo arquivo e digite os seguintes dados:

Datas de Visitas	Valor Vendido
7/2/1990	62

2. Use os dados da coluna **Datas de Visitas** e crie uma seqüência com incremento de 3, aumentando os meses.

3. Usando os dados da coluna Valor Vendido, crie uma seqüência que aumente os **Valores** de 13 em 13 reais.

4. Utilizando os dados da coluna Datas de Visita, crie um incremento de 17 para os dias.

5. Utilizando os dados da coluna Valor Vendido, crie um incremento decrescente de -6.

6. Crie a planilha mostrada a seguir:

		Acidentes de Trânsito			
Código	Cidade	Janeiro	Fevereiro	Março	Abril
1.1	Franca	5	90	250	70
1.2	Rio de Janeiro	6	82	256	82
1.3	São Paulo	7	74	262	94
1.4	Ribeirão Preto	8	66	268	106
1.5	Claraval	9	58	274	118
1.6	Salvador	10	50	280	130
1.7	Recife	11	42	286	142
1.8	Itirapuã	12	34	292	154
1.9	Capivari	13	26	298	166
1.10	Guaíra	14	18	304	178
1.11	Ipuã	15	10	310	190
1.12	São Joaquim da Barra	16	2	316	202

7. Grave o arquivo com o nome de **Acidentes.xlsx.**

8. Renomeie a planilha para Acidentes e mude a cor da guia para azul.

9. Abra o arquivo **Clientes.xlsx**.

10. Copie a planilha **Clientes** para o arquivo **Acidentes.xlsx**.

11. Mova a planilha **Vendas** para o arquivo **Acidentes.xlsx**.

12. Crie uma seqüência personalizada com os valores mostrados abaixo.

Nome	Endereço	Cidade	Estado	CEP	Telefone

13. Apague a planilha Vendas do arquivo **Acidentes.xlsx**.

14. Feche o arquivo **Clientes.xlsx** sem gravar.

15. Digite os dados abaixo em um novo arquivo e grave-o com o nome de **Estoque**.xlsx.

		Cantinha do Tio Pepe		
Codigo	Item	Entrada	Saída	Saldo
7.4	Salame	30	10	
7.5	Farinha	50	20	
7.6	Oleo	60	30	
7.7	Fumo de Rolo	20	5	
7.8	Pão Italiano	70	7	
7.9	Canja de Galinha Enlatada	50	13	
7.10	Balas	80	70	
	Total			

Microsoft®

EXCEL 2007

CAPÍTULO 16

Formatando Dados

Podemos formatar as letras e os números de uma planilha de diversas formas.

Os dados presentes nas planilhas podem ser formatados com os mesmos recursos de um editor de textos. Pode-se, ainda, aumentar ou diminuir casas decimais, colocar formatos de moeda, porcentagem e muitos outros recursos para melhorar a apresentação de números e/ou valores. Podemos também usar o recurso **AutoFormatação** da guia **Início**.

Siga um destes procedimentos:

Alterando a fonte ou o tamanho da fonte

1. Na caixa **Fonte**, na guia **Início**, clique na fonte desejada.

2. Na caixa **Tamanho da fonte**, clique no tamanho desejado.

Alterando a cor do texto

Para aplicar a última cor selecionada, clique em **Cor da fonte**, na guia **Início**.

Para aplicar uma cor diferente, clique na seta posicionada ao lado da caixa **Cor da fonte** e, em seguida, escolha uma cor na paleta.

Aplicando negrito, itálico ou sublinhado na seleção

Na guia **Início**, clique em um botão para obter o formato que você deseja.

ESTILOS DE CÉLULAS

1. Abra o arquivo **Clientes.xlsx**. Selecione a planilha **Vendas**.

2. Clique e arraste da célula **A1** até a célula **F12**.

3. Na guia **Início**, escolha **Estilo da Célula**.

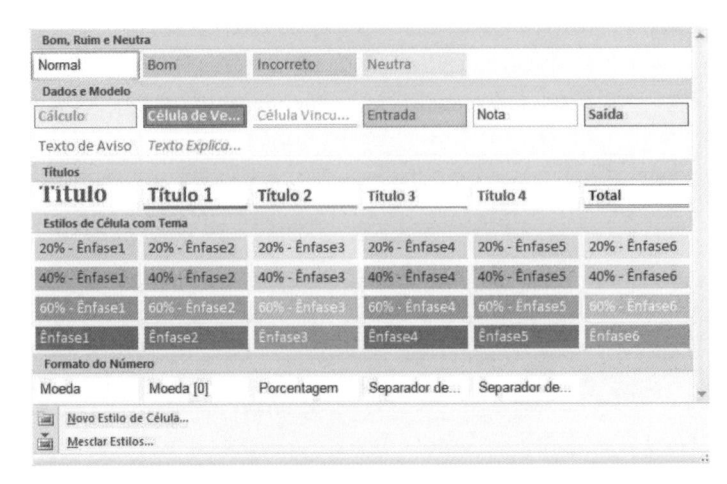

Código	Nome Produto	Família	Qtd	Pr. Unit	Total	Imposto
24	Guaraná Fantástica	10	1	4,50	4,50	0,68
13	Konbu	6	8	6,00		-
23	Tunnbröd	9	5	9,00		-
19	Teatime Chocolate Biscuits	8	3	9,20		-
3	Aniseed Syrup	1	2	10,00		-
21	Sir Rodney's Scones	8	3	10,00		-
31	Gorgonzola Telino	14	4	12,50		-
25	NuNuCa Nuß-Nougat-Creme	11	3	14,00		-
15	Genen Shouyu	6	2	15,50		-
16	Pavlova	7	3	17,45		-
1	Chai	1	1	18,00		-
2	Chang	1	1	19,00		-
11	Queso Cabrales	5	4	21,00		-
22	Gustaf's Knäckebröd	9	5	21,00		-
5	Chef Anton's Gumbo Mix	2	2	21,35		-

4. Escolha o estilo **Ênfase1**.

Veja o resultado: sua planilha foi alterada automaticamente. Dessa forma, você melhorou a apresentação de sua planilha mudando o tamanho da letra e aplicando um formato a sua tabela de forma.

OPÇÕES AVANÇADAS DE FONTE

Você, provavelmente, já sabe como alterar as fontes de um texto em uma planilha, conforme foi mostrado no tópico anterior. Porém, muitas vezes, você terá que escolher opções avançadas de tipo de letra. Veja a seguir como fazer essas alterações.

1. Abra o arquivo **Operações.xlsx** e selecione a planilha **Dados.**

2. Selecione as células **C4 a E12**.

3. Selecione, na guia **Início,** a opção **Célula/Formatar/Formatar Célula**.

A opção fonte

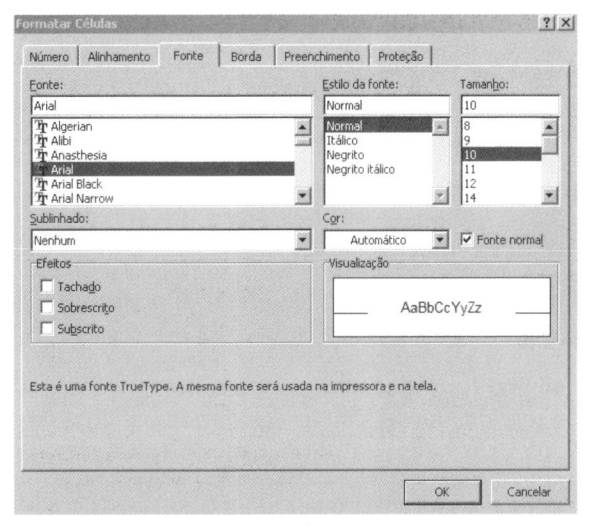

OU ENTÃO,

1. Clique com a tecla da direita do mouse sobre as células selecionadas.

2. Na caixa de diálogo, escolha **Formatar células**.

3. Escolha a opção **Fonte.**

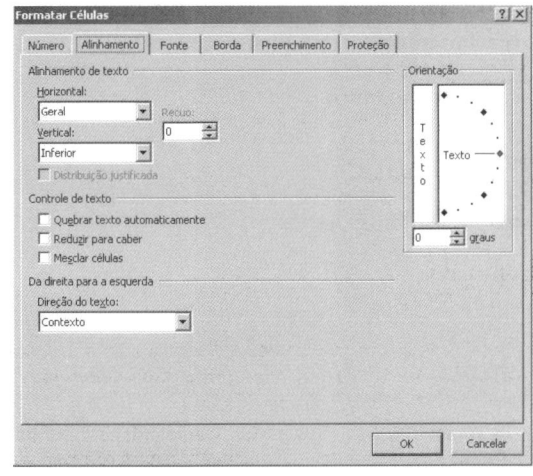

Fonte: tipos de fontes disponíveis para o Excel.

Estilo das Fontes: é a apresentação da fonte escolhida: Normal, Negrito, Itálico etc.

Tamanho: tamanho da fonte escolhida. É variável de acordo com cada tipo de fonte.

Sublinhado: Padrão, Duplo.

Efeito: Tachado, Sobrescrito e Subscrito.

Cor: cor de apresentação da fonte escolhida.

OPÇÕES AVANÇADAS DE ALINHAMENTO

Alinhar os dados significa posicioná-los da forma mais adequada dentro da planilha. As informações, quando digitadas nas células, sofrem um alinhamento padrão (alinhamento geral), onde:

Texto é alinhado à esquerda;

Número é alinhado à direita.

1. Abra um arquivo qualquer.

2. Selecione a opção **Células** no menu **Formatar**.

3. Escolha a guia **Alinhamento** na caixa de diálogo.

Horizontal: alinhamento horizontal dos dados.

Vertical: alinhamento vertical dos dados.

Orientação: posição dos dados. Você pode escolher o ângulo que deseja para os dados da célula selecionada.

Quebrar texto automaticamente: ativa e/ou desativa o ajuste automático dos dados em linha, ou seja, quando o texto for maior que a largura da coluna, automaticamente é colocado na linha abaixo; caso contrário, o mesmo continuará em linha reta.

Reduzir para caber: quando ativado, ajusta o tamanho dos dados, caso estes excedam o tamanho da coluna.

Mesclar células: transforma duas ou mais células em uma só.

Veja alguns exemplos:

Alinhamento Centralizado (Horizontal e Vertical)	Retorno automático de Texto
Alinhamento Vertical Superior	
Inclinado	
Células Mescladas	Vertical

O processo de mesclagem de células é muito utilizado e, para acioná-lo, basta selecionar o texto e clicar no botão **Mesclar e centralizar**. Lembre-se também que, para retirar a mesclagem que foi feita, é necessário acionar o menu **Formatar/Células/Alinhamento**.

COPIANDO FORMATOS

Para copiar somente a formatação de uma célula, pode-se usar o botão Pincel da Barra de Ferramentas Padrão. Esta ferramenta copia somente os formatos da célula, ou seja, o tipo e o tamanho da letra, a quantidade de casas decimais, estilos da AutoFormatação etc.

botão Pincel

Colar formatos é um processo simples que economiza tempo, pois você não terá que se preocupar em escolhê-lhos novamente. Vamos ao exemplo:

1. Abra o arquivo **Clientes.xlsx** e certifique-se de estar usando a planilha **Clientes.**

2. Selecione a célula **B2** até a **H6**.

3. Dê um clique no botão **Pincel,** da guia **Início**. O ponteiro do mouse muda para uma **CRUZ** com um **PINCEL**.

4. Posicione o ponteiro do mouse na célula **A1** da planilha **Vendas** e dê um clique. O formato é copiado para esta região.

O que acabamos de demonstrar, de forma simples, foi o processo de colar formatos de células.

BORDAS E PREENCHIMENTOS

Por meio da Barra de Ferramentas de Formatação, pode-se colocar bordas e cores na planilha, mudar a cor de fundo e a da fonte. Os botões são os seguintes:

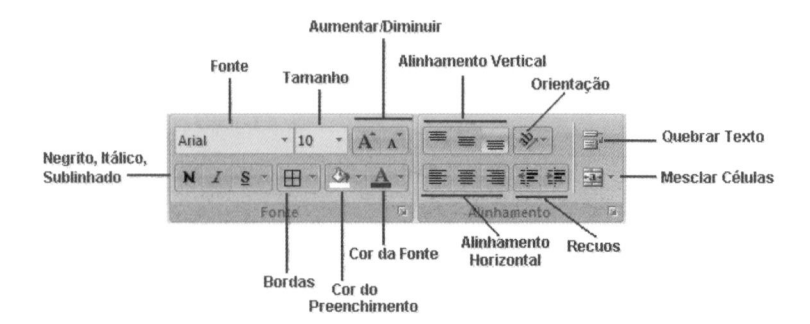

Vamos fazer algumas modificações no visual de uma planilha.

1. Abra o arquivo **Operações.xlsx**. Certifique-se de que está usando a planilha **Operações**.

2. Posicione o cursor na célula **B3**. Clique e arraste até a célula **F17**.

3. Dê um clique na seta ao lado do botão **Bordas** e selecione o último formato.

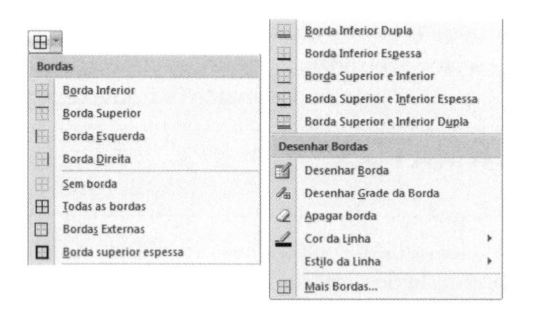

OUTRA FORMA:

1. Selecione as células desejadas e clique com a tecla direita do mouse.

2. Na caixa de diálogo, escolha **Formatar células**.

3. Escolha a opção **Borda**.

4. Escolha as bordas e as cores desejadas:

Predefinições: estilo de borda predefinido.

Borda: opções de colocação de bordas. Você pode definir uma borda diferente para cada lado e até mesmo colocá-la na diagonal.

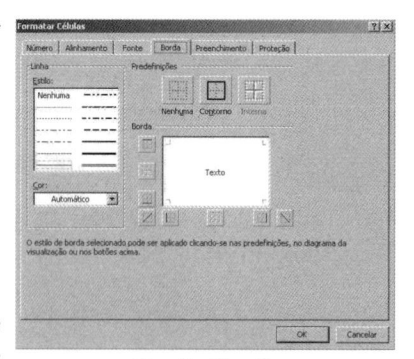

Opção Borda

Estilo: opções de tipos de bordas.

Cor: paleta de cores para as bordas.

Capítulo 16 | 129
Formatando Dados

CORES DE FUNDO

1. Ainda com o arquivo **Operações.xlsx** aberto, selecione a célula **C3** até a **F17**.

2. Escolha a cor azul no botão **Cores** da Barra de Ferramentas de Formatação

OUTRA FORMA:

1. Clique com a tecla direita do mouse.

2. Selecione a opção **Formatar células**.

3. Clique na opção **Preenchimento**.

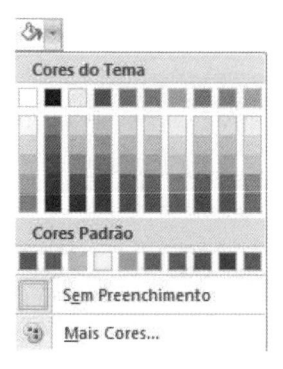

Botão Cores

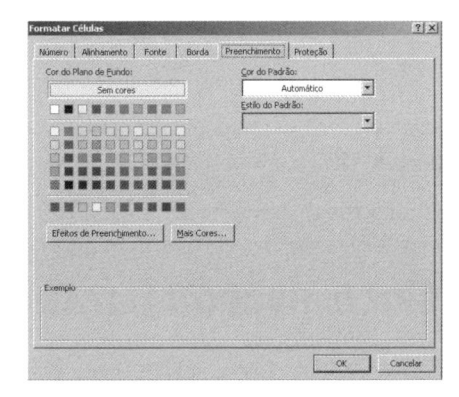

QUEBRANDO O TEXTO EM UMA CÉLULA

Se você deseja que o texto apareça em várias linhas em uma única célula, é possível formatá-la de maneira que o mesmo seja quebrado automaticamente. Um outro jeito seria incluir uma quebra de linha manual.

Quebrando o texto automaticamente

1. Em uma planilha, selecione as células que deseja formatar.

2. Na guia Início, no grupo Alinhamento, clique em Quebrar texto automaticamente.

Observações

- Os dados, na célula, são quebrados para encaixar na largura da coluna. Ao alterar a largura da coluna, a quebra de dados será ajustada automaticamente.

- Se todo o texto quebrado não estiver visível, é possível que a linha esteja configurada para uma altura específica.

MESCLANDO CÉLULAS ADJACENTES

1. Selecione uma ou mais células adjacentes a serem mescladas.

Observação: Verifique se os dados que você deseja exibir na célula mesclada estão na célula superior esquerda do intervalo selecionado. Somente esses dados permanecem na célula mesclada. Todas as outras informações do intervalo são excluídas.

2. Na guia **Início**, no grupo **Alinhamento**, clique em **Mesclar e centralizar**.

As células serão mescladas em uma linha ou em uma coluna, e o conteúdo das mesmas será centralizado na célula mesclada. Para mesclá-las sem centralizar, clique na seta ao lado de Mesclar e centralizar e, em seguida, clique em Mesclar através ou Mesclar células.

Observações

- Se o botão **Mesclar e centralizar** não estiver disponível, as células selecionadas podem estar no modo de edição. Para cancelar o modo de edição, pressione Enter.

- Para alterar o alinhamento do texto na célula mesclada, selecione-a e clique em um dos botões de alinhamento no grupo Alinhamento, guia Início.

FORMATO NUMÉRICO PERSONALIZADO E PADRÃO

Para formatar números, textos, datas e horas, você poderá optar por usar um formato pré-definido pelo Excel, ou então criar o seu próprio. Por exemplo: em sua planilha, você necessita mostrar números no formato de moeda do Cazaquistão, mas nem de perto o Excel oferece este formato específico, por isso você terá que criá-lo. Vamos a outro exemplo: 000000, com isso os números da célula aparecerão com os zeros à esquerda.

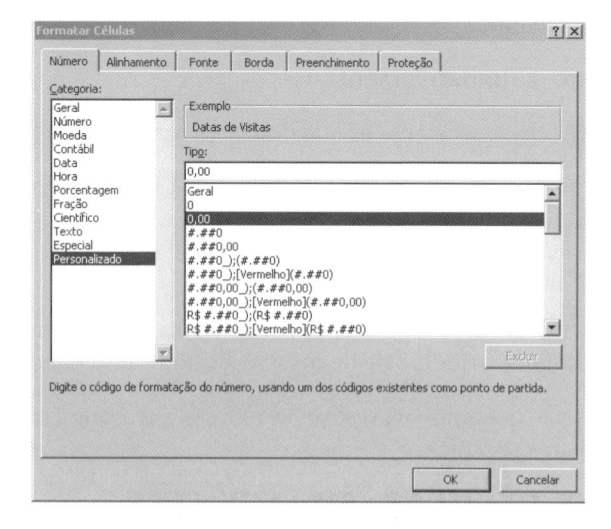

TEXTO E ESPAÇAMENTO

Exibindo tanto texto quanto números: para exibir tanto texto quanto números em uma mesma célula, coloque os caracteres de texto entre aspas (" ") ou preceda um único caractere com uma barra invertida (\). Inclua os caracteres na seção apropriada dos códigos de formato.

Por exemplo: digite o formato **$0,00"Crédito"** e **$-0,00"Débito"** para exibir uma quantia positiva com o "$125,74 Crédito" e uma quantia negativa como "$-125,74 Débito". Existem caracteres exibidos sem o uso de aspas, tais como: **$ - + / ( ) : ! ^ & ' (apóstrofo à esquerda) ' (apóstrofo à direita) ~ { } = < >** e o de espaço.

Incluindo uma seção para entrada de texto: se inclusa, uma seção de texto é sempre a última no formato de número. Digite um sinal de arroba (@) onde deseja exibir qualquer texto na célula. Se o caractere @ for omitido na seção de texto, o texto inserido não será mostrado. Se você deseja sempre exibi-los, coloque o texto adicional entre aspas (" "). Exemplo: **"receita bruta de"@.** Se o formato não tem uma seção de texto, qualquer texto inserido não será afetado pelo mesmo.

Adicionando espaço: para criar um espaço da largura de um caractere em um formato numérico, inclua um sublinhado (_).

Reproduzindo caracteres repetidos: para repetir o próximo caractere, com o objetivo de preencher a largura da coluna, inclua um asterisco (*) no formato de número. Exemplo: digite **0*-** para incluir traços suficientes, após um número, a fim de completar toda a célula.

CASAS DECIMAIS, ESPAÇOS, CORES E CONDIÇÕES

Casas decimais e dígitos significativos: para formatar frações ou números decimais, reserve os espaços dos dígitos seguintes em uma seção. Se um número tiver mais caracteres à direita da vírgula decimal do que o número de espaços reservados no formato, o mesmo será arredondado para tantas casas decimais quanto o número de espaços reservados. Se acontecer o mesmo para os dígitos à esquerda da vírgula decimal, o Excel se comporta de maneira contrária: o programa exibe os caracteres extras mesmo que não se tenha reservado espaço no formato. Se este contiver apenas sinais numéricos (#) à esquerda da vírgula decimal, os números inferiores a um começarão com a mesma.

> **Função dos caracteres**
>
> **# mostra apenas os dígitos significativos e deixa de exibir zeros não significativos**.
>
> 0 (zero) exibe zeros não-significativos, se um número tiver menos dígitos do que o número de zeros no formato.
>
> ? adiciona espaços para zeros não-significativos nos dois lados da vírgula decimal, para que as mesmas fiquem alinhadas quando formatadas com uma fonte de tamanho fixo como a Courier New. Além disso, use ? para frações que tenham números de dígitos variáveis.

Para Exibir	Use este código
1234,59 como 1234,6	####,#
8,9 como 8,900	#,000
0,631 como 0,6	0,#
12 como 12,0 e 1234,568 como 1234,57	#,0#
44,398, 102,65 e 2,6 com vírgulas decimais alinhadas	???,???
5,25 como 51/4 e 5 3/10, com dímbolos de divisão alinhados	# ???/???

Separador de milhar: para exibir um ponto como separador de milhar ou colocar um número em escala por um múltiplo de mil, inclua um ponto seu formato.

Para Exibir	Use este código
12000 como 12.000	#.###
12000 como 12	#.
12200000 12,2	0,0;;

Cor: para definir a cor de uma seção do formato, digite o nome de uma das oito cores a seguir, entre colchetes. O código de cor deve ser o primeiro item da seção.

[Preto]	[Azul]
[Ciano]	[Verde]
[Magenta]	[Vermelho]
[Branco]	[Amarelo]

Condições: para definir os formatos que serão aplicados caso um número atenda a uma condição especificada, inclua a condição entre colchetes. Esta consiste em um **operador de comparação** e um valor. Por exemplo: o formato a seguir exibe números menores ou iguais a 100 em fonte vermelha e números maiores que 100 em fonte azul.

[Vermelho][<=100];[Azul][>100]

Para aplicar formatações condicionais a células – como um sombreado colorido de acordo com o valor de uma célula – use o comando **Formatação condicional** no menu **Formatar**.

MOEDA, PORCENTAGEM E NOTAÇÃO EXPONENCIAL

Símbolos de moeda: para inserir um dos símbolos de moeda abaixo em um formato de número, ative a tecla NUM LOCK e use o teclado numérico para inserir o código ANSI.

Para inserir	Mantenha a tecla ALT pressionada e digite
¢	0162
£	0163
¥	0165
€	0128

> **Observação:** os formatos personalizados são salvos para serem utilizados apenas com determinada Pasta de Trabalho. Para que o Excel sempre use um formato de moeda específico, altere o mesmo em **Configurações regionais** no **Painel de Controle,** antes de iniciar o Excel.

Porcentagem: para exibir números como porcentagem, inclua o sinal % no formato do número. Exemplo: um número como 0,08 aparece como 8%; o número 2,8 aparece como 280%.

Notação científica: para exibir números em formato científico, use os códigos exponenciais "E-", "E+", "e-" ou "e+" em uma seção. Se um formato contiver um zero (0) ou um sinal numérico (#) à direita de um código exponencial, o Excel mostrará o número em formato científico e inserirá um "E" ou "e". O número de zeros ou de sinais numéricos à direita de um código determinará o número de dígitos no expoente. "E-" ou "e-" coloca um sinal de subtração ao lado dos expoentes negativos. "E+" ou "e+" faz o mesmo com os expoentes negativos e inclui um sinal de adição ao lado dos positivos.

DATAS E HORAS

Dias, meses e anos: se você usar "m" logo após o código "h" ou "hh", ou logo antes do código "ss", o Excel exibirá minutos ao invés de mês.

Para Exibir	Use este código
Meses com 1-12	m
Meses com 01-12	mm
Meses com jan-dez	mmm
Meses como janeiro-dezembro	mmmm
Meses como a primeira letra do mês	mmmmm
Dias como 1-31	d
Dias como 01-31	dd
Dias como dom-sab	ddd
Dias como domingo-sabado	dddd
Anos como 00-99	aa
Anos como 1900-9999	aaaa

Horas, minutos e segundos

Horas como 0-23	H
Horas como 00-23	hh
Minutos como 0-59	m
Minutos como 00-59	mm
Segundos como 0-59	s
Segundos como 00-59	ss
Horas como 4 AM	h AM/PM
Horas como 4:36 AM	h:mm AM/PM
Horas como 4:36:06 P	h:mm:ss A/P
Tempo transcorrido em horas; por exe	[h]:mm
Tempo transcorrido em minutos: por e	[mm]:ss
Tempo transcorrido em segundos	[ss]
Frações de segundos	h:mm:ss,00

AM e PM: se o formato contiver AM ou PM, a hora será baseada no relógio de 12 horas, onde "AM" ou "A" indica horas de meia-noite até meio-dia e "PM" ou "P", o inverso. Caso contrário, a hora será baseada no relógio de 24 horas. O código "m" ou "mm" deve aparecer logo após o código "h" ou "hh", ou logo antes do código "ss". Do contrário, o Excel exibirá o mês em vez de minutos.

OUTROS EXEMPLOS

FORMATO	NÚMERO DIGITADO	RESULTADO EXIBIDO
#,##	1020,347	1020,35
	0,1	,1
#,00	1000	1000,00
	1037,456	1037,46
"X="0,0	138,45	X=138,5
	0,2	X=0,2
d/mmm/aaaa	12/08/99	12/Ago/1999
	07/02/78	07/Fev/1978

Não se assuste se a sua planilha exibir o sinal de diferente (#) em vez do dado da célula. Isso ocorre sempre que o conteúdo da mesma é maior que seu comprimento. Vamos mudar isso:

1. Posicione o ponteiro do mouse entre a coluna **H** e a coluna **I,** até que vire uma setinha preta de duas pontas, como na ilustração a seguir:

2. Dê um clique duplo para que a célula se ajuste ao tamanho de seu conteúdo.

FIXANDO O APRENDIZADO

1. Crie a planilha mostrada a seguir e grave-a com o nome de **Muamba.xlsx**, pois será utilizada mais tarde.

Capítulo 16 | 135
Formatando Dados

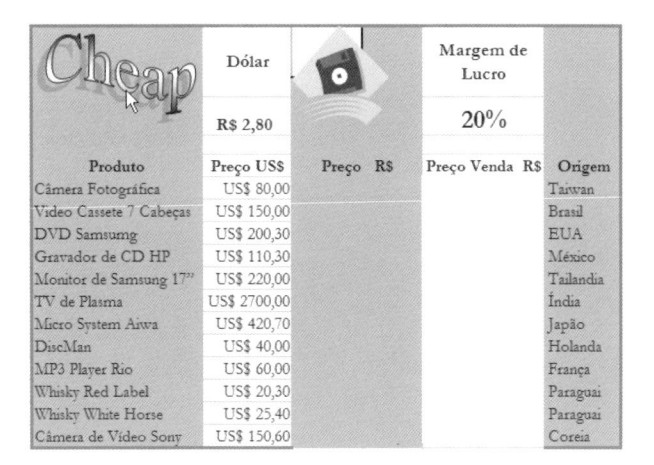

	Dólar		Margem de Lucro	
	R$ 2,80		20%	
Produto	Preço US$	Preço R$	Preço Venda R$	Origem
Câmera Fotográfica	US$ 80,00			Taiwan
Video Cassete 7 Cabeças	US$ 150,00			Brasil
DVD Samsumg	US$ 200,30			EUA
Gravador de CD HP	US$ 110,30			México
Monitor de Samsung 17"	US$ 220,00			Tailandia
TV de Plasma	US$ 2700,00			Índia
Micro System Aiwa	US$ 420,70			Japão
DiscMan	US$ 40,00			Holanda
MP3 Player Rio	US$ 60,00			França
Whisky Red Label	US$ 20,30			Paraguai
Whisky White Horse	US$ 25,40			Paraguai
Câmera de Vídeo Sony	US$ 150,60			Coreia

2. Crie a planilha mostrada a seguir e grave-a com o nome de **Papelaria.xlsx**.

Controle de Estoque

	Margem de Lu	27,00%				
Código	Descrição	Entrada	Saída	Estoque	Compra	Venda
000001	Apontador	30	15	15	0,8	1,016
000002	Lápis	50	39	11	0,2	0,254
000003	Borracha	780	700	80	0,2	0,254
000004	Compasso	75	65	10	2,7	3,429
000005	Almaço	90	65	25	0,06	0,0762
000006	Carbon	9.050,00	1.340,00	7710	0,8	1,016
000007	Folha Únic	1.300,00	1200	100	0,02	0,0254
000008	Lápis de C	1.110,00	950	160	7	8,89
000009	Corretor	7.500,00	5.630,00	1870	5,6	7,112
000010	Pasta Elást	7.780,00	3.500,00	4280	4,7	5,969
000011	Folha Sulfi	300	250	50	0,02	0,0254
000012	Caderno	6.780,00	730	6050	10,5	13,335
000013	Pincel	100	99	1	0,7	0,889

Microsoft®

EXCEL 2007

CAPÍTULO 17

Protegendo Arquivos

Senha de proteção: protege o acesso à pasta, permitindo que a Pasta de Trabalho seja aberta somente com a digitação da senha.

Senha de gravação: protege a pasta contra gravação, ou seja, permite que o arquivo seja aberto, alterado e salvo com outro nome. O original somente poderá ser modificado com a digitação da senha.

Passos a serem seguidos:

1. Abra o arquivo **Cliente.xlsx**.

2. Clique no Botão do Microsoft Office/**Salvar Como.**

3. Na tela que aparece, clique no botão **Ferramentas/Opções gerais.**

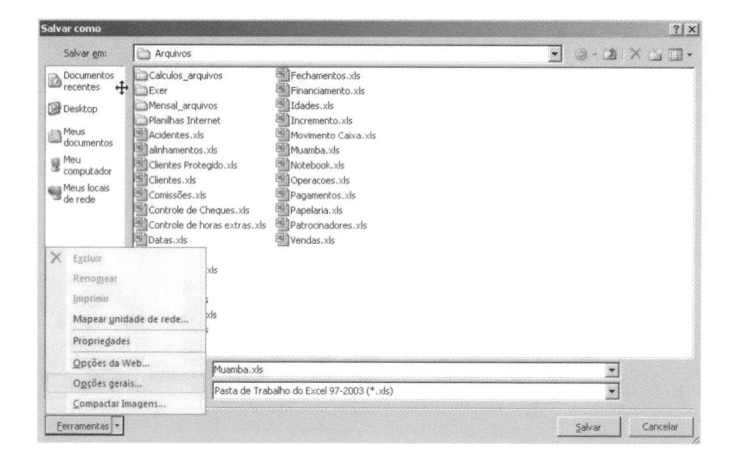

4. Na opção **Senha de proteção**, digite uma senha, à qual será mascarada com asteriscos e logo depois clique OK (dica de senha: **123**).

5. Redigite a senha, para confirmar, na caixa de diálogo **Confirmar senha** e tecle **OK.**

6. Dê o nome de **Clientes Protegido.xlsx** ao arquivo.

7. Logo depois, clique em salvar e feche o mesmo.

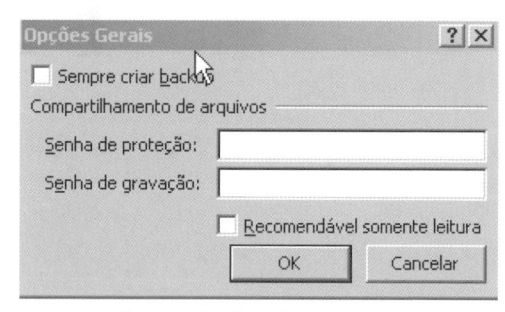

Opção Senha de proteção

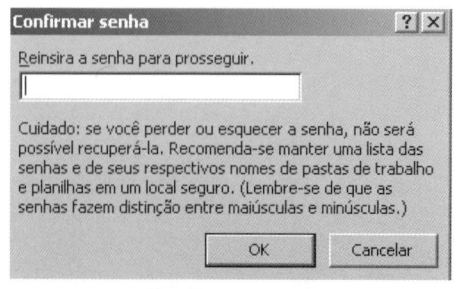

Confirmar senha

ABRINDO UMA PASTA DE TRABALHO COM SENHA DE PROTEÇÃO

Ao abrir uma Pasta de Trabalho com senha de proteção, o Excel a solicitará na caixa de diálogo Senha. Caso não esteja correta, o arquivo não será aberto.

> **Observação:** a senha precisa ser digitada exatamente da mesma maneira em que foi gravada, inclusive em relação a letras maiúsculas e minúsculas.

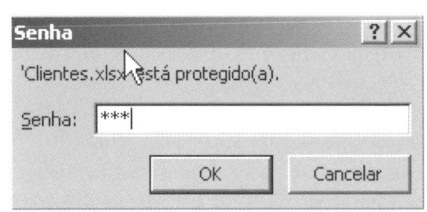

ELIMINANDO A SENHA DA PASTA DE TRABALHO

Quando a utilização de senha não for mais necessária, esta poderá ser eliminada. Veja como:

1. Abra o arquivo **Clientes Protegido.xlsx** com a senha.

2. No menu **Arquivo**, selecione **Salvar Como** e, logo após, **Ferramentas/Opções gerais.**

3. Apague a senha e tecle **OK.**

4. Clique **OK,** também, na caixa de diálogo Salvar como (se for pedido para substituir o arquivo já existente, clique Sim).

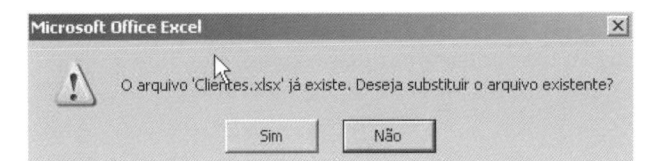

PROTEÇÃO DE PLANILHAS E DE PASTAS DE TRABALHO

O Excel fornece diversas camadas de proteção para controlar quem pode acessar e alterar seus dados:

Proteção de planilhas: você pode proteger elementos em uma planilha – células com fórmulas, por exemplo – do acesso de todos os usuários, ou pode conceder acesso individual nos intervalos especificados.

Proteção em nível de Pasta de Trabalho: você pode aplicar proteção a elementos ou a arquivos da Pasta de Trabalho, evitando a sua exibição ou alteração. Se a mesma estiver compartilhada, você poderá protegê-la para que não retorne a uso exclusivo e para impedir que o histórico de alterações seja excluído.

PROTEGENDO ELEMENTOS DE UMA PLANILHA

Protegendo elementos de todos os usuários: você pode evitar que usuários insiram, excluam, formatem linhas e colunas, alterem o conteúdo ou movam o cursor para células bloqueadas ou não.

Por padrão, todas as células em uma planilha estão bloqueadas. Antes de proteger uma planilha, você pode desbloquear células nas quais deseja que os usuários insiram e alterem dados de duas maneiras. Para desbloquear células para todos os usuários, você pode usar a guia **Proteção** na caixa de diálogo **Formatar Células**. Para desbloquear células apenas para usuários específicos, você pode usar a caixa de diálogo **Permitir que os usuários editem intervalos**. Os intervalos especificados nesta caixa, e que não têm uma senha, também serão desbloqueados para todos os usuários. As células que você deixar bloqueadas ficam sob proteção somente após ter protegido a planilha.

Outros recursos e elementos de planilha aos quais você pode restringir o acesso de todos os usuários são: hiperlinks, classificação, AutoFiltro, relatórios de tabela dinâmica, objetos gráficos e cenários. Essas proteções são aplicadas a todos os usuários e à planilha inteira, e não a usuários individuais ou intervalos de dados.

Para planilhas de gráfico, você pode proteger o conteúdo deste contra alterações, assim como quaisquer outros objetos gráficos na folha, como caixas de texto, evitando sua modificação ou exclusão. Uma planilha de gráfico protegida continua a ser atualizada sempre que os dados de origem daquele forem mudados.

Fornecendo acesso a intervalos protegidos para usuários específicos: se você estiver trabalhando com o sistema operacional Windows 2000, você poderá permitir que determinados usuários editem células – mesmo que elas estejam bloqueadas – ou intervalos específicos. As restrições de acesso são efetuadas somente após a planilha estar protegida.

Os usuários especificados na caixa de diálogo **Permissões para intervalo** podem editar automaticamente o intervalo sem digitar a senha. Os outros são solicitados a fornecer a senha, a fim de obter permissão para editar o intervalo. Se uma célula pertence a mais de um intervalo, os usuários que têm autorização para editar qualquer um deles podem editar a célula. Se um usuário tentar editar múltiplas células, simultaneamente, e tiver autorização para editar apenas algumas, mas não todas, ele terá de selecionar e editar as células uma a uma.

PROTEGENDO ARQUIVOS E ELEMENTOS DE ARQUIVOS

Protegendo elementos de Pasta de Trabalho: você pode evitar que usuários adicionem ou excluam planilhas ou exibam planilhas ocultas. Também pode impedir que alterem os tamanhos ou as posições das janelas configuradas para exibir uma Pasta de Trabalho. Essas proteções se aplicam à Pasta de Trabalho inteira. Para ocultá-la, de forma que os usuários não possam vê-la, mas possam ter acesso ao conteúdo, como macros, use o comando **Ocultar**, no menu Janela, e salve as alterações feitas na Pasta de Trabalho oculta.

Protegendo uma pasta de trabalho compartilhada: você pode proteger uma Pasta de Trabalho compartilhada de forma que os usuários não possam retorná-la para uso exclusivo ou excluir o log do histórico de alterações. Se você deseja exigir uma senha para remover este tipo de proteção, aplique esta antes de compartilhar a pasta. A aplicação ativa automaticamente o compartilhamento. Desproteger esses recursos desativa o compartilhamento e exclui todo o histórico de alterações salvo.

Outra alternativa seria proteger o compartilhamento e o histórico de alterações sem uma senha. Além disso, poderia-se aplicar essa proteção em uma Pasta de Trabalho já compartilhada, pois a desproteção não desativará o compartilhamento e nem excluirá o histórico de alterações.

Protegendo um arquivo de Pasta de Trabalho de exibição e edição: você pode restringir quem pode abrir e usar os dados em um arquivo de Pasta de Trabalho, exigindo uma senha para exibir ou salvar alterações no arquivo. Pode, também, definir duas senhas separadas, uma para abrir e exibir o arquivo e outra para editar e salvar alterações no mesmo. Essas senhas se aplicam ao arquivo de Pasta de Trabalho e são separadas da proteção fornecida pela caixa de diálogo **Proteger Pasta de Trabalho**.

PROTEGENDO PLANILHAS E PASTAS DE TRABALHO

Passos a serem seguidos:

1. Abra o arquivo **Idades.xlsx**

2. Clique na guia **Revisão / Proteger Planilha**.

3. Digite uma senha qualquer.

4. Confirme a senha na caixa de confirmação de senha.

5. Tente digitar algo na planilha.

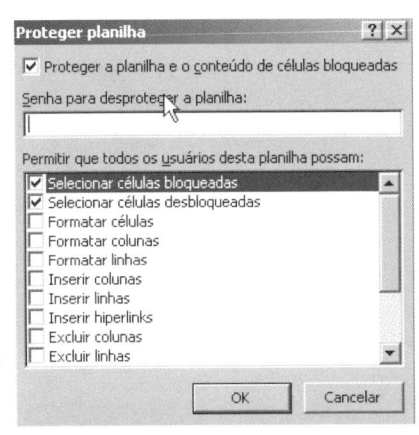

Revisão/Proteger Planilha

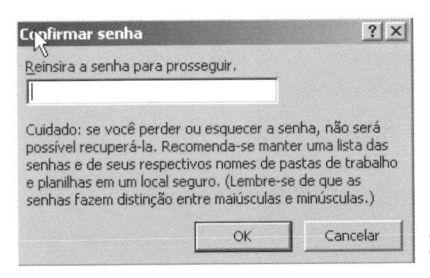

Digite uma senha qualquer

Para desprotegê-la, volte ao menu **Ferramentas/Proteger**. Observe que, quando a planilha está protegida, o item muda para **Desproteger planilha**, bastando clicar e informar a senha para desproteger a mesma.

PROTEÇÃO INDIVIDUAL DA CÉLULA

Esta opção marca uma célula ou o intervalo de células que poderão ser protegidos, caso seja ativada a proteção de documento vista anteriormente.

1. Clique na guia **Revisão**, selecione **Permitir que os Usuários Editem Intervalos**.

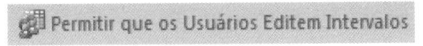

2. Na tela que aparece, escolha a opção **Novo**.

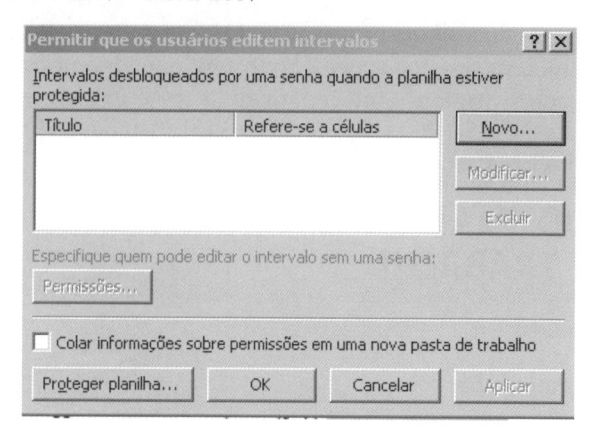

3. Escolha um intervalo (**C5:F13**), clicando no botão ▦ e coloque uma senha.

4. Logo depois, você deve proteger a planilha conforme mostrado.

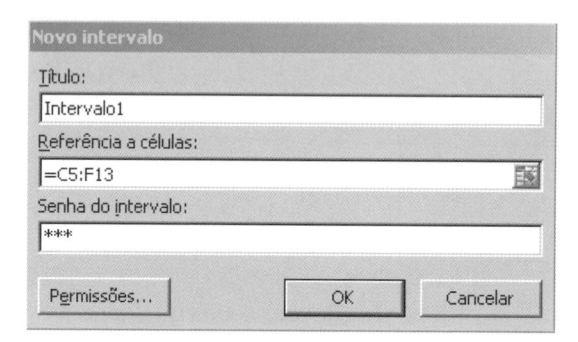

VOLTANDO E REFAZENDO UMA OPERAÇÃO

O Excel 2007 fornece o recurso de voltar (desfazer) e realizar as operações novamente, ou seja, a última tarefa efetuada. Para isso, temos os botões Voltar e Repetir na Barra de Ferramentas Padrão.

botão Voltar

botão Repetir

1. Abra o arquivo **Controle de horas Extras.xlsx**. Certifique-se de que a planilha **HoraExtra** seja a ativa.

2. Posicione o ponteiro do mouse na célula **A1**. Clique e arraste até a célula **M13**.

3. Dê um clique na caixa Tamanho da fonte e mude o tamanho para **20**.

4. Clique no botão **Voltar** da Barra de Ferramentas Padrão. A operação é desfeita, ou seja, a letra volta ao seu tamanho anterior.

5. Dê um clique no botão Repetir. A letra fica grande de novo.

OCULTANDO E REEXIBINDO LINHAS E COLUNAS

Ocultar Linhas e Colunas mostra-se útil no momento em que você não deseja imprimir certas áreas da planilha, podendo ocultá-las ou mostrá-las segundo sua necessidade.

OCULTANDO LINHAS

1. Abra o arquivo **Vendas.xlsx**.

2. Selecione a linha 07.

3. Clique na guia **Início**, escolha **Células/Formatar**, depois vá para **Visibilidade/Ocultar e Reexibir/Ocultar Linhas.**

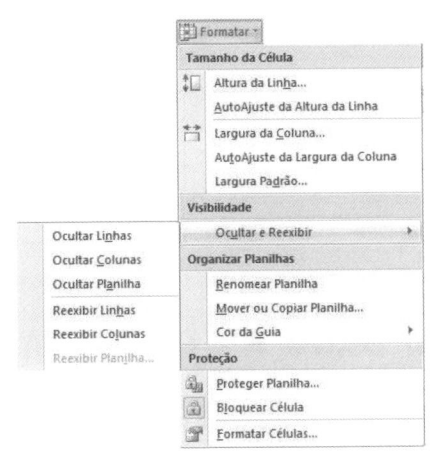

Para voltar a reexibi-la, selecione as linhas que estão ao lado da 07 e ative a guia **Início**, escolha **Células/Formatar**, depois vá para **Visibilidade/Ocultar e Reexibir/Reexibir Linhas**. Veja como fica a seleção.

OCULTANDO COLUNAS

Com o arquivo **Vendas.xlsx** aberto,

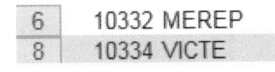

1. Selecione a coluna **F**.

2. Vá para a guia **Início**, escolha **Células/Formatar,** depois **Visibilidade/Ocultar e Reexibir/ Ocultar Colunas**.

Para voltar a reexibi-la, selecione as colunas que estão ao lado da **F** e ative a guia **Início**, escolha **Células/Formatar**, depois **Visibilidade/Ocultar e Reexibir/Reexibir Colunas**.

Veja como fica a seleção:

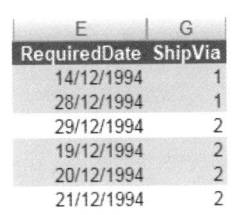

PROCURANDO E SUBSTITUINDO DADOS

Esta opção permite encontrar determinados dados dentro de uma planilha, os quais, muitas vezes, se repetem por várias células, e também permite substituí-los caso haja necessidade.

LOCALIZANDO UM DADO NA PLANILHA

1. Abra o arquivo **Clientes.xlsx**.

2. Selecione a guia **Início/Edição** e escolha **Localizar e Selecionar/Localizar**. Digite a palavra **Kobe** na caixa **Localizar e substituir**.

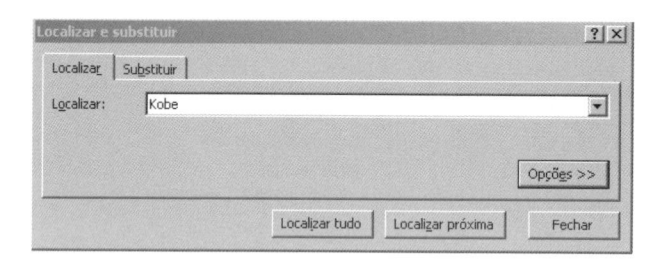

3. Pressione **Localizar tudo** para iniciar a busca.

SUBSTITUINDO UM DADO NA PLANILHA

1. Abra o arquivo **Vendas.xlsx**.

2. Selecione a guia **Início/Edição** e escolha **Localizar e Selecionar/Substituir**. Digite a palavra **Wank** no item **Localizar** e Excel 2007 no item **Substituir por**.

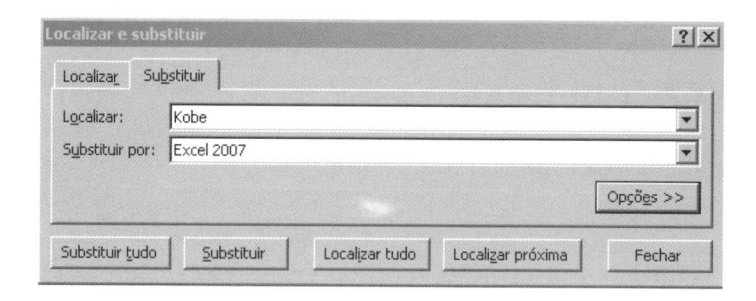

3. Clique sobre o botão **Substituir tudo** e veja o resultado.

FIXANDO O APRENDIZADO

1. Abra o arquivo **Financiamento.xlsx**.

2. Apague os dados do intervalo **C3:F15**.

3. Grave esse arquivo com o nome de **Dívida.xlsx** e coloque uma senha de proteção, usando seu nome.

4. Feche o arquivo.

5. Abra o arquivo **Clientes.xlsx** e faça com que ninguém possa editar dados dentro dessa planilha, apenas ler.

6. Abra o arquivo **Vendas.xlsx** e proteja sua planilha de forma que somente seja possível usar os comandos de filtro e classificação de dados.

7. Retire a senha do arquivo **Dívida.xlsx**.

8. No arquivo **Vendas.xlsx**, faça com que seja possível, para um usuário, alterar os dados do intervalo **A3:G12.**

9. Abra o arquivo **EntraSaída.xlsx** e localize, dentro da planilha, a palavra **Venda**.

10. Abra o arquivo **Vendas.xlsx**, caso não esteja aberto.

11. Insira duas colunas antes da coluna F.

12. Grave o arquivo **Vendas.xlsx** com o nome de **Amigos.xlsx**, colocando uma senha de proteção no mesmo.

13. Mude para Amigos, o nome da planilha Vendas, e altere a cor da guia para azul.

14. Proteja a planilha de modo que não seja possível selecionar as células bloqueadas.

15. Desproteja o arquivo **Amigos.xlsx**.

16. Dentro do mesmo, defina que seja possível editar dados no intervalo **A1:F15**, com a senha 123.

17. Aplique o formato Clássico 2 nesse intervalo.

18. Proteja a Pasta de Trabalho do arquivo **Amigos.xlsx**.

19. Tente mover uma das planilhas e veja o resultado.

20. Renomeie a planilha Plan2 para o seu nome. (Lembre-se que a Pasta de Trabalho está protegida e você deve executar o comando de desproteção antes).

21. Abra o arquivo **Datas.xlsx**.

22. Coloque uma senha, na planilha, que permita apenas a alteração da formatação (cor, fonte etc).

23. Insira uma senha de proteção com o nome Excel, gravando o arquivo com o nome de **Proteger.xlsx**.

24. Feche os arquivos **Proteger.xlsx** e **Datas.xlsx**.

25. Abra novamente o arquivo **Proteger.xlsx**.

26. Desproteja o arquivo **Proteger.xlsx**.

27. Abra o arquivo **Datas.xlsx**.

28. Selecione a célula **B1**.

29. Crie um formato para a célula selecionada onde a data será mostrada como a seguir:

> Data Inicial   sexta-feira, 22 de junho de 2007

30. Abra o arquivo **Movimento de Caixa.xlsx** e apague o intervalo **B7:B22**.

31. Volte às células apagadas.

32. Insira duas colunas após a coluna B.

33. Oculte as linhas 7, 8, 10, 12, 14, 18 e 21.

34. Esconda as colunas C, E, F e H. Veja o resultado:

	B	D	G
6		FECHAMENTO CAIXA DIÁRIO	
7			
8	DATA	CONTA	SAÍDA
9	01/01/01		
10	02/01/01	Venda Produtos	
11	02/01/01	Compras Mercadorias	530,00
12	02/01/01	INSS Funcionários	210,00
13	02/01/01	INSS Patrões	500,00
14	03/01/01	Venda Produtos	
15	04/01/01	Venda Produtos	
16	05/01/01	Venda Produtos	
17	05/01/01	Venda Serviços	
18	05/01/01	Compras Mercadorias	210,00
19	05/01/01	Aluguel	250,00
20	06/01/01	Venda Produtos	
21	07/01/01	Venda Produtos	
22	07/01/01	Salários	250,00
23	07/01/01	Salários	250,00

35. Deixe em evidência todas as linhas e colunas.

36. Abra o arquivo **Muamba.xlsx,** criado no capítulo anterior.

37. Localize a palavra **Whisky** e troque-a para **Pinga**.

38. Substitua a palavra **Preço** por **Valor**.

39. Feche os arquivos abertos sem gravar.

Microsoft®

EXCEL 2007

CAPÍTULO 18
Fórmulas

Veja, neste capítulo, como desenvolver fórmulas matemáticas usando operadores simples. Observe que você passará a automatizar sua planilha, otimizando a utilização.

Fórmulas são equações que executam cálculos sobre valores da planilha. Inicia-se uma fórmula com um sinal de igual (=). Por exemplo: a fórmula a seguir multiplica 2 por 3 e depois adiciona 5 ao resultado.

$$=5+2*3$$

Uma fórmula também pode conter quaisquer dos seguintes itens:

- Funções: uma fórmula pré-escrita que assume um ou mais valores, executa uma operação e retorna, também, um ou mais dados. Funções podem simplificar e reduzir fórmulas em uma planilha, especialmente as que executam cálculos longos e complexos.

- Referências

- Operadores: um sinal ou símbolo que especifica o tipo de cálculo a ser executado dentro de uma expressão. Existem operadores matemáticos, de comparação, lógicos e de referência.

- Constantes: um valor que não é calculado e que, portanto, não é alterado. Por exemplo: o número 210 e o texto "Ganhos do trimestre" são constantes. Uma expressão ou um valor resultante da mesma não é uma constante.

PARTES DE UMA FÓRMULA

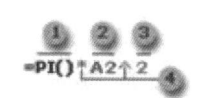

1. Funções: a função PI( ) retorna o valor de pi : 3,142...

2. Referências (ou nomes): A2 retorna o valor que está na célula A2.

3. Constantes: números ou valores de texto inseridos diretamente em uma fórmula, como 2.

4. Operadores: o operador ^ (sinal circunflexo) eleva um número a uma potência e o operador * (asterisco), multiplica.

SOBRE AS FUNÇÕES EM FÓRMULAS

Funções são fórmulas predefinidas que efetuam cálculos usando valores específicos, denominados argumentos, em uma determinada ordem ou estrutura. Podem ser usadas para executar cálculos simples ou complexos.

ESTRUTURA DE UMA FUNÇÃO

1. Estrutura: uma função começa com um sinal de igual (=), seguido do nome da função, um parêntese aberto, os argumentos da função separados por vírgulas e um parêntese de fechamento.

2. Funções: para obter uma lista das funções disponíveis, clique em uma célula e pressione SHIFT+F3.

3. Argumentos: os argumentos podem ser números, texto, valores lógicos, como verdadeiro ou falso, matrizes, valores de erro como #n/d ou referências de célula. O argumento que você atribuir deve produzir um valor válido para si. Os argumentos também podem ser constantes, fórmulas ou outras funções.

4. Dica de ferramenta: uma dica, com a sintaxe e os argumentos, é exibida à medida que você digita a função. Exemplo: a função ARRED arredonda um número na célula A10. Digite =ARRED e a dica de ferramenta aparecerá. As dicas de ferramenta são exibidas somente para funções internas.

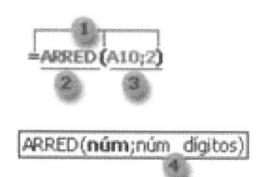

INSERINDO FÓRMULAS

Quando você cria uma fórmula que contém uma função, a caixa de diálogo **Inserir Função** ajuda você a introduzir funções de planilha. Enquanto você digita uma função na fórmula, a caixa de diálogo exibe seu nome, cada um de seus argumentos, as descrições, seu resultado atual e o da fórmula inteira.

REFERÊNCIAS EM FÓRMULAS

Uma **referência** identifica uma célula ou um intervalo de células em uma planilha e informa ao Excel onde procurar pelos valores ou dados a serem usados em uma fórmula. Com referências, você pode usar, em uma fórmula, dados contidos em partes diferentes de uma planilha ou usar o valor de uma célula em várias fórmulas. Você também pode se referir a células de diversas planilhas da mesma Pasta de Trabalho ou de outras. Referências às células de outras Pastas de Trabalho são chamadas de vínculos.

O ESTILO DE REFERÊNCIA A1

Por padrão, o Excel usa o estilo de referência A1, que nomeia as colunas com letras (A até IV, para um total de 256 colunas) e as linhas com números (1 até 65536). Essas letras e números são chamados de cabeçalhos de linha e de coluna. Para se referir a uma célula, insira a letra da coluna seguida do número da linha. Por exemplo: B2 se refere à célula na interseção da coluna B com a linha 2.

Para se referir a	Use
A célula na Coluna A e linha 10	A10
O intervalo de células na coluna A e linhas 10 a 20	A10:A20
O intervalo de células na linha 15 e colunas B até E	B15:E15
Todas as células na linha 5	5:5
Todas as células nas linhas 5 a 10	5:10
Todas as células na coluna H	H:H
Todas as células nas colunas H e J	H:J
O intervalo de células nas colunas A e E e nas linhas 10 a 20	A10:E20

REFERÊNCIA A OUTRA PLANILHA

No exemplo a seguir, a função "média" calcula o valor médio do intervalo B1:B10 na planilha denominada Marketing.

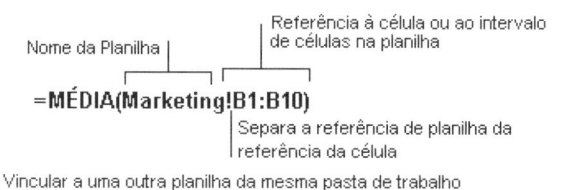

Vincular a uma outra planilha da mesma pasta de trabalho

Observe que o nome da planilha e um ponto de exclamação (!) precedem a referência de intervalo.

DIFERENÇA ENTRE REFERÊNCIAS RELATIVAS E ABSOLUTAS

Referências relativas

Uma referência relativa em uma fórmula, como A1, é baseada na posição da célula que a contém e na célula à qual a referência diz respeito. Se a posição da célula que contém a fórmula se alterar, a referência mudará. Se você copiar a fórmula ao longo de linhas ou colunas, a referência se ajustará automaticamente. Por padrão, novas fórmulas usam referências relativas. Por exemplo: se você copiar uma referência relativa que está na célula B2 para a B3, a mesma será automaticamente ajustada de =A1 para =A2.

Fórmula copiada com referência relativa

Referências absolutas

Uma referência absoluta da célula em uma fórmula, como A1, sempre se refere a uma célula em um local específico. Se a posição da célula que contém a fórmula se alterar, a referência absoluta permanecerá a mesma. Se você copiar a fórmula ao longo de linhas ou colunas, a referência absoluta não se ajustará. Por padrão, novas fórmulas usam referências relativas e você precisa trocá-las para absolutas. Por exemplo: se você copiar uma referência absoluta na célula B2 para a B3, ela permanecerá a mesma em ambas as células =A1.

Fórmula copiada com referência absoluta

Referências mistas

Uma referência mista tem coluna absoluta e linha relativa ou o inverso. Uma referência de coluna absoluta tem o formato $A1, $B1 e assim por diante. Uma referência de linha absoluta tem o formato A$1, B$1 etc. Se a posição da célula que contém a fórmula se alterar, a referência relativa mudará, mas a referência absoluta, não. Se você copiar a fórmula ao longo de linhas ou colunas, a referência relativa se ajustará automaticamente e a absoluta, não. Por exemplo: se você copiar uma referência mista da célula A2 para B3, ela se ajustará de =A$1 para =B$1.

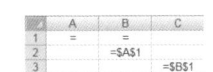

Fórmula copiada com referência mista

O ESTILO DE REFERÊNCIA L1C1

Você também pode usar um estilo de referência em que as linhas e as colunas da planilha sejam numeradas. O estilo de referência L1C1 é útil para calcular as posições de linha e coluna nas macros. Nesse estilo, o Excel indica o local de uma célula com um "L", seguido de um número de linha, e um "C", seguido de um número de coluna.

Referência	Significado
L[-2]C	Um referência relativa à célula duas linhas acima e na mesma coluna
L[2]C[2]	Um referência relativa à célula duas linhas abaixo e duas colunas à direita
L2C2	Um referência absoluta à célula na segunda linha e na segunda coluna
L[-1]	Um referência relativa à toda a linha acima da célula ativa
L	Uma referência absoluta à linha atual

Quando você grava uma macro, o Excel salva alguns comandos usando o estilo de referência L1C1. Por exemplo: se você gravar um comando, como clicar no botão **AutoSoma** para inserir uma fórmula que adicione um intervalo de células, o Excel gravará a fórmula usando referências no estilo L1C1, não A1.

Ativando e desativando o estilo de referência L1C1

Clique em **Opções,** no menu **Ferramentas,** e em seguida, clique na guia **Geral**. Em **Definições**, marque ou desmarque a caixa de seleção **Estilo de referência L1C1**.

Nomes em fórmulas

Você pode usar os rótulos de colunas e linhas, em uma planilha, para se referir às células dentro dela. Pode, também, criar nomes. Trata-se de uma palavra ou seqüência de caracteres que representa uma célula, intervalo de células, fórmula ou valor constante. Nomes facilitam a compreensão de intervalos de difícil entendimento como Vendas!C20:C30, por exemplo. O Excel também cria descritivos para representar células, intervalos de células, fórmulas ou valores constantes. Um valor constante é um dado que não é calculado e que, portanto, não é alterado. Por exemplo: o número 210 e o texto "Ganhos do trimestre" podem ser constantes. Já uma expressão, ou um valor resultante da mesma, não é uma constante. Os rótulos podem ser usados em fórmulas que se refiram a informações da mesma planilha; se você desejar representar um intervalo em outra planilha, use um nome.

Usando nomes definidos para representar células, constantes ou fórmulas

Um nome definido em uma fórmula pode facilitar a compreensão do objetivo da fórmula. Exemplo: a fórmula =SOMA(PrimeiroTrimestreVendas) talvez seja mais fácil de ser identificada do que =SOMA(C20:C30).

Os nomes estão disponíveis em qualquer planilha. Se o nome **VendasProjetadas** se referir ao intervalo A20:A30 na primeira planilha de uma Pasta de Trabalho, você poderá usar o mesmo nome em qualquer outra planilha da pasta para se referir a esse intervalo.

Os nomes também podem ser usados para representar fórmulas ou valores que não se alteram (constantes). Você pode, por exemplo, usar o nome **ImpostoVendas** para representar o valor do imposto sobre as vendas.

Você também pode vincular uma fórmula a um nome utilizado em outra Pasta de Trabalho ou definir um nome que se refira a células em outra Pasta de Trabalho. Por exemplo: a fórmula **=SOMA(Vendas.xlsx!VendasProjetadas)** se refere ao intervalo nomeado VendasProjetadas na Pasta de Trabalho chamada Vendas.

> **Observação:** por padrão, os nomes usam referências absolutas de célula.

Diretrizes para nomes

Quais são os caracteres permitidos?

O primeiro caractere de um nome deve ser uma letra ou um sublinhado. Os demais podem ser letras, números, pontos e também, sublinhado.

Nomes podem ser referências de células?

Os nomes não podem ser iguais a uma referência de célula, como Z$100 ou L1C1.

É possível usar mais de uma palavra?

Sim, mas espaços não são permitidos. O sublinhado e o ponto podem ser usados como separadores de palavras. Por exemplo: **Imposto_Vendas** ou **Primeiro.Trimestre**.

Quantos caracteres podem ser usados?

Os nomes podem conter até 255 caracteres.

> **Observação:** Se um nome definido para um intervalo contiver mais de 253 caracteres, você não poderá selecioná-lo na caixa **Nome**.

O Excel diferencia, nos nomes, letras maiúsculas e minúsculas?

Os nomes podem conter letras maiúsculas e minúsculas. O Excel não faz essa distinção em nomes. Por exemplo: se você tiver criado o nome Vendas e, em seguida, outro nome chamado VENDAS na mesma Pasta de Trabalho, o segundo nome substituirá o primeiro.

Usando rótulos de linha e coluna como nomes

Ao criar uma fórmula que se refira aos dados de uma planilha, você poderá usar os rótulos de coluna e linha para se referir às informações. Exemplo: para calcular o valor total da coluna Produto, use a fórmula =SOMA(Produto).

Usando um rótulo

Por outro lado, se você precisar se referir ao valor do Produto 3, da divisão Leste – ou seja, o valor 110,00, poderá usar a fórmula =Produto3 Leste. O espaço na fórmula entre "Produto 3" e "Leste" é o operador de interseção. Este designa o Excel a localizar e retornar o valor da célula na interseção da linha rotulada Leste com a coluna chamada Produto 3.

> **Observação:** por padrão, o Excel não reconhece rótulos em fórmulas. Para usá-los, clique em **Opções**, no menu **Ferramentas**, e em seguida, clique na guia **Cálculo**. Nas opções de **Pasta de trabalho**, marque a caixa de seleção **Aceitar rótulos em fórmulas**.

Rótulos empilhados: quando você usa rótulos para colunas e linhas, é possível utilizá-los para criar fórmulas relacionadas a dados da planilha. Se esta contiver rótulos de colunas empilhadas – um rótulo seguido, abaixo, de outros – você poderá usá-los, em fórmulas, para fazer referência a informações da planilha. Exemplo: se o rótulo **Oeste** estiver na célula **E5** e o rótulo **Projetado,** na **E6**, a fórmula =SOMA(**Oeste Projetado**) produzirá o valor total da coluna Oeste Projetado.

A ordem de rótulos empilhados: ao fazer referência a informações usando rótulos empilhados, você a faz na ordem em que os rótulos aparecem, de cima para baixo. Se o rótulo Oeste estiver na célula F5 e o rótulo Efetivo, na F6, você poderá se referir às cifras efetivas de Oeste usando **Oeste Efetivo** em uma fórmula. Por exemplo: para calcular a média das cifras efetivas referentes a Oeste, use a fórmula =MÉDIA(Oeste Efetivo).

Usando datas como rótulos: quando você rotula um intervalo usando a caixa de diálogo **Intervalos de rótulos** e o mesmo já contém um ano ou data como rótulo, o Excel coloca apóstrofos antes e depois do mesmo quando você o digita na fórmula. Por exemplo: suponhamos que a planilha contenha os rótulos 2007 e 2008 e você tenha especificado esses rótulos usando a caixa de diálogo **Intervalos de rótulos**. Quando você digitar a fórmula =SOMA(2008), o Excel a atualizará automaticamente para =SOMA('2008').

OPERADORES DE CÁLCULO EM FÓRMULAS

Os operadores especificam o tipo de cálculo que você deseja efetuar nos elementos de uma fórmula. O Excel inclui quatro tipos diferentes: aritméticos, de comparação, de texto e de referência.

TIPOS DE OPERADORES

Operadores aritméticos: para efetuar operações matemáticas básicas, como adição, subtração ou multiplicação, combinar números e produzir resultados numéricos, use esses operadores aritméticos:

Operador Aritmético	Significado (exemplo)
+ (sinal de adição)	Adição (3+)
- (sinal de subtração)	Subtração (3-1) Negação (-1)
* (asterisco)	Multiplicação (3*)
/ (sinal de divisão)	Divisão (3/3)
% (sinal de porcelagem)	Porcelagem (20%)
^ (acento circunflexo)	Exponênciação (3^2)

Operadores de comparação: você pode comparar dois valores com os operadores a seguir. O resultado será um valor lógico, seja ele VERDADEIRO ou FALSO.

= (sinal de igual)	Igual a (A1=B1)
> (sinal de maior que)	Maior que (A1>B1)
< (sinal de menor que)	Menor que (A1<B1)
>= (sinal de maior ou igual a)	Maior ou igual a (A1>=B1)
<= (sinal de menor ou igual a)	Menor ou igual a (A1<B1)
<> (sinal de diferente de)	Diferente de (A1<>B1)

Operador de concatenação de texto: use o "E comercial" (&) para associar ou concatenar uma ou mais seqüências de caracteres de texto para produzir um único texto.

Operador de Texto	Siginificado (exemplo)
& (E comercial)	Conecta ou concatena dois valores para produzir

Operadores de referência: combine intervalos de células para realizar cálculos com os operadores abaixo:

Operador de Referência	Significado (Exemplo)
: (dois pontos)	Operador de intervalo, que produz uma referência para todas as células entre duas referências (B5:B15)
, (vírgula)	Operador de união, que combina diversas referências em uma referência (SOMA(B5:B15,D5:D15))
(espaço)	Operador de intersecção, que produz sobre referência a células comuns a duas referências (B7:D7 C6:C8)

ORDEM DAS OPERAÇÕES EM FÓRMULAS

As fórmulas calculam valores segundo uma ordem específica. Uma fórmula no Excel sempre começa com um sinal de igual (=). Este informa ao programa que os caracteres a seguir constituem uma fórmula. Depois dele, estão os elementos a serem calculados (os operandos), que são separados por operadores de cálculo. O Excel calcula a fórmula da esquerda para a direita, de acordo com uma ordem específica para cada operador.

Precedência de operadores

Se você combinar vários operadores em uma única fórmula, o Excel executará as operações na ordem mostrada na tabela a seguir. Se uma fórmula contiver operadores com a mesma precedência - por exemplo: um de multiplicação e de divisão - o Excel avaliará os operadores da esquerda para a direita.

: (dois pontos) (espaço simples) , (vírgula)	Operadores de referência
-	Negação (como em -1)
%	Porcentagem
^	Exponenciação
* e /	Multiplicação e Divisão
+ e -	Adição e Subtração
&	Conecta duas sequências de Texto (concatenação)
=<> <= >= <>	Comparação

Uso de parâmetros

Para alterar a ordem da avaliação, coloque entre parênteses a parte da fórmula a ser calculada primeiro. Por exemplo: a fórmula a seguir retorna 11, porque o Excel calcula a multiplicação antes da adição.

$$=5+2*3$$

Por outro lado, se você usar parênteses para alterar a sintaxe, o Excel somará 5 e 2 e, em seguida, multiplicará o resultado por 3 para produzir 21.

$$=(5+2)*3$$

No exemplo abaixo, os parênteses na primeira parte da fórmula forçam o Excel a calcular B4+25 primeiro e, em seguida, dividir o resultado pela soma dos valores das células D5, E5 e F5.

$$=(B4+25)/SOMA(D5:F5)$$

CRIANDO FÓRMULAS

Criar fórmulas é um processo simples. Veja um exemplo:

1. Abra um novo arquivo.

2. Digite na célula **A1** o valor 10, na célula **B1**, 20 e na célula **C1**, 30.

	A	B	C	D
1	10	20	30	

3. Posicione o cursor na célula **D1**.

4. Digite =.

5. Clique na célula **A1**, digite o operador **+**, clique na célula **B1**, coloque o operador ***** e clique na célula **C1**. Veja a seguir:

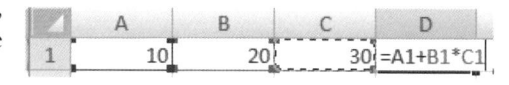

	A	B	C	D
1	10	20	30	=A1+B1*C1

Outra opção seria digitar diretamente os endereços das células na D1.

6. Pressione a tecla **Enter** e veja o resultado.

	A	B	C	D
1	10	20	30	610

> **Dica:** você pode também clicar em células de outras planilhas e até mesmo de outros arquivos, pois o Excel armazena as referências automaticamente.

COPIANDO FÓRMULAS

Copiar fórmulas é um processo simples como copiar texto, lembrando apenas o seguinte:

Sempre que se copia uma fórmula, seu endereço é atualizado na célula de destino.

O lembrete acima é muito importante, pois, se você copiar uma fórmula para uma região onde não haja dados, ela vai retornar zero. Vamos entender melhor o que ocorre na planilha.

1. Se não estiver aberto, abra o arquivo **Clientes.xlsx** e certifique-se de que está usando a planilha **Clientes**.

2. Posicione o cursor na célula **G3** e observe o conteúdo da célula na Barra de Fórmulas.

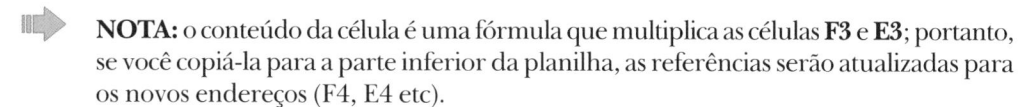

> **NOTA:** o conteúdo da célula é uma fórmula que multiplica as células **F3** e **E3**; portanto, se você copiá-la para a parte inferior da planilha, as referências serão atualizadas para os novos endereços (F4, E4 etc).

3. Clique na Alça de Preenchimento da célula **G3**, arraste até o fim dos dados e veja o resultado.

Se você lembrar sempre que o Excel atualiza suas referências de fórmulas sempre que você as copia, você não terá problemas.

CÓPIA RELATIVA

Copia fórmulas que têm referências de células, ajustando-as auto-maticamente em relação às linhas e às colunas de destino.

A primeira fórmula faz referência às células A2 e B2. Após a cópia, as referências serão

Quant	Preço	Valor total	
9	30	270	=A2+B2*C2
5	20	100	=A3+B3*C3
7	60	420	=A4+B4*C4

ajustadas para as novas posições A3 e B3, A4 e B4.

CÓPIA ABSOLUTA

Copia fórmulas que possuem referências de células, sem ajustá-las com relação ao destino.

Para que uma cópia seja absoluta, utiliza-se o sinal $ antes da referência da linha ou coluna a ser fixada (CL).

Dólar o Dia		2,02		
Produto	US$	R$		
Celular	$300,00	R$	606,00	=B4*B1
Casa	$400,00	R$	808,00	=B5*B1
Computador	$250,00	R$	505,00	=B6*B1

A primeira fórmula faz referência às células B4 e B1. Como a referência B1 não deve ser ajustada, fixa-se a mesma acrescentando o sinal $ antes da coluna e da linha do endereço da célula. Já a referência B4 será ajustada automaticamente.

OPERAÇÕES COM PORCENTAGEM

Vamos ver aqui como realizar algumas operações com porcentagem. Crie a seguinte tabela:

Lucro	70%	
Produto	Valor Custo	Valor Venda
Relógio	250	
CD Player	260	
Mouse	25	
Fonte	70	

1. Posicione o cursor na célula abaixo do texto **Valor Venda**.

2. Vamos calcular o valor final deste produto, ou seja, o valor de custo já acrescido da margem de lucro de 70%.

3. Crie a fórmula da seguinte maneira: digite **=,** clique na célula com o valor de custo do produto (**250,00**), coloque o sinal de multiplicação *****, clique sobre a célula com a margem de lucro de **70%** (até aqui foi calculado o valor da margem de lucro, agora faremos com que este seja adicionado ao valor de custo inicial, para obtermos o valor final). Digite o sinal de **+** e clique novamente no valor de custo **250,00**.

4. Para que a fórmula possa ser copiada, você deve travar a posição da célula com a porcentagem para que, durante a cópia, esta não seja alterada, criando então uma cópia absoluta. Clique entre a letra e o número dessa célula e coloque o sinal de cifrão. A fórmula deve ficar como mostrado a seguir: (os endereços das células podem mudar conforme a maneira que você criou a tabela).

Lucro	70%	
Produto	Valor Custo	Valor Venda
Relógio	250	=B12*B10+B12
CD Player	260	
Mouse	25	
Fonte	70	

5. Dê **ENTER** e copie a fórmula. O resultado deve ser como mostrado ao lado:

Lucro	70%		
Produto	Valor Custo	Valor Venda	
Relógio	250	R$	425,00
CD Player	260	R$	442,00
Mouse	25	R$	42,50
Fonte	70	R$	119,00

DIFERENÇA DE PORCENTAGEM

Agora, vamos descobrir a diferença de porcentagem entre dois valores já existentes. Exemplo: você tem um produto com preço à vista e a prazo e deseja descobrir qual a diferença de porcentagem existente entre esses valores.

Crie a tabela mostrada a seguir:

Produto	Valor a Vista	Valor a Prazo	Diferença de Porcentagem
Relógio	R$ 250,00	R$ 298,00	
CD Player	R$ 260,00	R$ 315,00	
Mouse	R$ 25,00	R$ 32,00	
Fonte	R$ 70,00	R$ 79,00	

1. Clique na célula abaixo do texto **Diferença de Porcentagem**.

2. Digite =, selecione o valor a prazo, no caso **R$ 298,00**, coloque o operador de divisão (/) e selecione o valor à vista, **250,00**. Insira o operador de subtração (–) e o número **1**, pressione **ENTER**, mude o formato da célula para porcentagem e copie a fórmula. O resultado deve ficar como mostrado a seguir:

Produto	Valor a Vista	Valor a Prazo	Diferença de Porcentagem
Relógio	R$ 250,00	R$ 298,00	=E20/D20-1
CD Player	R$ 260,00	R$ 315,00	
Mouse	R$ 25,00	R$ 32,00	
Fonte	R$ 70,00	R$ 79,00	

Produto	Valor a Vista	Valor a Prazo	Diferença de Porcentagem
Relógio	R$ 250,00	R$ 298,00	19%
CD Player	R$ 260,00	R$ 315,00	21%
Mouse	R$ 25,00	R$ 32,00	28%
Fonte	R$ 70,00	R$ 79,00	13%

FIXANDO O APRENDIZADO

1. Abra um novo arquivo.

2. Digite os dados abaixo.

Produto	Valor	Quant.	Total	Desconto	Valor desconto	Total Final
Arroz	5,85	10		7%		
Feijão	7,8	80		50%		
Batata	2,25	60		15%		
Macarrão	4,25	9		30%		

3. Ajuste a largura das colunas, caso os números e textos digitados não estejam aparecendo, e coloque o formato **Lista1** na tabela.

4. Usando a cópia relativa, calcule o valor total dos produtos, o valor do desconto e o total final.

5. Com a utilização da cópia absoluta converta os valores para dólares, tomando como cotação do dólar o valor de R$ 2,84.

6. Digite os dados abaixo em um novo arquivo:

Produto	Mão de Obra		Matéria Prima		Total Custo	Total	Diferen.	Porcentagem
Sapato	R$	5,00	R$	10,00				
Bolsa	R$	4,00	R$	7,00				
Bota	R$	12,00	R$	26,00				

7. Calcule o valor de custo dos produtos e a diferença em relação ao preço de venda.

8. Digite os dados abaixo em um novo arquivo.

1 Milha	1,6666
Distância em Milhas	Distância em KM
250	
620	
354	
12	
896	
587	
1.253	

9. Converta os dados acima para quilômetros, usando a referência absoluta na fórmula.

10. Abra o arquivo **Muamba.xlsx**, criado nos capítulos anteriores, e resolva as fórmulas como mostrado a seguir:

	Dólar		Margem de Lucro	
Cheap	R$ 2,80		20%	
Produto	Preço US$	Preço R$	Preço Venda R$	Origem
Câmera Fotográfica	US$ 80,00	R$ 224,00	R$ 268,80	Taiwan
Vídeo Cassete 7 Cabeças	US$ 150,00	R$ 420,00	R$ 504,00	Brasil
DVD Samsumg	US$ 200,30	R$ 560,84	R$ 673,01	EUA
Gravador de CD HP	US$ 110,30	R$ 308,84	R$ 370,61	México
Monitor de Samsung 17"	US$ 220,00	R$ 616,00	R$ 739,20	Tailândia
TV de Plasma	US$ 2700,00	R$ 7.560,00	R$ 9.072,00	Índia
Micro System Aiwa	US$ 420,70	R$ 1.177,96	R$ 1.413,55	Japão
DiscMan	US$ 40,00	R$ 112,00	R$ 134,40	Holanda
MP3 Player Rio	US$ 60,00	R$ 168,00	R$ 201,60	França
Whisky Red Label	US$ 20,30	R$ 56,84	R$ 68,21	Paraguai
Whisky White Horse	US$ 25,40	R$ 71,12	R$ 85,34	Paraguai
Câmera de Vídeo Sony	US$ 150,60	R$ 421,68	R$ 506,02	Coreia

11. Abra o arquivo **Controle de Estoque.xlsx**, criado nos capítulos anteriores, e resolva suas fórmulas.

Controle de Estoque

Margem de Lucro: 27,00%

Código	Descrição	Entrada	Saída	Estoque	Compra	Venda
000001	Apontador	30	15	15	0,8	1,016
000002	Lápis	50	39	11	0,2	0,254
000003	Borracha	780	700	80	0,2	0,254
000004	Compasso	75	65	10	2,7	3,429
000005	Almaço	90	65	25	0,06	0,0762
000006	Carbon	9.050,00	1.340,00	7710	0,8	1,016
000007	Folha Única	1.300,00	1200	100	0,02	0,0254
000008	Lápis de C.	1.110,00	950	160	7	8,89
000009	Corretor	7.500,00	5.630,00	1870	5,6	7,112
000010	Pasta Elást.	7.750,00	3.500,00	4250	4,7	5,969
000011	Folha Sulfi	300	250	50	0,02	0,0254
000012	Caderno	6.780,00	730	6050	10,5	13,335
000013	Pincel	100	99	1	0,7	0,889

Microsoft®

EXCEL 2007

CAPÍTULO 19
Gráficos

Os dados de uma planilha nem sempre são bem compreendidos por meio de uma simples olhada. Uma forma mais fácil de entender a apresentação dos dados é o uso de gráficos.

Os gráficos têm apelo visual e facilitam, para os usuários, a visualização de comparações, padrões e tendências nos dados. Exemplo: em vez de ter que analisar várias colunas de números de planilha, é possível saber, imediatamente, se as vendas estão caindo ou subindo a cada trimestre ou como as vendas reais se comparam às vendas estimadas.

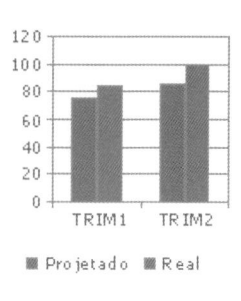

CRIANDO GRÁFICOS

Você pode criar um gráfico na própria planilha ou como um objeto incorporado à mesma. É possível, também, a publicação de um gráfico em uma página da Web. Para criar um gráfico, primeiro você deve inserir os dados do gráfico na planilha. Em seguida, selecione os dados e use o **Assistente de Gráfico** para passar pelo processo de escolha do tipo de gráfico e das várias opções de gráficos ou use a barra de ferramentas **Gráfico** para criar um gráfico básico que você poderá formatar posteriormente.

Um relatório de gráfico dinâmico é um resumo interativo dos dados em formato de gráfico. Ele é criado de maneira diferente que a dos gráficos normais do Excel. Depois de criar um relatório de gráfico dinâmico, você poderá exibir diferentes níveis de detalhes ou reorganizar o *layout*, arrastando os itens e campos.

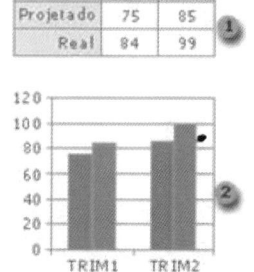

1. Dados da planilha

2. Gráfico criado a partir de dados da planilha

Representando dados de uma planilha em um gráfico

Um gráfico é vinculado aos dados da planilha em que foi criado e é atualizado automaticamente quando você os altera.

1 – Marcador de dados: cada um representa um número da planilha. Os marcadores de dados com o mesmo padrão representam uma série. No exemplo acima, o marcador de dados mais à direita representa o valor TriM2 real de 99.

2 – Linha de grade principal: o Excel cria valores de eixo a partir dos dados da planilha. Observe que esses, no exemplo acima, variam de 0 a 120, o que compreende o intervalo de dados da planilha. As linhas de grade principais marcam os intervalos principais no eixo. Há a possibilidade, também, de exibir linhas de grade secundárias em um gráfico, que marcam os intervalos entre os intervalos principais.

3 – Nomes de categorias: o Excel usa cabeçalhos de linhas ou colunas dos dados da planilha para nomear os eixos das categorias. No exemplo acima, os cabeçalhos de coluna Trim1 e Trim2 aparecem como nomes de eixo.

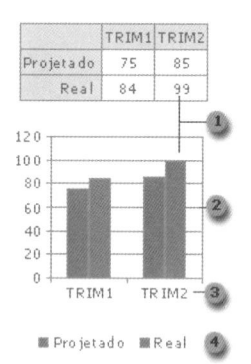

1 Marcador de dados
2 Linha de grade principal
3 Nomes de categorias
4 Nomes de séries de dados do gráfico

4 – Nomes de séries de dados do gráfico: o Excel também usa cabeçalhos de coluna ou linha dos dados do gráfico para nomes de séries. Os nomes das séries aparecem na legenda do gráfico. No exemplo acima, os cabeçalhos de linha Projetado e Real aparecem como nomes de séries.

> **Dicas de gráfico:** quando você posiciona o ponteiro do mouse sobre um item do gráfico, aparece uma dica contendo seu nome. Por exemplo: ao colocar o ponteiro sobre uma legenda, uma dica de gráfico contendo a palavra Legenda aparece.

GRÁFICOS INCORPORADOS E PLANILHAS DE GRÁFICO

Você pode criar um gráfico em sua própria planilha ou incorporá-lo a uma planilha. De qualquer maneira, o gráfico é vinculado aos dados de origem na planilha, o que significa que será atualizado quando os dados da planilha o forem também.

Gráficos incorporados: um gráfico incorporado é considerado um objeto gráfico e é salvo como parte da planilha em que foi criado. Use gráficos incorporados quando quiser exibi-los ou imprimi-los junto aos dados da planilha.

Folhas de gráfico: uma folha de gráfico é uma folha separada, com nome próprio, dentro da sua Pasta de Trabalho. Use-a quando quiser exibir ou editar gráficos extensos ou complexos, separado dos dados da planilha, ou quando desejar preservar espaço na tela enquanto trabalha na planilha.

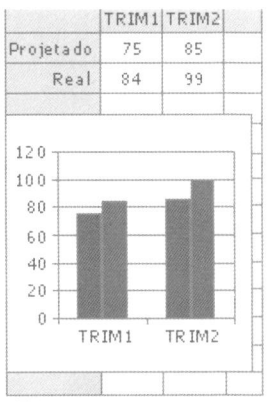

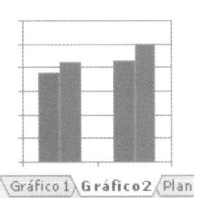

GERANDO O GRÁFICO

1. Abra o arquivo **Acidentes.xlsx.**

2. Nas Guias de Planilha, dê um clique em **Acidentes ou PLAN1,** se ela ainda não estiver selecionada.

Para elaborar um gráfico, temos que selecionar a região de dados que desejamos utilizar.

1. Selecione as células **B2** a **F14**.

2. Clique na guia **Inserir/Gráficos/Colunas** e escolha **Coluna 3D**.

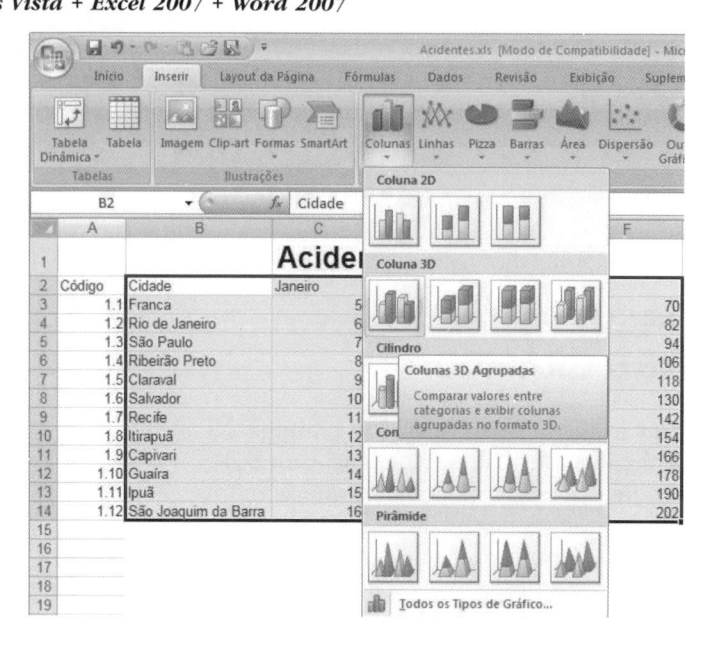

Nesta primeira etapa, você deve selecionar o tipo de gráfico desejado. Quando se faz isso, os subtipos do gráfico aparecem na área à esquerda da caixa .

A seguir, a guia Ferramentas do Gráfico será exibida:

Para alterar a série dos dados, utilize os botões **Alternar Linha/Coluna**

Veja, a seguir, a forma de visualização dos dados:

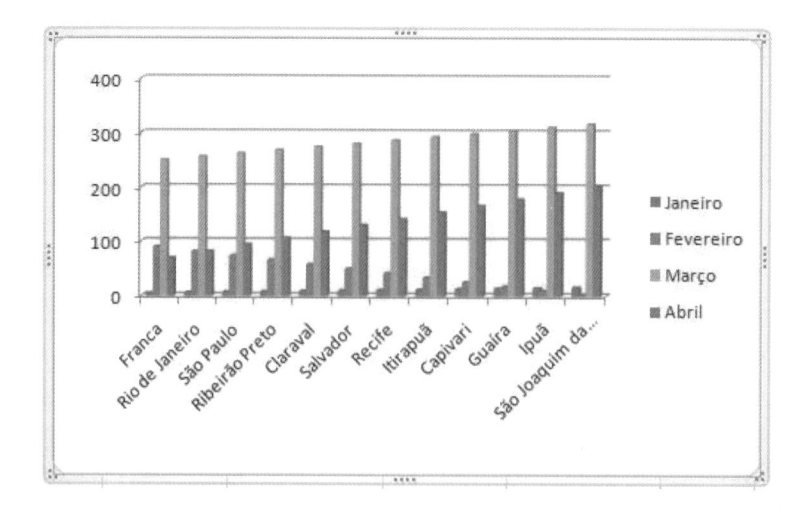

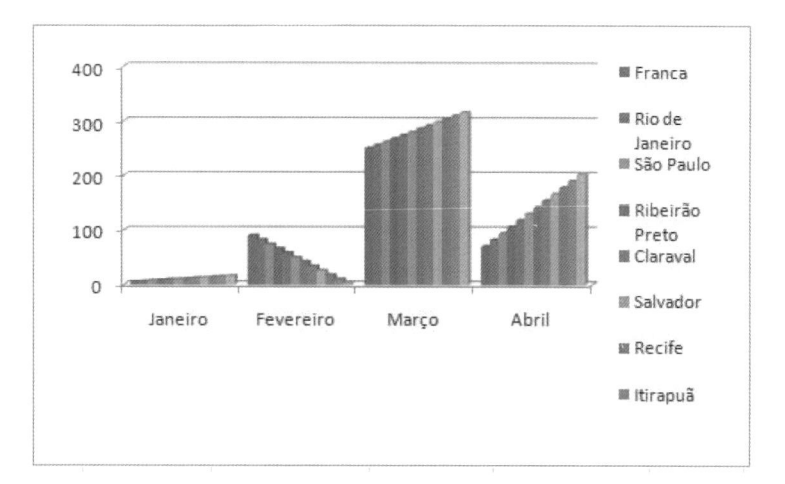

Para colocar um título no gráfico, ative a guia **Ferramentas do Gráfico/Layout de Gráfico** e clique no botão **Título do Gráfico.** Escolha a opção **Acima do Gráfico** e digite **Acidentes de Trânsito.**

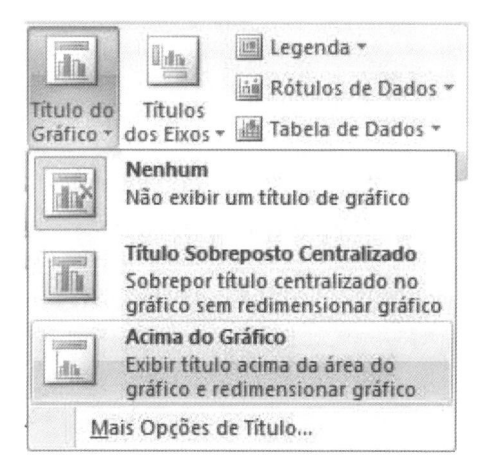

Veja o resultado:

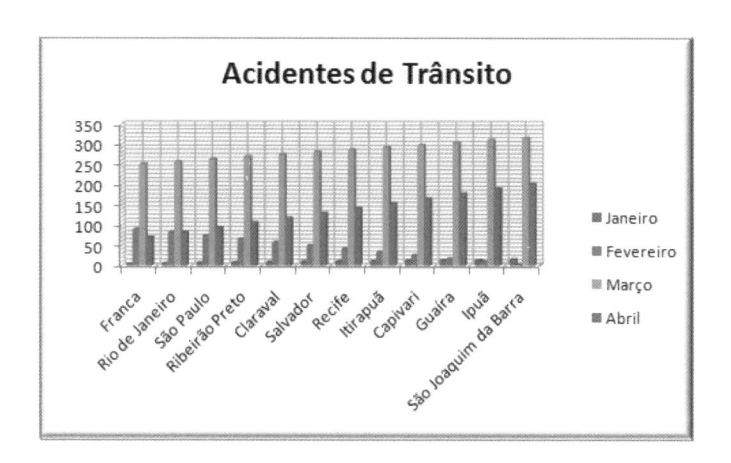

Para ativar e desativar a legenda, use o botão **Ferramentas do Gráfico/Layout de Gráfico** e clique no botão **Legenda**.

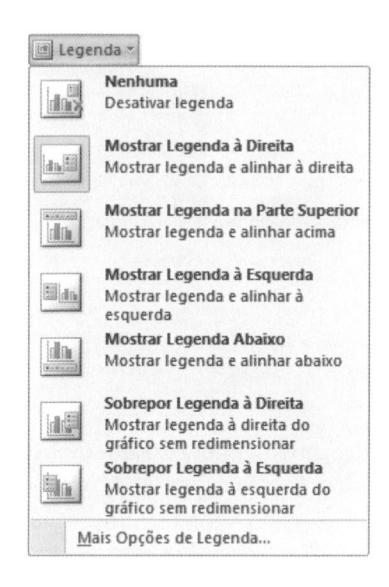

MODIFICANDO O GRÁFICO

Caso a guia **Ferramentas do Gráfico** não esteja ativa, dê um clique duplo na área do gráfico.

ALTERANDO O ESTILO DO GRÁFICO

Altere o estilo do gráfico usando os modelos da guia **Ferramentas do Gráfico/Estilos de Gráfico/Design**.

ALTERANDO A ÁREA DO GRÁFICO

Clique, com o botão direito do mouse, sobre a região do fundo do gráfico. Escolha **Formatar Área do Gráfico.** O Excel mostrará a tela abaixo, configure como mostrado a seguir:

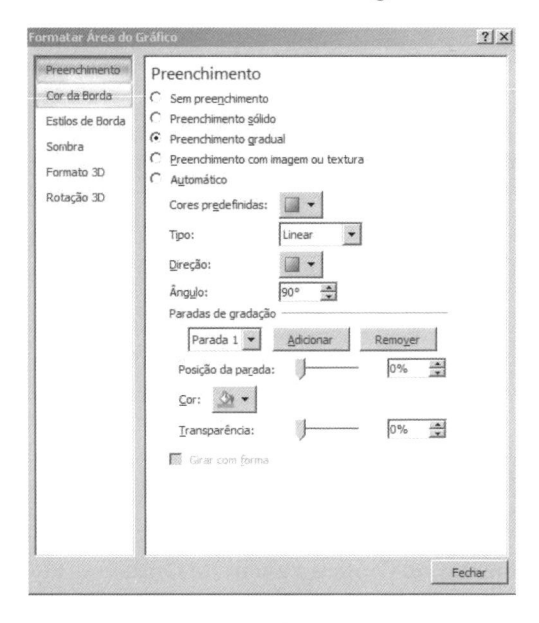

ALTERANDO O TIPO DE GRÁFICO

O Excel coloca à disposição do usuário diversos tipos de gráficos; cada um tem vários formatos e apresentações. Para alterar o atual, siga os passos:

1. Na guia **Ferramentas do Gráfico,** escolha **Alterar Tipo de Gráfico**.

    - Escolha o tipo **Barra**.

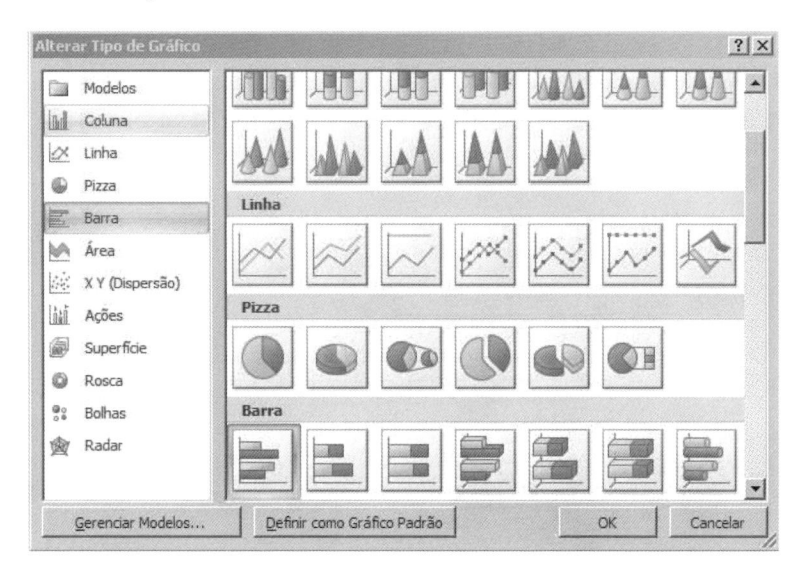

O seu gráfico deverá se parecer com a figura abaixo.

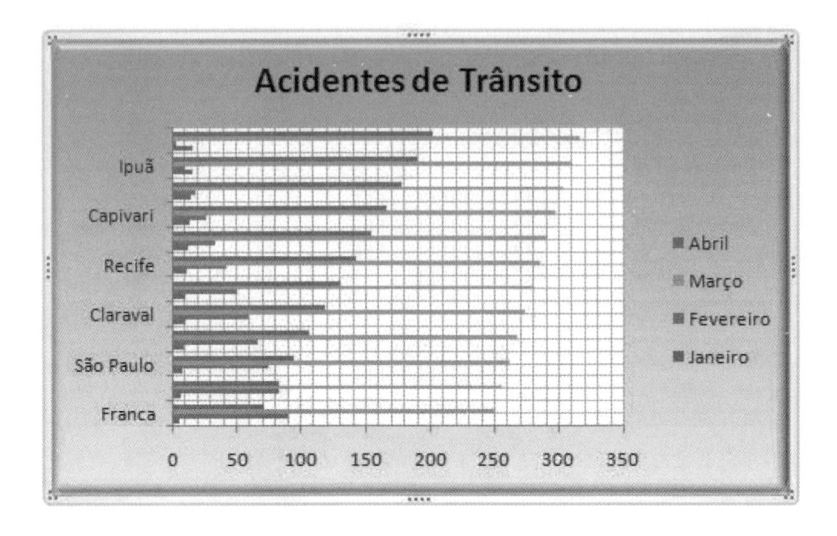

DEFININDO OS EIXOS

1. Vá para a guia **Ferramentas do Gráfico/Layout de Gráfico** e clique no botão **Eixos**

2. Retire o **Eixo Principal Horizontal** e o **Eixo Principal Vertical,** clicando nas caixas de verificação correspondentes.

COLOCANDO GRADES NO GRÁFICO

Colocar grades significa definir linhas verticais e horizontais para quadricular ou listar o gráfico, facilitando a visualização dos resultados. Veja como:

1. Na guia **Ferramentas do Gráfico/Layout de Gráfico**, clique no botão **Linhas de Grade**;

2. Retire as **Linhas de Grade Horizontais Principais** e as **Linhas de Grade Verticais Principais,** clicando nas caixas de verificação correspondentes

Veja o resultado abaixo:

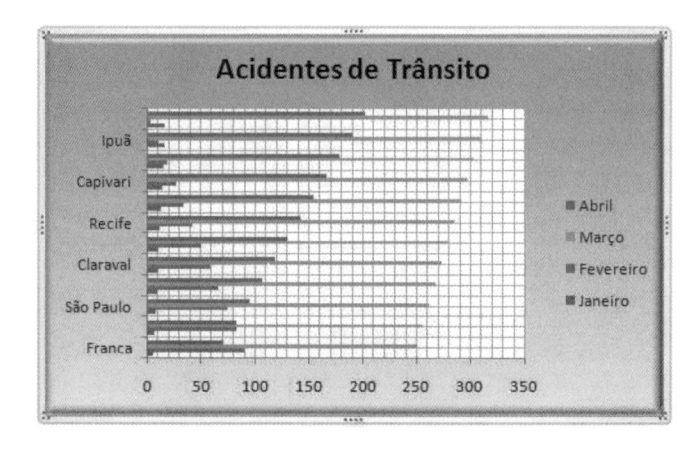

FIXANDO O APRENDIZADO

1. Abra o arquivo **EntradaSaída.xlsx**.

2. Selecione as células **C25**:**E29** e monte um gráfico com o estilo Barra 3D.

3. Coloque, no gráfico, o título **Despesas**.

4. Mude a cor de cada uma das barras do gráfico.

5. Ative as linhas de grade do eixo X.

6. Mude o gráfico para Pizza 3D.

7. Coloque texturas diferentes para cada fatia.

8. Mude o título do gráfico para **Despesas Fixa**s.

9. Coloque uma borda no título.

10. Apague a legenda.

11. Ative os rótulos de dados das fatias para que sejam mostrados os títulos, juntamente com a porcentagem correspondente.

12. Mude o gráfico para **Coluna 3D**.

13. Mude a elevação do gráfico para **60º** de rotação. Para isso, clique, com o botão direito do mouse, em **Formatar Área do Gráfico/Rotação 3D**.

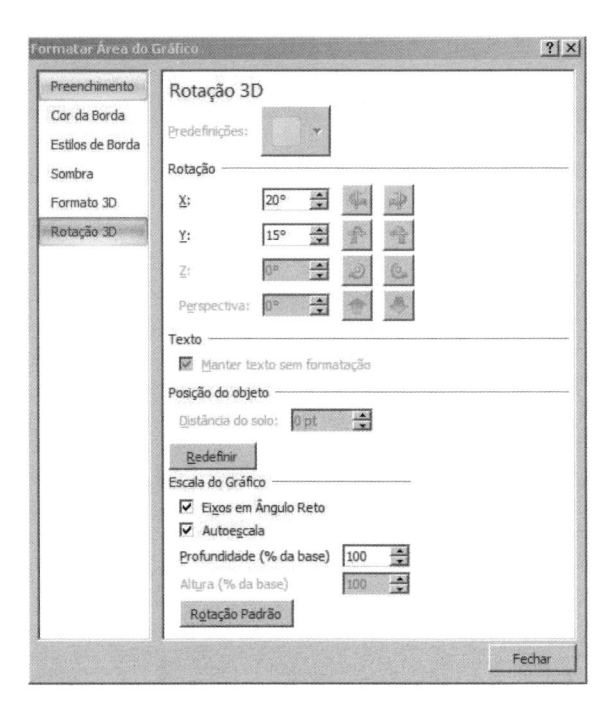

14. Desative o rótulo de dados do gráfico.

15. Abra um novo arquivo e digite os dados a seguir, começando pela célula A1.

Item	Valor
Celular	550
Viagem	460
Computador	1800
Relógio	280
Presente	750

16. Usando os dados acima, faça um gráfico usando **Coluna 2D**.

17. Coloque a seqüência **Linhas** e mude a cor de cada uma das colunas.

18. Nomeie o gráfico com o título de **Gastos Mensais** e adicione uma borda ao mesmo.

19. Mude o gráfico para **Pizza 3D**.

20. Coloque a seqüência **Colunas** e mude a cor das mesmas.

21. Insira o rótulo de dados no gráfico.

22. Altere o tipo do gráfico para **Coluna 3D**.

23. Copie o gráfico para a planilha Plan2.

24. Abra o arquivo **Pagamentos.xlsx** e selecione a planilha **Gráfico**.

25. Mude o gráfico para **Pizza 3D**.

26. Nomeie como **Progresso de Saldo**.

27. Mude a fonte do título para **Arial 14**, com borda **cinza** e sombreamento.

Microsoft® EXCEL 2007

CAPÍTULO 20
Visualizando e Imprimindo

Para imprimir uma planilha, podemos usar o botão Imprimir da Barra de Ferramentas Padrão ou a opção **Imprimir** do Botão do Microsoft Office. A planilha será impressa utilizando qualquer uma das duas maneiras, com a seguinte diferença: pelo menu, você pode definir a quantidade e o tipo que a sua planilha será impressa e pela Barra de Ferramentas, não.

botão Imprimir

botão Visualizar Impressão

1. Abra o arquivo **Vendas.xlsx** e certifique-se de que está usando a planilha **Vendas**.

2. Dê um clique no botão Visualizar Impressão, da Barra de Ferramentas Padrão. Observe que o ponteiro do mouse se transforma em uma lupa quando esse modo é ativado. Posicione-a sobre a planilha e dê um clique para aumentar a visualização.

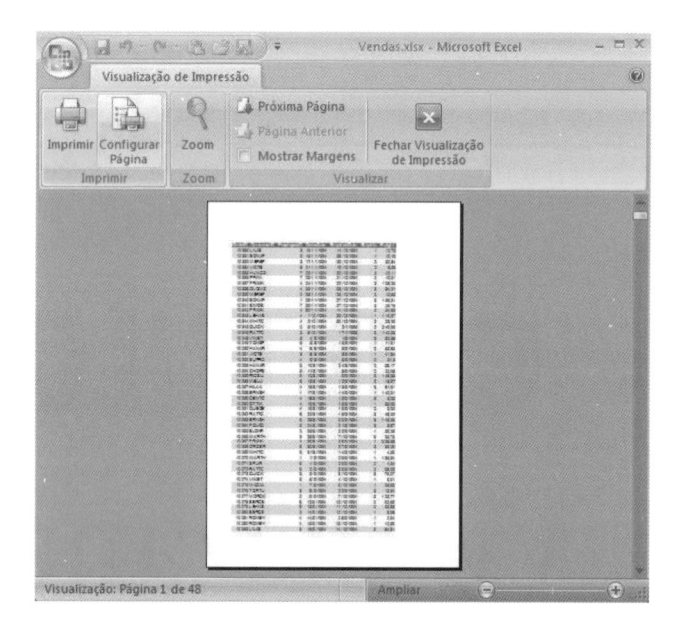

3. Dê um clique no botão **Fechar** Visualização de Impressão para retornar à planilha.

> **IMPORTANTE:** Certifique-se de que há uma impressora conectada em seu computador antes de prosseguir.

4. Dê um clique no botão Imprimir, da Barra de Ferramentas Padrão, e aguarde a impressão.

Desse modo, você utilizou o botão Imprimir. Vamos usar agora a opção **Imprimir** do **Botão do Microsoft Office**. Nela podemos especificar a quantidade de cópias, configurar a página, entre outros recursos.

1. Clique no **Botão do Microsoft Office** e escolha a opção **Imprimir**. A caixa Imprimir se abre.

2. Escolha as opções desejadas

3. Clique no botão **OK**

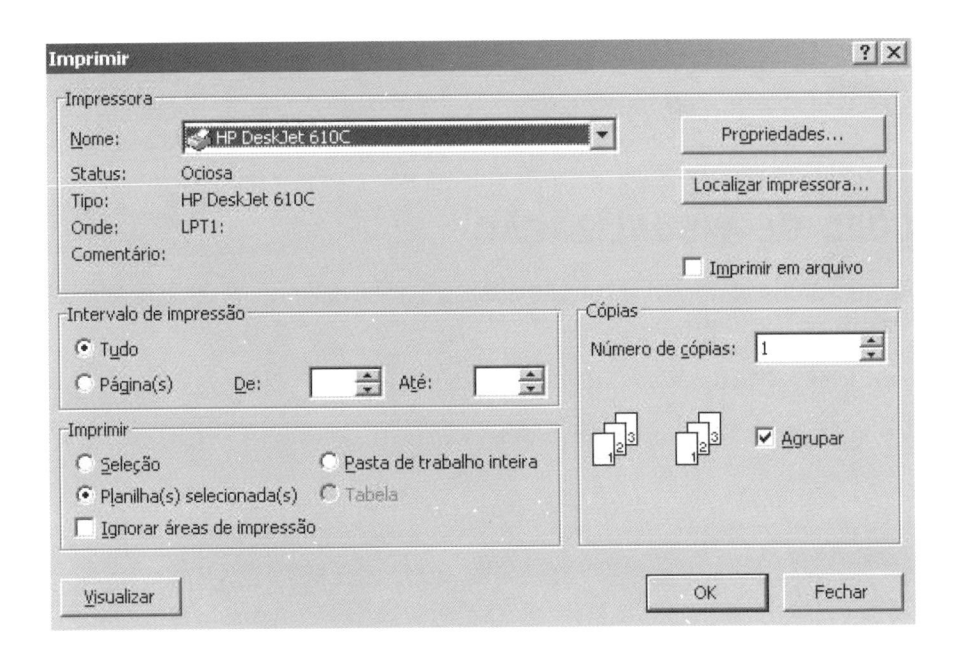

Impressora:

mostra o nome da impressora selecionada.

Intervalo:

Todas: imprime todo o documento.

Páginas:

especifica o intervalo de páginas a serem impressas.

Cópias:

número de cópias a serem impressas.

Imprimir:

Seleção:

imprime a seleção somente na planilha ativa.

Planilha Selecionada:

imprime somente as planilhas selecionadas na Pasta de Trabalho.

Pasta de Trabalho Inteira:

imprime toda a Pasta de Trabalho.

Visualizar:

exibe a janela da opção Visualizar Impressão antes de imprimir o documento.

Propriedades:

exibe a caixa de diálogo onde você seleciona a qualidade da impressão, tamanho do papel, orientação etc.

OPÇÕES DE VISUALIZAÇÃO

Este recurso do Excel mostra, no monitor, as páginas do documento ativo, com a aparência que terão depois de impressas.

1. Abra o arquivo **Vendas.xlsx** caso não esteja aberto.

2. Selecione a opção **Visualizar Impressão** no menu Arquivo.

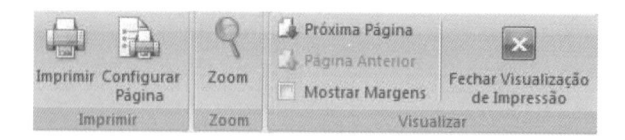

Próxima Página:

exibe a próxima página.

Página Anterior:

exibe a página anterior.

Zoom:

alterna entre visualização da página inteira e a apresentação do tamanho real das páginas do documento.

Imprimir:

exibe a caixa de diálogo Imprimir.

Configurar Página:

exibe a caixa de diálogo Configurar Página.

Mostrar Margens:

mostra as linhas que marcam as margens esquerda, direita, superior e inferior.

Visualizar quebra de página:

nesta opção você pode ajustar as quebras de página na planilha ativa. Também é possível redimensionar a área de impressão e editar a planilha.

Fechar Visualização de Impressão:

encerra a visualização prévia e volta ao documento.

ALTERANDO AS MARGENS

Este processo permite ajustar as margens de forma prática e rápida usando o mouse.

1. Selecione o botão **Mostrar Margens**.

2. Posicione o ponteiro do mouse sobre a linha da margem que deseja modificar.

3. Mantenha o botão esquerdo do mouse pressionado e arraste para a posição desejada.

Para desaparecer as linhas de margem, pressione novamente o botão **Mostrar Margens**.

CONFIGURANDO A A PÁGINA DE IMPRESSÃO

Possibilita a escolha do tamanho do papel, a definição das margens e outros parâmetros de impressão.

1. Abra o arquivo **Clientes.xlsx**.

2. Selecione a opção **Configurar Página,** no menu **Arquivo.**

3. Escolha a opção **A4,** para folha sulfite, ou **Carta**, para formulário contínuo.

4. Pressione **OK**.

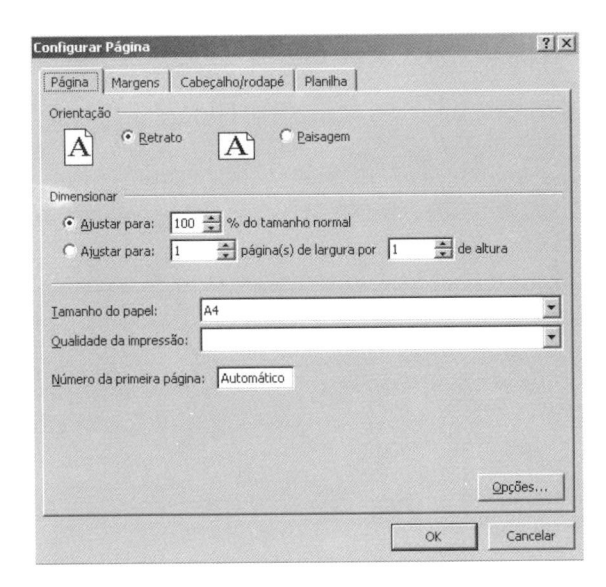

Orientação:

Retrato:

usa a folha na vertical.

Paisagem:

utiliza a folha na horizontal.

Tamanho do papel:

trata-se do tamanho do papel usado na impressão. Selecione o adequado.

Dimensionar:

usa um valor em porcentagem para reduzir ou aumentar o tamanho do documento dentro da folha. O tamanho original corresponde a 100%; portanto, para ampliar, use um valor maior e, para reduzir, um menor. Com a opção Ajustar para, é possível comprimir o documento automaticamente, de acordo com o número de páginas definido.

CABEÇALHO E RODAPÉ

O cabeçalho e o rodapé são usados para imprimir mensagens que se repetem em todas as folhas de um documento, entre elas: número de página, nome do arquivo ou documento, data, entre outras.

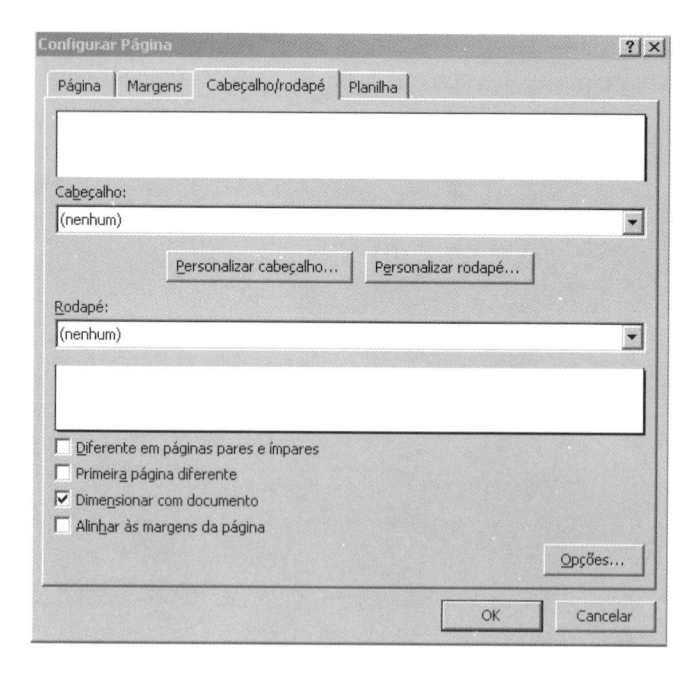

1. Selecione o **Botão do Microsoft Office/Imprimir/Visualização de Impressão**.

2. Clique no botão **Configurar Página**

3. Escolha a guia **Cabeçalho/Rodapé**.

4. Clique no botão **Personalizar cabeçalho** ou **Personalizar rodapé**.

5. Ao abrir a caixa de diálogo Cabeçalho ou Rodapé, escolha a Seção onde poderá ser inserido o conteúdo.

6. Digite um texto qualquer em Cabeçalho ou Rodapé. Note que o exemplo é mostrado na própria caixa de diálogo.

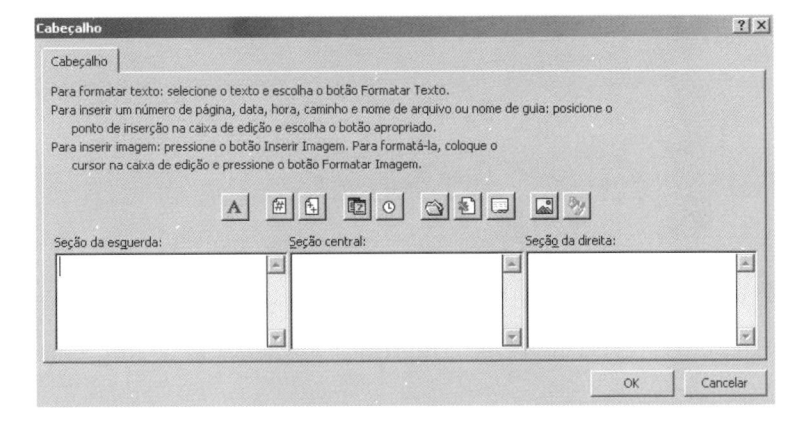

Os itens abaixo mostram os botões que podem ser usados para inserir os códigos correspondentes na seção esquerda, central e direita. Caso não queira utilizar o mouse, basta digitar o código.

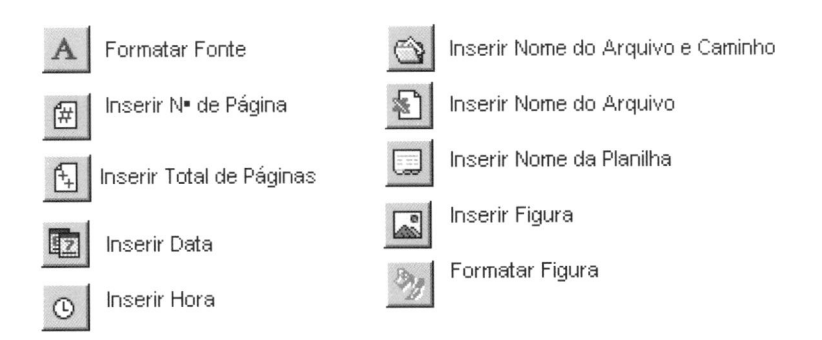

- Formatar Fonte
- Inserir N° de Página
- Inserir Total de Páginas
- Inserir Data
- Inserir Hora
- Inserir Nome do Arquivo e Caminho
- Inserir Nome do Arquivo
- Inserir Nome da Planilha
- Inserir Figura
- Formatar Figura

MARGENS

A guia Margens é usada para configurar as margens superiores, inferiores, esquerda e direita do documento, assim como as distâncias necessárias para definir o cabeçalho e o rodapé.

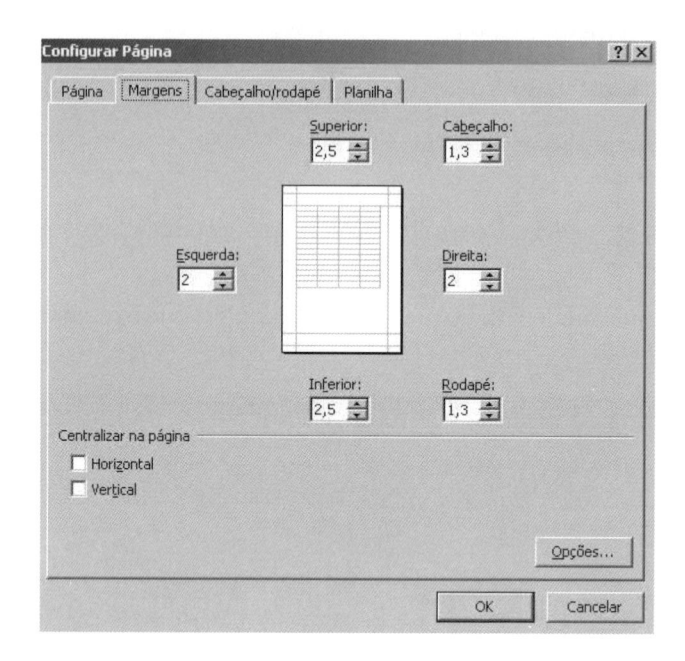

1. Selecione o Botão do Microsoft Office/**Imprimir/Visualização de Impressão**.

2. Ative o botão **Mostrar margens**.

3. Utilize os botões de rolagem para alterar os valores de margem.

4. Faça o mesmo se deseja alterar o espaço deixado para o cabeçalho ou rodapé.

5. Em **Centralizar na página,** clique na opção **Horizontal e/ou Vertical,** para centralizar a impressão da página.

6. Clique no botão **Visualizar,** para visualizar a impressão, ou em **OK** para retornar ao documento.

OPÇÕES DE PLANILHA

As opções de planilha permitem que você configure alguns parâmetros para impressão. Veja a seguir:

1. Selecione o **Botão do Microsoft Office/Imprimir/Visualização de Impressão**.

2. Clique no botão C**onfigurar Página**

3. Selecione a guia **Planilha**.

Veja a descrição das opções de **Impressão**:

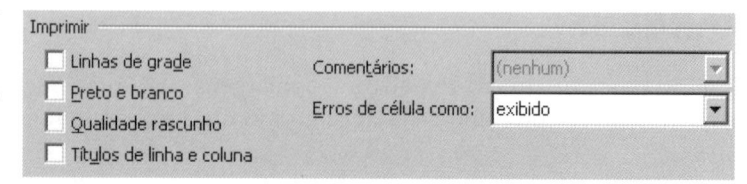

Linhas de grade

>imprime a linha de grade, mesmo que não sejam definidas bordas para as células.

Preto e branco

>imprime todo o conteúdo das planilhas apenas em branco e preto.

Qualidade rascunho

>imprime o conteúdo da planilha, mas não imprime as áreas com sombreamentos.

Títulos de linha e coluna

>imprime, além dos dados das planilhas, os títulos de linha e coluna (A, B, C, 1, 2, 3).

Comentários

>define a posição onde os comentários serão impressos.

Erros de célula como

>configura o modo pelo qual as fórmulas que contêm erros serão impressas, permitindo que você coloque, na impressão, um valor diferente do apresentado na tela.

FIXANDO O APRENDIZADO

1. Defina cabeçalhos e rodapés para todos os arquivos que você criou nos capítulos anteriores.

2. Procure configurar a página para impressão dos arquivos criados nos capítulos anteriores da melhor forma possível, ou seja, as planilhas devem ocupar o mínimo de espaço nas folhas.

Microsoft EXCEL 2007

CAPÍTULO 21
Dados

Muitas vezes, necessitamos de uma lista de nomes, sejam eles produtos ou funcionários, seguidos de valores. O Microsoft Office Excel 2007 manipula informações, na planilha, com muita facilidade, utilizando recursos de um banco de dados. Trata-se de um arquivo organizado em linhas e colunas, onde cada *coluna* é entendida como um *campo* e cada *linha* como um *registro*. Vamos a um exemplo:

CLASSIFICAÇÃO DE DADOS

1. Abra o arquivo **Vendas.xlsx** e certifique-se de usar a planilha **Vendas**.

2. Posicione o cursor na célula **A3**. Abra a guia **Dados** e escolha **Classificar**. Deixe a caixa Classificar como a figura localizada logo após o botão de mesmo nome:

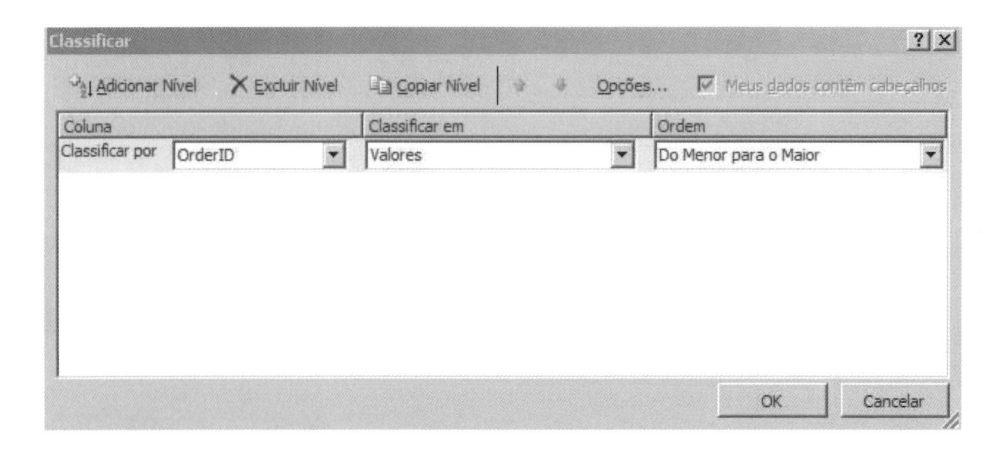

botão Classificar

Classificar por:

> especifica qual é a linha ou a coluna que será a primeira chave de classificação.

Adicionar Nível:

> corresponde à segunda e à terceira chave de classificação.

Meus dados contêm cabeçalhos:

> determina se a primeira linha da sua lista será incluída ou excluída quando os dados forem classificados. Se a sua lista tiver rótulos de coluna, a opção Linha de Cabeçalho será selecionada e a primeira linha será excluída. Selecione o botão Nenhuma linha de cabeçalho para incluir a primeira linha na classificação.

3. Pressione **OK** e note que os dados foram organizados em ordem de divisão.

SUBTOTAIS

O Excel pode calcular, prontamente, valores como subtotais e totais gerais em uma lista. Quando você insere subtotais automáticos, o programa organiza a lista em tópicos para que se possa exibir ou ocultar as linhas de detalhes de cada um.

Para inserir subtotais, deve-se, primeiro, classificar a lista a fim de agrupar as linhas às quais se deseja calcular o subtotal. Em seguida, você pode realizar o cálculo de qualquer coluna que contenha números.

Se os dados não estiverem organizados como uma lista, ou se você precisar somente de um único total, você poderá usar o botão AutoSoma Σ ▾ , da guia **Início,** ao invés de subtotais automáticos.

Calculando subtotais

Subtotais:

> o Excel calcula valores de subtotal com uma função resumo, como **Soma** ou **Média**. Você pode exibir subtotais com mais de um tipo de cálculo de cada vez em uma única lista.

Totais gerais:

> os valores de totais gerais são derivados de dados de detalhe, não dos valores das linhas de subtotal. Por exemplo: se você usa a função resumo **Média**, a linha de total geral exibirá uma média de todas as linhas de detalhes da lista, não uma média dos dados das linhas de subtotal.

Recálculo automático:

> o Excel recalcula o valor de subtotal e total geral automaticamente, à medida que você edita os dados de detalhe.

Aninhando subtotais:

> você pode inserir subtotais para grupos menores dentro de conjuntos de subtotais já existentes. No exemplo abaixo, os subtotais de cada esporte estão em uma lista que já tem subtotais de cada região.

Antes de inserir os subtotais aninhados, certifique-se de classificar a lista por todas as colunas para as quais você deseja esses valores, de forma a agrupar as linhas que receberão os subtotais.

❶ Subtotais externos
❷ Subtotais aninhados

Aninhando subtotais

RELATÓRIOS E GRÁFICOS DE RESUMO

Criar relatórios de resumo:

> quando você adiciona subtotais a uma lista, esta é organizada em tópicos para que se possa ver sua estrutura. Você pode criar um relatório de resumo, clicando nos símbolos de estrutura de tópicos 1 2 3 , + e - a fim de ocultar os detalhes e mostrar somente os totais.

Veja o exemplo:

1. Abra o arquivo **Vendas.xlsx**, caso não esteja aberto.

2. Em **Dados**, escolha a opção **Estrutura de Tópicos/Subtotal**.

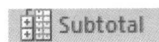

3. Abra a caixa **Subtotal**, à qual deve ficar como a tela abaixo:

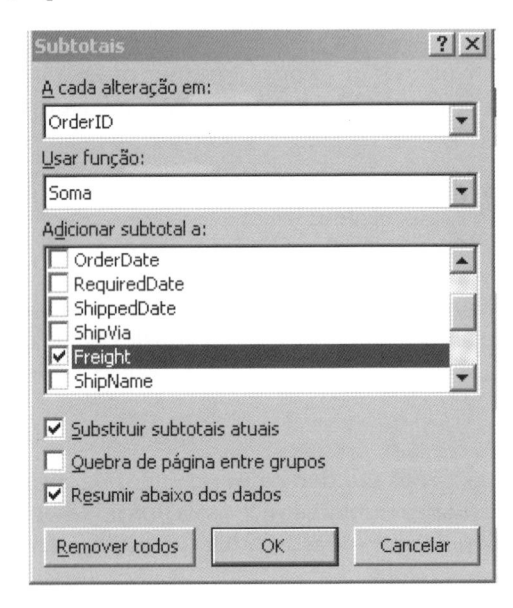

4. Pressione **OK** e movimente a planilha para visualizar os subtotais.

Veja que foram adicionados totais para cada mudança do código do cliente, somando-se o valor do **frete**.

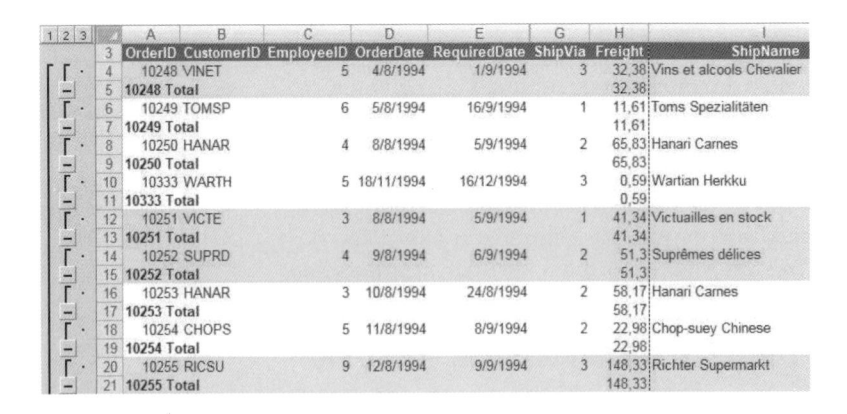

FILTROS

Filtrar é uma maneira rápida e fácil de localizar e trabalhar com um subconjunto de dados em uma lista. Uma listra filtrada exibe somente as linhas que atendem aos critérios especificados para uma coluna. O Excel fornece dois comandos para filtragem:

Filtro: filtra por seleção, para critérios simples.

Filtro Avançado: para critérios mais complexos.

Ao contrário da Classificação, o comando filtrar não reorganiza uma lista, apenas oculta temporariamente as linhas que você não deseja exibir. Quando o Excel filtra linhas, é possível editar, formatar, montar gráficos e imprimir o subconjunto da lista sem reorganizá-lo ou movê-lo.

FILTRO

Quando você usa o comando **Filtro**, setas de AutoFiltro aparecem à direita dos rótulos de coluna da lista filtrada.

① Lista não filtrada
② Lista filtrada

O Excel indica os itens filtrados em azul.

O AutoFiltro Personalizado é utilizado para exibir as linhas que contêm um ou mais valores de acordo com os critérios definidos. É possível também exibir as linhas que contêm valores em um intervalo específico como por exemplo salários entre 300 e 1000 reais.

Filtro Avançado

O comando **Filtro Avançado** pode filtrar uma lista do mesmo modo que o comando **Filtro**, mas não exibe listas suspensas relacionadas às colunas. Ao invés disso, digitam-se os critérios pelos quais se deseja realizar a filtragem em um intervalo separado, acima da lista. Esse intervalo permite filtrar critérios mais complexos.

Veja um exemplo:

1. Abra a guia **Dados** e escolha a opção **Filtrar**. Aparecerá, então, uma seta ao lado de cada campo com o intuito de que seja selecionado o item a ser filtrado.

A	B	C	D	E	G	H
Order	Customer	Employee	OrderDa	RequiredDa	ShipV	Freig
10248	VINET	5	4/8/1994	1/9/1994	3	32,38
10248 Total						32,38
10249	TOMSP	6	5/8/1994	16/9/1994	1	11,61
10249 Total						11,61
10250	HANAR	4	8/8/1994	5/9/1994	2	65,83
10250 Total						65,83
10333	WARTH	5	18/11/1994	16/12/1994	3	0,59
10333 Total						0,59
10251	VICTE	3	8/8/1994	5/9/1994	1	41,34
10251 Total						41,34
10252	SUPRD	4	9/8/1994	6/9/1994	2	51,3
10252 Total						51,3

2. Dê um clique na seta ao lado do campo **Ship Via** e selecione, na lista, somente o valor **2**. Movimente-se pela planilha e verifique que ela só mostra os itens com número 2.

3. Para voltar a mostrar todos os departamentos, dê um clique novamente na seta e escolha **Selecionar Tudo** na lista de **Ship Via**.

Para desativar o filtro, abra a guia **Dados** e escolha **Filtro**.

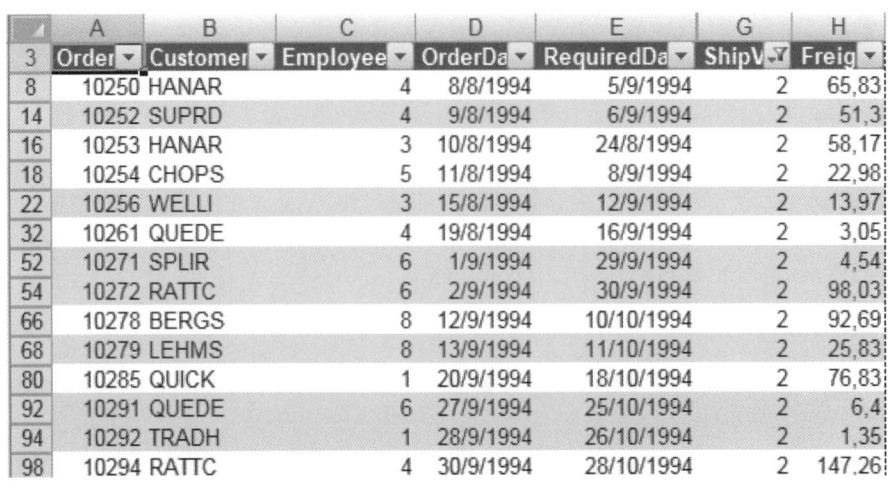

	A	B	C	D	E	G	H
3	Order	Customer	Employee	OrderDa	RequiredDa	ShipV	Freig
8	10250	HANAR	4	8/8/1994	5/9/1994	2	65,83
14	10252	SUPRD	4	9/8/1994	6/9/1994	2	51,3
16	10253	HANAR	3	10/8/1994	24/8/1994	2	58,17
18	10254	CHOPS	5	11/8/1994	8/9/1994	2	22,98
22	10256	WELLI	3	15/8/1994	12/9/1994	2	13,97
32	10261	QUEDE	4	19/8/1994	16/9/1994	2	3,05
52	10271	SPLIR	6	1/9/1994	29/9/1994	2	4,54
54	10272	RATTC	6	2/9/1994	30/9/1994	2	98,03
66	10278	BERGS	8	12/9/1994	10/10/1994	2	92,69
68	10279	LEHMS	8	13/9/1994	11/10/1994	2	25,83
80	10285	QUICK	1	20/9/1994	18/10/1994	2	76,83
92	10291	QUEDE	6	27/9/1994	25/10/1994	2	6,4
94	10292	TRADH	1	28/9/1994	26/10/1994	2	1,35
98	10294	RATTC	4	30/9/1994	28/10/1994	2	147,26

FORMATAÇÃO CONDICIONAL

A formatação condicional é usada para realçar valores dentro das células, fazendo com que os resultados fiquem com cores ou sombreamentos diferentes do restante da planilha.

Suponha que você tenha uma planilha para controlar o saldo bancário. Você pode formatar as células para que apareçam em vermelho, se o saldo for negativo, ou azul, se positivo. Acompanhe os passos a seguir:

1. Abra um novo arquivo e selecione toda a coluna F.

2. Na guia **Início**, escolha **Formatação Condicional/Nova regra**.

3. Formate os dados como mostrado na imagem a seguir:

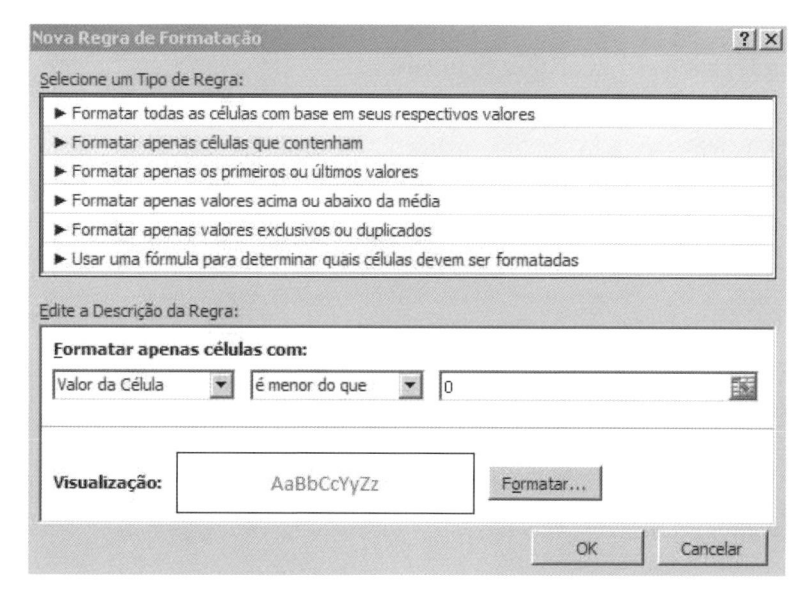

Em Edite a Descrição da Regra, escolha Valor da Célula, é **menor do que**, digite o valor **0** e altere a formatação para vermelho.

4. Clique em **Formatação Condicional** novamente e escolha **Gerenciar Regras.**

5. Pressione o botão **Nova Regra.**

6. Em Edite a Descrição da Regra, escolha Valor da Célula, é **maior do que**, digite **0** e altere a formatação para azul.

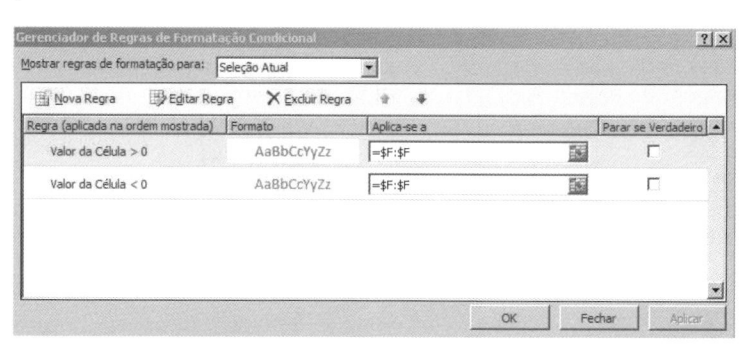

7. Clique em **OK** e digite valores maiores e menores do que zero na coluna F. Observe o resultado na figura ao lado:

F
0
10
-5

VALIDAÇÃO

Imagine que você tem uma loja de CDs, as vendas são feitas por meio de catálogo e a entrega é à domicílio, desde que sejam encomendados, no mínimo, dois produtos. Você pode criar uma planilha que aceite somente os pedidos maiores ou iguais a 2. Para isso, use a Validação. Acompanhe os passos a seguir:

1. Abra um novo arquivo e selecione a coluna **A**.

2. Na guia **Dados**, escolha **Validação de Dados**.

3. Clique no botão **Validação de Dados**

4. No item Permitir, escolha **Número inteiro**.

5. No item **Dados**, escolha **maior ou igual a**.

6. Clique em **Mínimo** e digite o número 2.

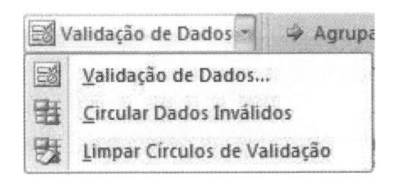

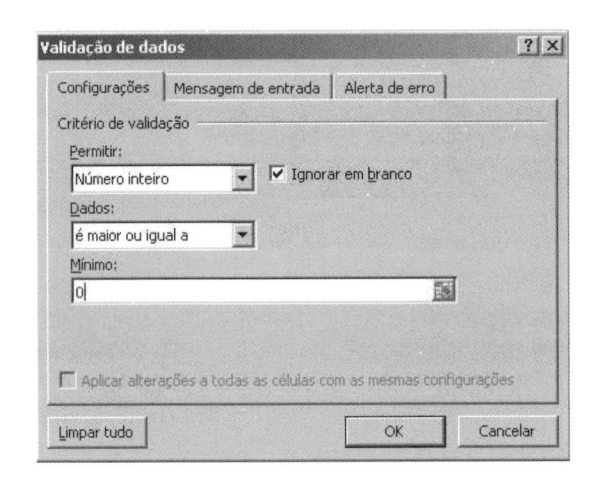

Você acabou de definir o critério de validação da coluna. Agora é necessário criar uma mensagem de erro, à qual será exibida sempre que for digitado um valor menor do que **2**. Veja como:

1. Clique na guia **Alerta de erro**.

2. Em **Título**, digite Atenção

3. Em **Mensagem de erro**, insira a frase "Digite um valor maior que 2."

4. Pressione **Ok**.

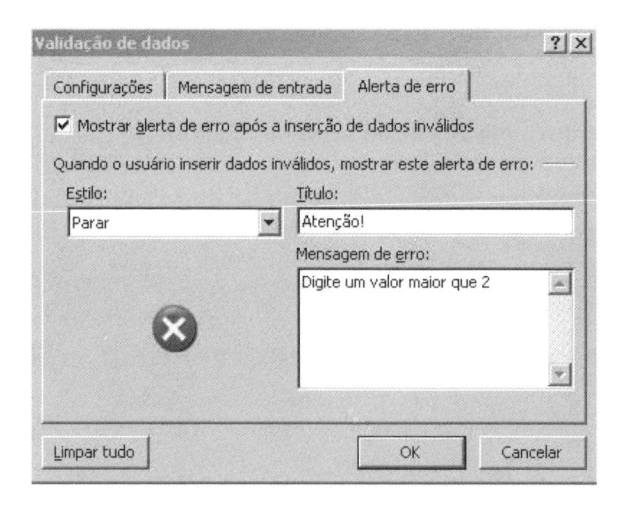

5. Agora, entre com valores na coluna A e veja que, quando digitar um valor menor que 2, você é avisado que o mesmo não será aceito.

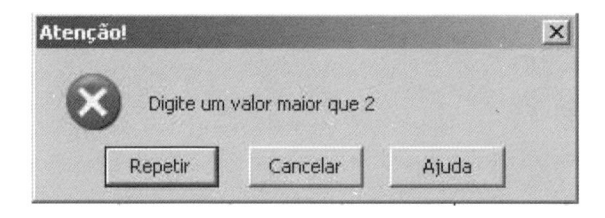

FIXANDO O APRENDIZADO

1. Abra o arquivo **Clientes.xlsx**.

2. Classifique os registros por **Nome do Produto** e **Família**.

3. Filtre os registros que tenham quantidade igual a 6.

4. Desative a opção AutoFiltro.

5. Classifique os itens por ordem de Família.

6. Faça um subtotal a cada mudança de Família, colocando a média dos **Preços**.

7. Faça um subtotal a cada mudança de **Família,** com a soma dos preços de cada família.

8. Filtre os produtos com preço superior a 80.

9. Coloque uma regra de validação na coluna Família, para que sejam aceitos apenas valores entre 1 e 15.

10. Crie uma Formatação Condicional na coluna Família, onde todos os valores maiores que 7 apareçam em azul, e o restante em verde.

11. Abra o arquivo **Vendas.xlsx**.

12. Selecione a coluna **B**.

13. Faça com que todos os valores SIMOB fiquem em vermelho e os valores HUNGO, em amarelo.

Microsoft® EXCEL 2007

CAPÍTULO 22
Trabalhando com Funções

Funções são fórmulas predefinidas que efetuam cálculos, usando valores específicos, denominados argumentos, em uma determinada ordem ou estrutura. Podem ser usadas para executar cálculos simples ou complexos.

ESTRUTURA DE UMA FUNÇÃO

1. Estrutura: a estrutura de uma função começa com um sinal de igual (=), seguido do nome da função, um parêntese aberto, argumentos separados por vírgulas e um parêntese de fechamento.

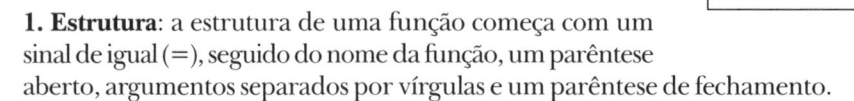

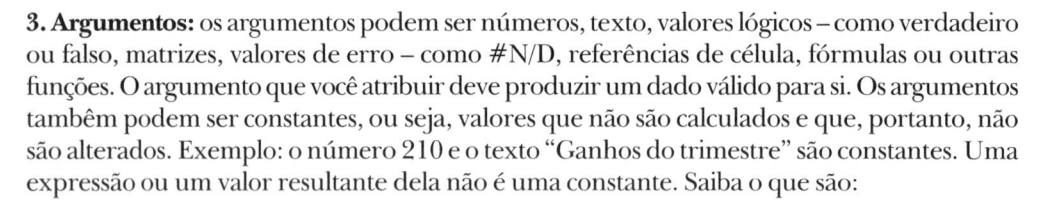

2. Nome da função: para obter uma lista das funções disponíveis, clique em qualquer célula e pressione SHIFT+F3.

3. Argumentos: os argumentos podem ser números, texto, valores lógicos – como verdadeiro ou falso, matrizes, valores de erro – como #N/D, referências de célula, fórmulas ou outras funções. O argumento que você atribuir deve produzir um dado válido para si. Os argumentos também podem ser constantes, ou seja, valores que não são calculados e que, portanto, não são alterados. Exemplo: o número 210 e o texto "Ganhos do trimestre" são constantes. Uma expressão ou um valor resultante dela não é uma constante. Saiba o que são:

Matrizes:

>usadas para criar fórmulas simples que produzem vários resultados ou que operam em um grupo de argumentos organizados em linhas e colunas. Um intervalo de matrizes compartilha uma fórmula comum; uma constante de matriz é um grupo de constantes usado como um argumento.

Relembrando:

Referências de célula:

>conjunto de coordenadas que a célula abrange em uma planilha. Por exemplo: a referência da célula que aparece na interseção da coluna B e da linha 3 é B3.

4. Dica de ferramenta: uma dica de ferramenta com a sintaxe e os argumentos é exibida à medida que você digita a função. Por exemplo: digite =ARRED e a dica de ferramenta aparecerá. A mesma é exibida somente para funções internas.

5. Inserir fórmulas: quando você cria uma fórmula que contém uma função, a caixa de diálogo **Inserir Função** ajuda-o a incluir funções de planilha. Enquanto você digita, a caixa de diálogo **Inserir Função** exibe seu nome, cada um de seus argumentos, as descrições, seu resultado atual e o da fórmula inteira.

FUNÇÕES ANINHADAS

Em determinados casos, é possível que você precise usar uma função como um dos argumentos. O tipo de argumento que uma função usa é específico da própria. Argumentos comuns, usados em funções, incluem números, texto, referências de célula e nomes de outra função. Por exemplo: a fórmula a seguir usa uma função aninhada MÉDIA e compara o resultado com o valor 50.

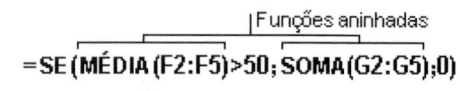

Retornos válidos:

quando uma função aninhada é usada como argumento, ela deve retornar o mesmo tipo de valor utilizado pelo argumento. Exemplo: se o argumento retornar um valor verdadeiro ou falso, a função aninhada deverá retornar verdadeiro ou falso. Se não retornar, o Excel exibirá um valor de erro (#VALOR!).

Limites no nível de aninhamento:

uma fórmula pode conter até sete níveis de funções aninhadas. Quando a função B for usada como argumento na função A, aquela será de segundo nível. Por exemplo: as funções MÉDIA e SOMA são de segundo nível, pois são argumentos da função SE. Uma função aninhada na função MÉDIA seria de terceiro nível, e assim por diante.

Botão AutoSoma **Σ**, da guia Início, ou , *fx* da guia Fórmulas

Para entender o funcionamento de uma função, acompanhe os passos a seguir:

1. Em um arquivo em branco, digite o valor **7,** e em outra célula, o valor **4.**

2. Vamos calcular a potência desse número, usando uma função.

3. Clique na célula ao lado dos valores que você digitou.

4. Clique na seta ao lado do botão **AutoSoma,** da guia **Início,** e escolha **Mais funções**.

5. Selecione a função **POTÊNCIA,** na seção **Matemática e Trigonométrica**, como mostrado na figura abaixo:

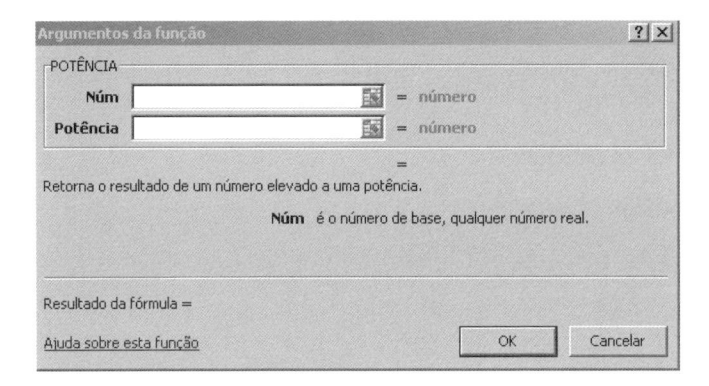

6. Clique no botão **OK** para selecionar a função.

7. Na tela que aparece, selecione a célula onde você digitou o valor 7, como mostrado a seguir:

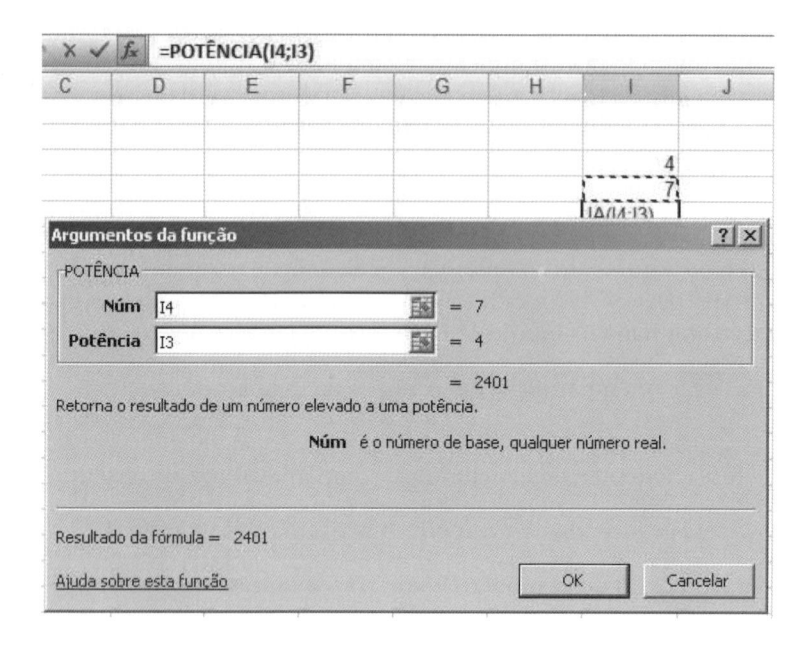

8. Clique em Potência e no número 4; logo depois, pressione **OK**.

9. Observe que a **Potência** do número foi inserida na planilha.

10. Mude o valor que você digitou de **7** para **15** e note que, automaticamente a função é atualizada.

No Excel, você encontra centenas de funções, divididas em seções, conforme a seguir:

- Funções de data e hora
- Funções financeiras
- Funções de informação
- Funções lógicas
- Funções de procura e referência
- Funções matemáticas e trigonométricas
- Funções estatísticas
- Funções de texto
- Funções de Banco de Dados etc.

FUNÇÕES MAIS COMUNS

1. FUNÇÃO MÁXIMO

Mostra o valor máximo de uma faixa de células.

Suponha-se que você deseje saber qual a maior idade de pessoas em uma tabela de dados. Veja a fórmula no exemplo abaixo:

Funções de data e hora
Funções financeiras
Funções de informação
Funções lógicas
Funções de procura e referência
Funções matemáticas e trigonométricas
Funções estatísticas
Funções de texto
Funções de Banco de Dados etc.

em que (A2:A5) refere-se ao endereço dos dados onde você deseja ver qual é o maior valor. No caso, a resposta seria 30. Faça como mostra o exemplo, trocando apenas o endereço das células.

2. FUNÇÃO MÍNIMO

Mostra o valor mínimo de uma faixa de células.

Suponha-se que você deseje saber qual a menor idade de pessoas em uma tabela de dados. Veja a fórmula no exemplo abaixo:

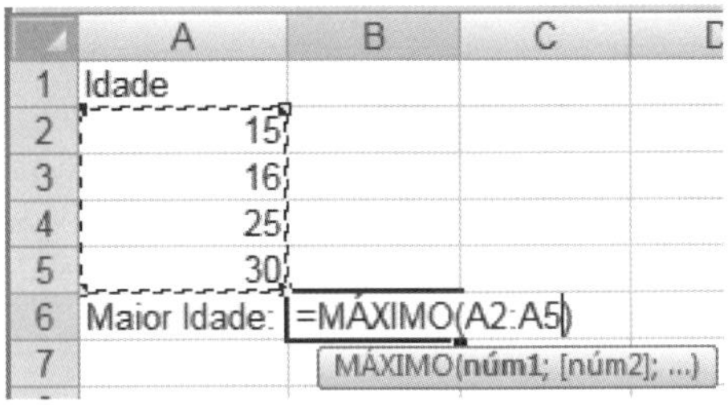
A
B
C
1 Idade
2 15
3 16
4 25
5 30
6 Maior Idade: =MÁXIMO(A2:A5)
7
MÁXIMO(núm1; [núm2]; ...)

3. FUNÇÃO MÉDIA

Calcula a média de uma faixa de valores.

Suponha-se que você queira saber qual a média de idade em uma tabela de dados. Veja a fórmula abaixo:

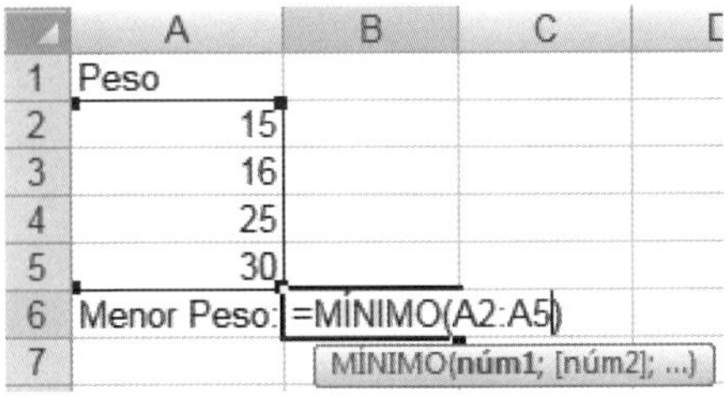
A
B
C
1 Peso
2 15
3 16
4 25
5 30
6 Menor Peso: =MÍNIMO(A2:A5)
7
MÍNIMO(núm1; [núm2]; ...)

4. FUNÇÃO DATA

Esta função insere a data, automaticamente, em uma planilha. Veja o exemplo:

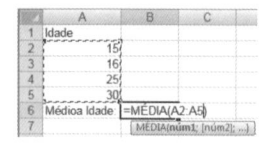

	A	B	C
1	Idade		
2	15		
3	16		
4	25		
5	30		
6	Médioa Idade	=MÉDIA(A2:A5)	
7		MÉDIA(núm1; [núm2]; ...)	

Essa função deve ser digitada precisamente como está. Você só precisa colocar o cursor no local onde deseja que a data se localize e digitar =HOJE(); assim, a função colocará automaticamente a data do sistema.

5. FUNÇÃO SE

Cada sinal tem seu significado. Observe abaixo:

Cada sinal tem seu significado. Observe abaixo:

;   significa "então faça"

( )   significa "leia"

TEXTO   significa "escreva". Sempre que desejar escrever um texto, coloque entre aspas. Do contrário, o Excel escreverá TEXTO, literalmente.

""   as duas aspas seguidas dão sentido de vazio.

Imagine que você deseja criar um controle de notas de aluno onde, ao se calcular a média, o mesmo especificasse, automaticamente, se o aluno foi aprovado ou não. Veja o exemplo abaixo:

Primeiramente, você precisa entender o que deseja fazer. Exemplo: quero que o Excel mostre, no campo situação, **Aprovado somente se o aluno tirar uma nota maior ou igual a 7 na média**, caso contrário, deverá mostrar **Reprovado, já que o aluno não atingiu a condição para passar**. Veja como você deve escrever a fórmula utilizando a função do Se.

	A	B
1	Data	=HOJE()

Em que:

B2   refere-se ao endereço da média do aluno, à qual determinará se o aluno passará ou não.

>=7   refere-se à condição para o aluno passar, isto é, para estar aprovado, ele deverá atingir uma média maior ou igual a 7.

;   quer dizer então faça.

"Aprovado"   refere-se à resposta verdadeira, ou seja, se a condição for verdadeira (nota maior ou igual a 7), então ele mostrará aprovado. Por isso, deve-se colocar entre aspas, já que se refere a texto.

; este outro ponto-e-vírgula subentende **se não, faça**, ou seja, caso contrário, efetuará outra coisa.

"Reprovado" refere-se à resposta falsa, ou seja, caso ele não tenha média maior ou igual a 7, então aparece Reprovado.

No exemplo a seguir, faremos um cálculo utilizando a condição Se, isto é, em vez de escrevermos algo para uma resposta verdadeira ou falsa, faremos um cálculo. Acompanhe o exemplo:

Você tem determinada planilha de pagamento e agora calculará o Imposto de Renda (IRRF) para os funcionários. O cálculo, todavia, só será efetuado para aqueles que ganham mais de R$ 650,00. Em outras palavras, se o salário do empregado for maior que R$ 650,00, deve ser multiplicado a uma taxa de 5% em cima do Salário Bruto (SLBRT); caso contrário, deverá retornar 0 (zero). Veja a fórmula:

	A	B	C
1	Aluno	Média	Situação
2	Márcio	7	=SE(B2>=7;"Aprovado";"Reprovado")
3			SE(teste_lógico; [valor_se_verdadeiro]; [valor_se_falso])

Em que:

G11 refere-se ao endereço do Salário Bruto.

>650 refere-se à condição para que seja feito o cálculo.

G11*5% refere-se à resposta se for verdadeira, ou seja, se o endereço **G11** contiver um valor maior que 650, este deve ser multiplicado por 5% (taxa do Imposto de Renda).

0 refere-se à resposta falsa, isto é, caso o endereço G11 não tenha um valor maior que 650, então não haverá cálculo, ele colocará 0 (zero).

➡️ **Lembrete**: sempre insira, primeiro, a resposta Verdadeira.

6. FUNÇÃO CONT.SE

Agora você tem uma planilha onde está o nome dos alunos e as médias. Suponha que você queira saber quantos alunos tiraram médias maiores ou iguais a 9. Veja o exemplo:

	F	G	H
10	Func	SLBRT	IRRF
11	Ivan Rocha	R$ 1.500,00	=SE(G11>650;G11*5%;0)
12			SE(teste_lógico; [valor_se_verdadeiro]; [valor_se_falso])

Em que:

B2:B5 refere-se ao endereço das células onde você deseja contar.

; utiliza-se como parte da sintaxe para separar os argumentos.

>=9 refere-se à condição, ou seja, essa fórmula só contará as células que contiverem valor maior ou igual a 9.

Siga a sintaxe, substituindo apenas os endereços e a condição para contar.

Depois das aspas, digita-se a condição. Pode ser também texto, mas, independente de texto ou valor, deve-se colocar entre aspas.

Exemplo:

=CONT.SE(C2:C5;"APROVADO")

Nesse exemplo, ele contará apenas as células que contenham a palavra Aprovado.

7. FUNÇÃO CONTAR.VAZIO

Conta as células que estão vazias.

Exemplo:

Você gostaria de saber quantos alunos estão sem a média

Em que:

=CONTAR.VAZIO – é o nome da fórmula.

(B2:B7) – refere-se ao endereço das células.

8. FUNÇÃO SOMASE

Soma um intervalo de células mediante a condição estabelecida.

Exemplo:

Você gostaria de somar as faturas que foram pagas. Você tem uma planilha onde, na coluna A, coloca-se o nome do cliente, na coluna B, o valor da fatura e na coluna C, a situação: se foi quitada ou não.

Se você somar somente as faturas pagas, é fácil saber o quanto já recebeu. Logo, a fórmula é a seguinte:

Em que:

=SOMASE — nome da fórmula.

C2:C7 refere-se ao intervalo onde você digita a palavra PG, especificando se a fatura está paga ou não.

"**PG**" é o critério para somar, isto é, apenas somará se, nesse intervalo de células de C2 até C7, houver alguma palavra PG. O critério deve sempre estar entre aspas.

B2:B7 refere-se ao intervalo de células cujos valores serão somados, mediante a condição. Em outras palavras, o Excel efetuará a adição dos valores aos quais a palavra PG se refere.

9. FUNÇÕES DE PROCURA

É muito comum ter de preencher determinados campos tendo como base uma informação digitada por um usuário. Exemplo: em uma planilha de controle de serviços prestados, precisa-se que os campos com nome, endereço e telefone sejam completados de acordo com o código atribuído ao cliente. Para isso, devemos lançar mão de uma das fórmulas de procura em tabelas que o Excel disponibiliza:

- **Procura em uma tabela vertical**, onde os registros se posicionam no sentido de cima para baixo.

- **Procura em uma tabela horizontal**, onde os registros se posicionam no sentido da esquerda para a direita.

Como a maioria das tabelas é formatada na vertical, usaremos, em nosso exemplo, apenas esta opção. Para utilizar a outra função de procura em tabela horizontal, é só mudar seu nome para **=PROCH()**.

Confira o exemplo abaixo. Adapte a planilha para atender as suas necessidades:

Parte A: Região definida para a Entrada do Dado a ser Procurado

	A	B	C	D
1	Exemplo de Procura de Dadors em Tabelas			
2	Digite aqui o Código	154444	Nome	Arnaldo
3			Salário	R$ 2.111,00

Define-se que o código seja digitado na célula **B2**, enquanto os dados procurados serão apresentados nas células **D2** e **D3**; deve-se colocar as fórmulas adequadas nessas duas células.

ParteB: Região Definida para a Tabela de Dados Cadastrados (faixa:A8:D13)

	A	B	C	D
7	Código	Nome	Departamento	Salário
8	123255	Francisco	Compras	4.555,00
9	123268	Rodrigo	Vendas	4.333,00
10	126888	Flávia	Técnico	2.334,00
11	126998	Rosa	Técnico	8.999,00
12	154444	Arnaldo	Vendas	2.111,00
13	159850	**Vanessa**	**Vendas**	**3.232,00**

Perceba que, para o nosso exemplo, determinamos uma faixa de dados (**A8:D13**). Na coluna A, colocam-se os códigos, na B, os nomes, na coluna C, inserem-se os departamentos e na **4**, os salários.

Uma vez concluído o layout da planilha, passa-se à digitação das fórmulas nas células **D2** e **D3**.

Insira a fórmulas abaixo. Verifique, na tabela, o significado de cada um dos parâmetros da função **=PROCV()**.

Fórmula Utilizada: =PROCV(BuscaOQue;TabeladeBusca;Coluna;lógico)	
Onde:	Representa:
=PROCV()	A fórmula que faz uma PROCura Vertical numa tabela de dados
BuscaOQue	a célula onde será digitado o dado que será procurado na tabela
TabeladeBusca	a região de células onde se encontra a tabela com os dados
Coluna	o número da coluna que tem o dado à ser recuperado (1ª coluna=1)
lógico	um valor **0 (FALSO)** só apresenta uma resposta CORRETA
atenção:	um valor **1 (VERDADEIRO)** apresenta o dado da linha anterior ao valor digitado
No nosso exemplo a fórmula (em D3) é =PROCV(B3;A8:D13;2;0), enquanto a fórmula (em D4) é =PROCV(B3;A8:D13;3;0)	

Detalhamento da fórmula utilizada em D3

Deseja-se buscar o nome do funcionário por meio da digitação de um código correto, presente na célula B3. Essa informação se encontra na tabela cujos dados se apresentam de A8 até D13, sendo que o nome está na 2ª coluna. Assim, há que se definir a fórmula, exatamente como:

$$=PROCV(B3;A8:D13;2;0)$$

Lembre-se que, se fôr necessário copiar essa fórmula, a fim de apresentar diversos resultados ao longo de uma coluna, deve-se ter o cuidado de escrever os períodos com referências absolutas, do contrário, os resultados serão incorretos (exceto o primeiro). Nesse caso, a fórmula ficaria assim:

$$=PROCV(B3;\$A\$8:\$D\$13;2;0)$$

Controlando Investimentos

Veja, no exemplo a seguir, como controlar o valor que você obtém em uma poupança fixa, tanto para depósito quanto para taxa de juros.

1. Abra um novo arquivo.

2. Digite os dados para que fiquem como a seguir:

3. Clique na célula C8, logo após a frase **Total no final do Período**.

4. Clique em **Inserir Função** e escolha a função **VF**, da seção **Financeira**.

Itens	Valores
Taxa de Juros Mensal	2%
Valor Depositado	R$ (230,00)
Número de Meses	8
Total no final do Período	

5. Na tela que aparece, escolha conforme mostrado a seguir:

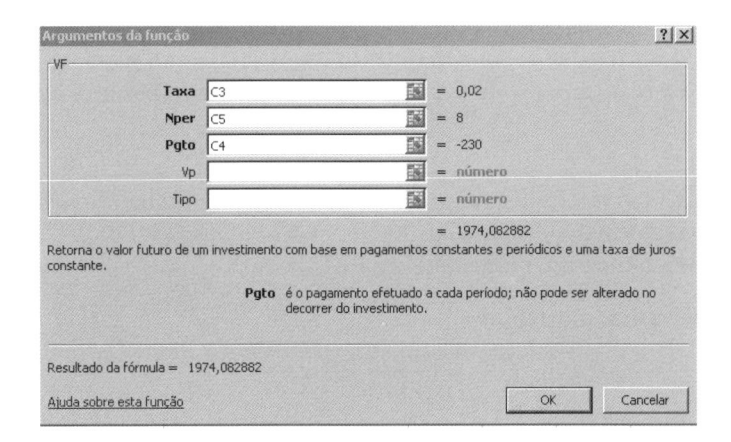

Em **Taxa**, clique sobre o valor 2%, o qual mostra a taxa de juros mensal.

Em **Nper**, clique sobre o número 8, que representa a quantidade de meses da aplicação.

Em **Pgto**, clique em R$ 230,00, que demonstra o valor a ser depositado.

6. Pressione **Ok** para finalizar a função.

7. O resultado se encontra na parte inferior da caixa de diálogo. O valor R$ 1.974,08 representa o montante obtido sobre o depósito de R$ 230,00 mensais, durante 8 meses, a uma taxa de juros de 2%.

10. FÓRMULA MATRICIAL

Uma fórmula matricial executa cálculos múltiplos e, em seguida, produz um resultado único ou não. Fórmulas matriciais agem sobre um ou mais conjuntos de valores, que são conhecidos como argumentos de matriz. Cada um destes deve ser retangular e ter o mesmo número de linhas e/ou a mesma quantidade de colunas que os outros argumentos.

Para produzir resultados múltiplos, a fórmula deve ser inserida em várias células.

Para se introduzir uma fórmula matricial, deve-se pressionar as teclas **CTRL, SHIFT** e **ENTER** simultaneamente. O Excel apresenta fórmulas matriciais entre chaves { }.

Atente para que essas chaves NUNCA sejam digitadas, pois assim, não funcionará.

Recurso Pouco Utilizado

Além de pouco usado, por parecer muito complexo, é um recurso que quase ninguém conhece. Para facilitar a compreensão, daremos, abaixo, dois exemplos de utilização prática. O primeiro exemplo ilustra o uso da fórmula matricial como auxiliar na contagem de repetições de números. O segundo exemplo demonstra o emprego da mesma na elaboração de uma lista de nomes repetidos. Para facilitar ainda mais, disponibilizamos uma planilha com estes exemplos completos, à qual você pode "baixar" pela Internet, a fim de checar e adaptar as suas necessidades. O link para download é www.altabooks.com.br.

Exemplo 1: contando o número de repetições em uma faixa de células

Imagine que exista uma faixa de células onde são guardados diversos números, números esses que podem, ou não, se repetir dentro do intervalo. Como saber quantas vezes um determinado número aparece dentro da faixa de entrada? Acompanhe a seguir.

Cenário:

Nas células A3:A15 são colocados os números que podem ter, ou não, repetições. Na célula B3, digita-se um dado - aquele do qual se quer conhecer o número de vezes que aparece no período. O resultado deve aparecer na célula C3.

Aplicando a fórmula matricial

Com o cursor na célula C3, digite a seguinte fórmula:

=SOMA(SE(A3:A15=B3;1;0))

Ao invés de pressionar a tecla ENTER, como se faz em todas as demais situações para inserir uma fórmula qualquer, pressione CTRL, SHIFT e ENTER simultaneamente.

A fórmula será representada entre chaves, assim:

{=SOMA(SE(A3:A15=B3;1;0))}

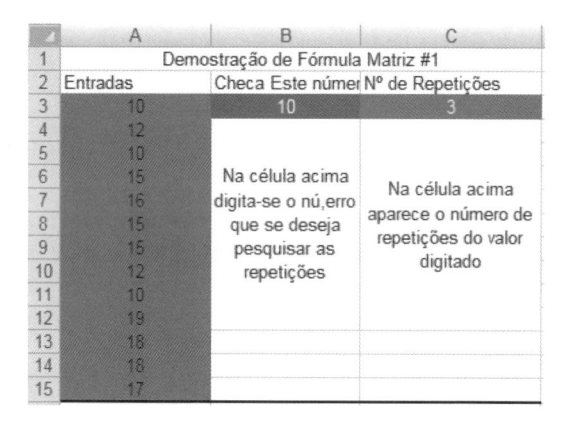

	A	B	C
1	Demonstração de Fórmula Matriz #1		
2	Entradas	Checa Este número	Nº de Repetições
3	10	10	3
4	12		
5	10		
6	15	Na célula acima digita-se o nú,erro que se deseja pesquisar as repetições	Na célula acima aparece o número de repetições do valor digitado
7	16		
8	15		
9	15		
10	12		
11	10		
12	19		
13	18		
14	18		
15	17		

Funcionamento:

O Excel, ao perceber se tratar de uma fórmula matricial, passa por todas as células da faixa demarcada, comparando-as com o valor da célula B3 – **SE(A3:A15=B3)**. Quando uma contiver um número idêntico, a fórmula retorna o valor 1, senão retorna 0. Ao final da checagem do período, o Excel soma a quantidade de 0 e 1 encontrada em cada comparação, por meio da função =SOMA. O resultado é exatamente igual ao número de vezes que tal número aparece na faixa de entrada.

Exemplo 2: mostrando nomes repetidos apenas uma única vez

Considere que exista uma faixa de células onde são guardados diversos nomes de visitantes de um estande de arte, por exemplo. Esses visitantes podem, ou não, retornar e seus nomes se repetir dentro da faixa citada acima. Como é possível destacar, na coluna ao lado, apenas a primeira vez em que algum nome aparece dentro do período?

Cenário:

Nas células A3:A15, são colocados os nomes, que podem ter repetições, ou não. O resultado deve aparecer na célula C3.

Aplicando a fórmula matricial:

Com o cursor sobre a célula B3, digite a seguinte fórmula:

$$=SE(SOMA(A3=\$B\$2:B2)*1)=0;A3;"")$$

Em vez de pressionar a tecla ENTER, como se faz normalmente para inserir uma fórmula, clique em CTRL, SHIFT e ENTER ao mesmo tempo.

O Excel representa a fórmula entre chaves, como mostrado abaixo:

$$\{=SE(SOMA(A3=\$B\$2:B2)*1)=0;A3;"")\}$$

Em seguida, deve-se copiar a fórmula para o restante da faixa; no caso, entre B4 e B15.

	A	B
1	Matriz	
2	Visitantes	Visitantes Únicos
3	André	André
4	Colombina	Colombina
5	Matilde	Matilde
6	Alfredo	Alfredo
7	Antonio	Antonio
8	Matilde	
9	Colombina	
10	André	
11	Sérgio	Sérgio
12	Matilde	
13	André	
14	Célia	Célia
15	Antonio	

Funcionamento:

O Excel passa por todas as células da faixa demarcada, comparando o valor de A3 com todos os outros já definidos pela fórmula, desde a posição B2 até a célula da coluna B na linha atual (B2 está vazia naturalmente, ou contém apenas um título, que não representa um nome). Quando uma das células da coluna A contiver um novo nome, a fórmula retornará o valor 1, 2 ou a quantidade de vezes que esse nome se repetiu até esse momento. Se ele não apareceu nenhuma vez, o valor é 0, a fórmula Se dará resultado verdadeiro e o Excel colocará o nome encontrado na mesma linha da coluna A; do contrário, se o resultado de SE fôr falso, o Excel apenas colocará um valor vazio na célula ("").

Experimente um pouco mais esse recurso pouco explorado, mas muito útil em diversos momentos do trabalho com números e/ou nomes.

11. FUNÇÕES DE BANCOS DE DADOS

O Excel inclui funções de planilha que analisam os dados armazenados em listas ou bancos de dados. Cada uma dessas funções usa três argumentos: banco de dados, campo e critérios, os quais se referem aos intervalos usados pela função.

Sintaxe:

=BDfunção(banco_dados;campo;critérios)

Banco_dados: intervalo de células que constitui a lista ou o banco de dados. No Excel, trata-se de uma lista de dados relacionados em que as linhas são os registros e as colunas, os campos. A primeira linha da lista contém os rótulos de cada coluna. A referência pode ser inserida como um intervalo de células, ou como um nome representando o intervalo que contém a lista.

- Em todas as funções de banco de dados, se a referência do mesmo fôr uma célula dentro de uma Tabela Dinâmica, o cálculo será feito apenas nos dados da tabela.

- Se você deseja calcular valores de subtotais em sua lista, use o comando Subtotais, do menu Dados, para inserir os dados.

Campo: indica a coluna que será usada na função. As colunas de dados, na lista, devem ter um rótulo de identificação na primeira linha. O campo pode ser apresentado como texto, com o rótulo de coluna entre aspas, assim como "Idade" ou "Rendimento", ou como um número que represente a posição da coluna na lista: 1 para a primeira coluna (Árvore, no exemplo abaixo), 2 para a segunda (Altura), e assim por diante.

Critérios: é uma referência a um intervalo de células que especifica as condições para a função. Esta retorna informações da lista que atendem às condições determinadas nesse intervalo. O mesmo inclui uma cópia do rótulo da coluna, na lista, para a coluna que você deseja que a função resuma. A referência de critérios pode ser inserida como um intervalo de células, como por exemplo A1:F2, ou como um nome que represente o intervalo, como "Critérios."

Dicas

- É possível usar qualquer intervalo para o argumento de critérios, desde que ele inclua pelo menos um rótulo de coluna e, ao menos, uma célula abaixo do rótulo para especificar a condição. Por exemplo: se G1:G2 contiver o rótulo de coluna Receita em G1 e a quantidade 10.000 em G2, você poderá definir o intervalo como CoincidirReceita e usar este nome como o argumento de critérios nas funções de banco de dados.

- Embora o intervalo de critérios possa ser colocado em qualquer local da planilha, não o posicione abaixo da lista. Se você adicionar outras informações à mesma, usando o comando Formulário, do menu Dados, os novos dados serão adicionados na primeira linha abaixo dela. Se essa não estiver em branco, o Excel não poderá incluí-los. Certifique-se de que o intervalo de critérios não se sobreponha à lista.

- Para efetuar uma operação em uma coluna inteira de um banco de dados, insira uma linha em branco abaixo dos rótulos de coluna do intervalo de critérios.

Exemplos:

A ilustração a seguir mostra um banco de dados para um pequeno levantamento. Cada registro contém informações sobre empresas. O intervalo **A5:E11** é chamado **Banco_dados** e o intervalo **A1:F3** é chamado Critérios.

	A	B	C	D	E	F	G
1	Empresa	Valor	Tempo	Produção	Lucro	Rendimento	Altura
2	A	>10					<16
3	B						
4							
5	Empresa	Valor	Tempo	Produção	Lucro	Rendimento	
6	A	18	20	14	105,00	140,00	
7	B	12	12	10	96,00	12,00	
8	C	13	14	9	105,00	13,00	
9	D	14	15	10	75,00	2,97	
10	E	9	8	8	76,80	2,65	
11	F	8	9	6	45,00	8,80	

Sintaxes

=**BDCONTAR**(Banco_dados;"Tempo";A1:F2)   é igual a 1. Esta função analisa os registros da Empresa A com Valor entre 10 e 16 e conta quantos campos Tempo, nestes mesmos registros, contêm números.

=**BDCONTARA**(Banco_dados;"Lucro";A1:F2)   é igual a 1. Esta função analisa os registros da empresa A com Valor entre 10 e 16 e conta quantos campos Lucro, nesses mesmos registros, não estão em branco.

=**BDMÁX**(Banco_dados;"Lucro";A1:A3)   é igual a R$ 105,00. Calcula o lucro máximo da empresa A e da B.

=**BDMÍN**(Banco_dados;"Lucro";A1:B2)   é igual a R$ 75,00. Calcula o lucro mínimo de empresas, acima de 10.

=**BDSOMA**(Banco_dados;"Lucro";A1:A2)   é igual a R$ 225,00. Calcula o lucro total da empresa A.

=**BDSOMA**(Banco_dados;"Lucro";A1:F2)   é igual a R$ 75,00. Calcula o lucro total da empresa A, usando um Valor entre 10 e 16.

=**BDMULTIPL**(Banco_dados;"Rendimento";A1:F2)   é igual a 140. Calcula o produto dos rendimentos da empresa A, com Valor entre 10 e 16.

=**BDMÉDIA**(Banco_dados;"Rendimento";A1:B2)   é igual a 12. Calcula o rendimento médio da empresa A, Valor acima de 10.

=**BDMÉDIA**(Banco_dados;3;Banco_dados)   é igual a 13. Calcula o tempo médio de todas as empresas do banco de dados.

=**BDEST**(Banco_dados;"Rendimento";A1:A3)   é igual a 2,97. Calcula o desvio padrão estimado do rendimento da empresa A e da B, caso os dados forem apenas uma amostra de todas as empresas.

=**BDDESVPA**(Banco_dados;"Rendimento";A1:A3)   é igual a 2,65. Calcula o desvio padrão verdadeiro do rendimento da empresa A e da B, se os dados representarem toda a população "empresa".

=**BDVAREST**(Banco_dados;"Rendimento";A1:A3)   é igual a 8,8. Calcula a variância estimada no rendimento da empresa A e da B, se os dados forem apenas uma amostra da população total "empresas".

=**BDVARP**(Banco_dados;"Rendimento";A1:A3)   é igual a 7,04. Calcula a variância verdadeira no rendimento da empresa A e da B, caso os dados representem toda a população "empresa".

=**BDEXTRAIR**(Banco_dados;"Rendimento";Critérios)   retornará o valor de erro #NÚM!, uma vez que mais de um registro coincide com os critérios.

PRINCIPAIS FUNÇÕES DO EXCEL

AGORA: mostra a data e a hora.

    Sintaxe: =AGORA()

HOJE: mostra a data e a hora atual.

    Sintaxe: =HOJE()

DIA.DA.SEMANA: serve para mostrar a posição numérica de cada dia na semana.

    Sintaxe: =DIA.DA.SEMANA(ENDEREÇO DA DATA)

TEXTO: serve para colocar o extenso de datas.

    Sintaxe:

    Para meses abreviados:

    =TEXTO(DATA ATUAL;"MMM")

    Para meses completos:

    =TEXTO(DATA ATUAL;"MMMM")

    Para dia da semana abreviado:

    =TEXTO(DATA ATUAL;"DDD")

    Para dia da semana completo:

    =TEXTO(DATA ATUAL;"DDDD")

    Para data completa

    =TEXTO(DATA ATUAL;"DDDD MMMM AAAA")

ANO: coloca o ano atual, com base em uma data.

    Sintaxe: =ANO(DATA)

MÊS: mostra a posição numérica de cada mês.

Sintaxe: =MÊS(DATA)

MÉDIA: calcula a média aritmética de um intervalo.

Sintaxe: =MÉDIA(INTERVALO)

SOMA: efetua a soma de todos os valores de um intervalo.

Sintaxe: =SOMA(INTERVALO)

MÍNIMO: encontra o menor valor em um intervalo.

Sintaxe: =MÍNIMO(INTERVALO)

MÁXIMO: encontra o maior valor em um intervalo.

Sintaxe: =MÁXIMO(INTERVALO)

MAIÚSCULA: põe o conteúdo de uma célula em letra maiúscula.

Sintaxe: =MAIÚSCULA(CÉLULA)

MINÚSCULA: põe o conteúdo de uma célula em letra minúscula.

Sintaxe: =MINÚSCULA(CÉLULA)

PRI.MAIÚSCULA: coloca apenas a primeira letra em maiúscula no conteúdo de uma célula.

Sintaxe: =PRI.MAIÚSCULA(CÉLULA)

CONCATENAR: une o conteúdo de células.

Sintaxe: =CONCATENAR(CÉLULA1, CÉLULA2 ...)

ABS: calcula o valor absoluto de um número.

Sintaxe: =ABS(CÉLULA)

SE: analisa se uma situação é verdadeira ou falsa.

Sintaxe: =SE(TESTE LÓGICO; VALOR VERDADEIRO; VALOR FALSO)

PROCV: procura um valor informado em uma determinada área da planilha.

Sintaxe: =PROCV(VALOR PESQUISADO;INTERVALO DE PESQUISA;COLUNA DA RESPOSTA)

RAIZ: calcula a raiz quadrada de um número.

Sintaxe: =RAIZ(CÉLULA)

POTÊNCIA: calcula a potência de um número em uma base especificada.

Sintaxe: =POTÊNCIA(BASE;EXPOENTE)

CONT.NÚM: calcula a quantidade de células com valores numéricos em um intervalo.

Sintaxe: =CONT.NÚM(INTERVALO)

CONT.VALORES: conta todas as células em um intervalo, com letras ou números.

Sintaxe: =CONT.VALORES(INTERVALO)

CONTAR.VAZIO: verifica quantas células vazias existem em um intervalo especificado.

Sintaxe: =CONTAR.VAZIO(INTERVALO)

EXATO: compara se o conteúdo de duas células é o mesmo.

Sintaxe: =EXATO(CÉLULA1;CÉLULA2)

ROMANO: passa o conteúdo de uma célula para algarismos romanos.

Sintaxe: =ROMANO(CÉLULA)

ARREDONDAR.PARA.CIMA: arredonda um número para cima, de acordo com a quantidade de dígitos especificada.

Sintaxe: =ARREDONDAR.PARA.CIMA(CÉLULA;Nº DÍGITOS)

ARREDONDAR.PARA.BAIXO: arredonda um número para baixo, de acordo com a quantidade de dígitos especificada.

Sintaxe: =ARREDONDAR.PARA.BAIXO(CÉLULA;Nº DÍGITOS)

COMBIN: serve para realizar todas as combinações com um número, de acordo com uma quantidade de dígitos especificada.

Sintaxe: =COMBIN(CÉLULA;Nº DÍGITOS)

REPT: repete o conteúdo de uma célula tantas vezes quanto especificado.

Sintaxe: =REPT(CÉLULA;Nº VEZES)

LOCALIZAR: localiza a posição de determinado caractere em uma célula.

Sintaxe: =LOCALIZAR("caractere";CÉLULA)

CÓDIGO: Mostra o código ASCII de um determinado caractere; é o inverso da CARACT.

Sintaxe: =CÓDIGO(CÉLULA)

CARACT: mostra o caractere correspondente a um número especificado.

Sintaxe: =CARACT(CÉLULA)

NÚM.CARACT: verifica a quantidade de caracteres em uma célula.

Sintaxe: =NÚM.CARACT(CÉLULA)

INT: serve para mostrar somente a parte inteira de um número.

Sintaxe: =INT(CÉLULA)

EXT.TEXTO: seleciona caracteres a partir de quantidade e posição especificada.

Sintaxe: =EXT.TEXTO(CÉLULA;A PARTIR DE;Nº CARACTERES)

ESQUERDA: escolhe caracteres da esquerda para a direita, a partir de uma quantidade especificada.

Sintaxe: =ESQUERDA(CÉLULA;Nº CARACTERES)

DIREITA: seleciona caracteres da direita para a esquerda, a partir de uma quantidade especificada.

Sintaxe: =DIREITA(CÉLULA;Nº CARACTERES)

SOMASE: efetua a soma, de acordo com um critério especificado.

Sintaxe: =SOMASE(INTERVALO;"CRITÉRIO")

E: serve como elo entre funções; a resposta será verdadeira somente se todos os parâmetros de entrada forem verdadeiros.

Sintaxe: =E(CÉLULA1;CÉLULA2)

Sintaxe: =OU(CÉLULA1;CÉLULA2)

CÓDIGO DE ERRO NA PLANILHA

Veja abaixo os códigos de erro encontrados em uma planilha e o significado de cada um:

- Se uma fórmula não puder avaliar devidamente um resultado, o Excel exibirá um valor de erro. Este pode ser o resultado do uso de texto quando uma fórmula espera o uso de um caractere numérico; da exclusão de uma célula que é referenciada por uma fórmula; ou do uso de uma célula que não é grande o suficiente para exibir o resultado.

- Os valores de erro podem não ser causados pela fórmula em si. Exemplo: se uma fórmula mostrar #N/D ou #VALOR!, a célula referenciada pela fórmula poderá conter o erro.

Erro

O erro ##### aparece quando o valor numérico inserido em uma célula é muito grande para ser exibido dentro dela. Você poderá redimensionar a coluna, arrastando o limite entre os cabeçalhos de coluna.

Pode ser que uma fórmula produza um resultado muito longo para se ajustar à célula. Aumente a largura da coluna ou altere o formato de número. Para isso, clique em Célula, no menu Formatar, vá para a guia Número e, em seguida, selecione outro formato.

Ao subtrair datas e horas, certifique-se de que você tenha criado a fórmula corretamente. As datas e horas do Excel devem ser valores positivos. Se a fórmula de data ou hora produzir um resultado negativo, o programa mostrará #### na célula. Para exibir o valor, clique em Células, no menu Formatar, depois em Número e, em seguida, selecione um formato que não seja de data ou hora.

Erro #VALOR!

O erro #VALOR! ocorre quando é usado o tipo de argumento ou operando errado, ou o recurso AutoCorreção não pode corrigir a fórmula. É possível que isso aconteça ao inserir texto quando a fórmula requer um número ou valor lógico, como verdadeiro ou falso, pois o Excel não consegue fazer essa conversão. Certifique-se de que a fórmula ou função esteja com o operando ou o argumento necessários e que as células referenciadas pela fórmula contenham valores válidos. Por exemplo: se A5 contiver um número e A6 o texto "Não disponível", a fórmula =A5+A6 retornará o erro #VALOR!. Para adicionar os dois valores, use a função SOMA, à qual ignora o texto, da seguinte maneira:=SOMA(A5:A6).

Erro #DIV/0!

O erro #DIV/0! acontece quando uma fórmula divide um valor por zero, usa a referência para uma célula em branco ou para uma que contenha zero como um divisor, pois se um operando for uma célula em branco, o Excel interpretará-la como um zero. Para consertar o problema, altere a referência ou insira um valor diferente de zero na célula usada como divisor. Nesta, você pode colocar o valor #N/D, o qual alterará o resultado da fórmula de #DIV/0! para #N/D, a fim de denotar que o valor do divisor não está disponível. Outra maneira é introduzir uma fórmula que contenha divisão explícita por zero, ¾ por exemplo, =5/0.

Erro #NOME?

O erro #NOME? ocorre quando o Excel não reconhece o texto em uma fórmula. **Para resolver o problema, exclua o nome usado na fórmula ou utilize um nome existente.** No menu Inserir, aponte para Nome e, em seguida, clique em Definir. Se o nome não estiver listado, adicione-o, usando o comando Adicionar.

Ao digitar o nome incorretamente, corrija o deslize ortográfico. Para inserir o nome correto na fórmula, selecione-o na Barra de Fórmulas. Aponte para Nome, no menu Inserir, e em seguida, clique em Colar. Na caixa de diálogo Colar nome, clique no que você deseja usar e depois em OK.

Se você digitar o nome de uma função incorretamente, corrija-o. Insira o nome correto da função usando a Caixa de criação de fórmulas. Se a função de planilha for parte de um programa suplementar, este deve estar carregado.

Ao se introduzir texto em uma fórmula, sem colocá-lo entre aspas, o Excel tenta interpretar a entrada como um nome, embora a intenção seja de usá-la como texto.

Coloque o texto, na fórmula, entre aspas. Por exemplo: a fórmula a seguir agrupa o texto "A quantia total é" com o valor na célula B50:="A quantia total é "&B50. Não omita os dois-pontos em uma referência de intervalo. Certifique-se de que todas usem dois-pontos, por exemplo, SOMA(A1:C10).

Erro #N/D

O erro #N/D ocorre quando um valor não se encontra disponível para uma função ou fórmula. Se determinadas células da planilha contiverem dados que ainda não estejam disponíveis, insira o valor #N/D nelas. As fórmulas retornarão #N/D, em vez de tentar calcular um resultado.

Para não fornecer um valor inadequado para o argumento procura_valor na função PROCH, PROC, CORRESP ou PROCV, certifique-se de que o argumento seja o tipo correto de valor ¾. Exemplo: um valor ou uma referência de célula, mas não uma referência de intervalo.

Por padrão, as funções que procuram informações em tabelas devem ser classificadas em ordem crescente. No entanto, as funções de planilha PROCV e PROCH contêm o argumento intervalo_procura, que as instrui na localização de uma correspondência exata, mesmo se a tabela não estiver classificada. Para localizar essa correspondência, defina o argumento como falso.

Para não omitir um ou mais argumentos em uma função de planilha interna ou personalizada, insira todos os argumentos na função. Já para usar uma função de planilha personalizada que não está disponível, certifique-se de que a Pasta de Trabalho que a contém esteja aberta e que aquela esteja funcionando devidamente.

Erro #REF!

O erro #REF! acontece quando uma referência de célula não é válida.

> **Excluir as células referenciadas por outras fórmulas, ou colar as células movidas sobre as células referenciadas por outras fórmulas. Altere as fórmulas, ou restaure as células na planilha, clicando em Desfazer logo após a exclusão ou colagem das células**.

Erro #NÚM!

O erro #NÚM! ocorre quando existe algum problema com um número em uma fórmula ou função. Se você:

Usar um argumento inaceitável em uma função que necessite de um numérico: certifique-se de que os argumentos usados na função sejam os tipos corretos.

Utilizar uma função de planilha que repete, como TIR ou TAXA, e esta não consegue encontrar um resultado: use um valor inicial diferente para a função.

Inserir uma fórmula que produza um número muito grande ou muito pequeno para ser representado no Excel: altere-a, de modo que o resultado fique entre $-1*10^{307}$ e $1*10^{307}$.

Erro #NULO!

O erro #NULO! acontece quando você especifica uma interseção entre duas áreas que não as têm. Para fazer referência às mesmas, use o operador de união (a vírgula). Por exemplo: se a fórmula somar dois intervalos, certifique-se de que haja uma vírgula separando-os (SOMA(A1:A10,C1:C10). Se ela for omitida, o Excel tentará somar as células comuns aos dois intervalos, mas A1:A10 e C1:C10 não as têm, porque não se cruzam. Verifique se há erros de digitação na referência aos intervalos.

TECLAS DE ATALHO

Descrição	Atalho
Aplica o formato com duas casas decimais, separador de milhares e valores negativos.	CTRL+SHIFT+!
Aplica o formato de data, com dia, mês e ano.	CTRL+SHIFT+#
Aplica o formato de hora, como hora e minuto, e indica A.M. ou P.M..	CTRL+SHIFT+@
Aplica o formato de moeda, com duas casas decimais, para números negativos entre parênteses.	CTRL+SHIFT+$
Aplica o formato de número exponencial, com duas casas decimais.	CTRL+SHIFT+^
Aplica o formato de número Geral.	CTRL+SHIFT+~
Aplica o formato Porcentagem, sem casas decimais.	CTRL+SHIFT+%

Informática Elementar
Windows Vista + Excel 2007 + Word 2007

Descrição	Atalho
Aplica ou remove formatação em itálico.	CTRL+I
Aplica ou remove formatação em negrito.	CTRL+N
Aplica ou remove tópicos relacionados.	CTRL+U
Calcula a planilha ativa.	SHIFT+F9
Calcula todas as planilhas em todas as Pastas de Trabalho abertas.	F9
Cancela uma entrada na célula ou na Barra de Fórmulas.	ESC
Cola a seleção.	CTRL+V
Cola um nome em uma fórmula.	F3
Com apenas um objeto selecionado, faz o mesmo com todos os objetos restantes em uma planilha.	CTRL+SHIFT+Espaço
Completa uma entrada de célula e a move para a direita na seleção.	TAB
Completa uma entrada de célula e a move para baixo na seleção.	ENTER
Copia a seleção.	CTRL+C
Copia o valor da célula acima da ativa para esta ou para a Barra de Fórmulas.	CTRL+H
Copia uma fórmula da célula acima da ativa para esta ou para a Barra de Fórmulas.	CTRL+F
Define um nome.	CTRL+F3
Desfaz a última ação.	CTRL+Z
Edita a célula ativa.	F2
Edita um comentário de célula.	SHIFT+F2
Estende a seleção até a célula no canto inferior direito da janela.	SHIFT+End
Estende a seleção até a célula no canto superior esquerdo da janela.	SHIFT+Home
Estende a seleção até a última célula não vazia da mesma coluna ou linha.	End, SHIFT+ Setas
Estende a seleção até a última célula usada na planilha (canto inferior direito).	CTRL+SHIFT+End
Estende a seleção até o início da linha.	SHIFT+Home
Estende a seleção até o início da planilha.	CTRL+SHIFT+Home
Estende a seleção em uma célula.	SHIFT+ Setas
Estende a seleção uma tela para cima.	SHIFT+Page Up
Exclui a seleção.	CTRL+ -
Exclui o caractere à esquerda do ponto de inserção, ou exclui a seleção.	Espaço
Exclui o texto ao final da linha.	CTRL+Delete
Exibe o comando Células (menu Formatar).	CTRL+1
Exibe o comando Imprimir (menu Arquivo).	CTRL+P
Exibe ou oculta a Barra de Ferramentas Padrão.	CTRL+7

Descrição	Atalho
Inicia uma fórmula.	= (sinal de igual)
Inicia uma nova linha na mesma célula.	ALT+ENTER
Insere a data.	CTRL+; (ponto-e-vírgula)
Insere a fórmula AutoSoma.	ALT+= (sinal de igual)
Insere a hora.	CTRL+SHIFT+: (dois-pontos)
Insere um hiperlink.	CTRL+K
Insere uma fórmula como matriz.	CTRL+SHIFT+ENTER
Move o cursor até a célula no canto inferior direito da janela.	End
Move o cursor até a Pasta de Trabalho ou janela anterior.	CTRL+SHIFT+F6 ou CTRL+SHIFT+TAB
Move o cursor até a planilha anterior na Pasta de Trabalho.	CTRL+Page Up
Move o cursor até a próxima Pasta de Trabalho ou janela.	CTRL+F6 ou CTRL+TAB
Move o cursor até a próxima planilha na Pasta de Trabalho.	CTRL+Page Down
Move o cursor até a última célula da planilha.	CTRL+End ou End, Home
Move o cursor até o início da linha ou da célula.	Home ou CTRL+Home
Move o cursor da direita para a esquerda dentro da seleção, ou move-o para uma célula acima.	SHIFT+TAB
Move um bloco de dados dentro de uma linha ou coluna.	End, Setas
Move uma célula, caractere ou página em determinada direção.	Setas
Move o cursor para uma tela à direita.	ALT+Page Down
Move o cursor para uma tela à esquerda.	ALT+Page Up
Oculta colunas ou linhas.	CTRL+0 (zero) ou 9
Recorta a seleção.	CTRL+X
Reexibe colunas ou linhas.	CTRL+SHIFT+) ou (
Remove todas a bordas.	CTRL+SHIFT+_
Repete a última ação.	F4
Move a tela ou a coluna para a esquerda ou para a direita à distância de uma coluna.	Seta à esquerda ou à direita
Move a tela ou a linha para cima ou para baixo à distância de uma linha.	Seta acima ou abaixo
Seleciona a coluna ou a linha inteira.	CTRL ou SHIFT+Espaço
Seleciona a planilha inteira.	CTRL+A
Seleciona a próxima Barra de Ferramentas ou a anterior.	CTRL+TAB ou CTRL+SHIFT+TAB

Descrição	Atalho
Seleciona apenas as células a que são feitas referências por fórmulas.	CTRL+[
Seleciona o próximo botão ou menu na Barra de Ferramentas.	TAB ou SHIFT+TAB
Seleciona somente as células que contêm fórmulas que se referem diretamente às mesmas.	CTRL+]
Seleciona todas as células a que são feitas referências por fórmulas.	CTRL+SHIFT+{
Seleciona todas as células que contêm comentários.	CTRL+SHIFT+O (letra O)
Escolhe somente as células visíveis na seleção atual.	ALT+ponto-e-vírgula
Ativa a Barra de Menus.	F10 ou ALT

Parte 3
Word 2007

Quase sempre, o Word é apresentado como uma simples ferramenta de edição de texto. Porém, o Word 2007 oferece aos usuários uma gama de recursos que vai muito além de um singelo editor de textos. Neste livro, você conhecerá todas as ferramentas oferecidas por este software líder de mercado.

Novos Recursos

Crie documentos com aparência profissional

O Word 2007 fornece instrumentos de edição e revisão para criar documentos com mais facilidade.

Gaste mais tempo escrevendo e menos tempo formatando

Uma interface nova, voltada a resultados, apresenta ferramentas quando você precisa delas, de forma limpa e organizada:

- Economize tempo e obtenha mais resultados dos recursos disponíveis, utilizando o conteúdo de galerias de estilos predefinidos, formatos de tabelas, de listas, efeitos gráficos e muito mais.

- As galerias de opções de formatação fornecem uma visualização do documento antes de você se comprometer a fazer uma alteração.

Verificador Ortográfico

O Verificador Ortográfico está mais consistente nos programas do Microsoft Office 2007. Exemplos incluem:

- Várias opções, agora, são globais. Se você mudar uma delas em um programa do Office, as alterações serão válidas para todos os outros.

Adicione elementos pré-formatados com apenas alguns cliques

O Word 2007 apresenta blocos de construção para adicionar conteúdo pré-formatado aos seus documentos:

Quando você estiver trabalhando em um arquivo com base em um tipo de modelo específico, como um relatório, é possível fazer seleções em uma galeria de folhas de rosto, citações e cabeçalhos e rodapés pré-formatados para tornar mais refinada a aparência do seu documento.

Para personalizar o conteúdo pré-formatado ou usar o exatamente o mesmo, como um texto de aviso de isenção ou informações de contato do cliente, você poderá criar seus próprios blocos de construção, selecionados a partir da galeria.

Converta seus documentos do Word para PDF ou para XPS

O Word 2007 oferece suporte à exportação do arquivo nos seguintes formatos:

- **Portable Document Format (PDF):** é um formato de layout fixo que preserva a formatação do documento e habilita o compartilhamento de arquivo. A extensão PDF garante que, quando for visualizado on-line ou impresso, ele retenha exatamente o formato pretendido e que os dados, no arquivo, não possam ser facilmente alterados; também é usado para documentos que serão reproduzidos utilizando métodos de impressão comercial.

- **XML Paper Specification (XPS)**: é um formato que preserva a formatação de documento e habilita o compartilhamento de arquivos. A extensão XPS garante que, quando for visualizado on-line ou impresso, ele retenha exatamente o formato pretendido e que os dados, no arquivo, não possam ser facilmente copiados ou alterados.

Reduza os tamanhos dos arquivos e melhore a recuperação de corrupção

O novo formato XML do Word 2007 é um arquivo compactado e segmentado, o qual oferece uma grande redução no tamanho do arquivo e ajuda a garantir que os danificados ou corrompidos possam ser recuperados com mais facilidade.

AVISO Todos os arquivos usados neste livro encontram-se disponíveis para download na página http://www.altabooks.com.br.

Microsoft® WORD 2007

CAPÍTULO 23
Introdução

Informática Elementar
Windows Vista + Excel 2007 + Word 2007

Para iniciar o Word, você poderá utilizar o ícone Microsoft Office Word 2007, criado no menu Iniciar, ou então ativar a opção **Executar** e digitar **WinWord,** conforme mostrado abaixo:

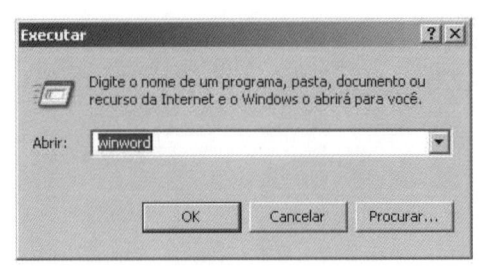

A TELA DO WORD

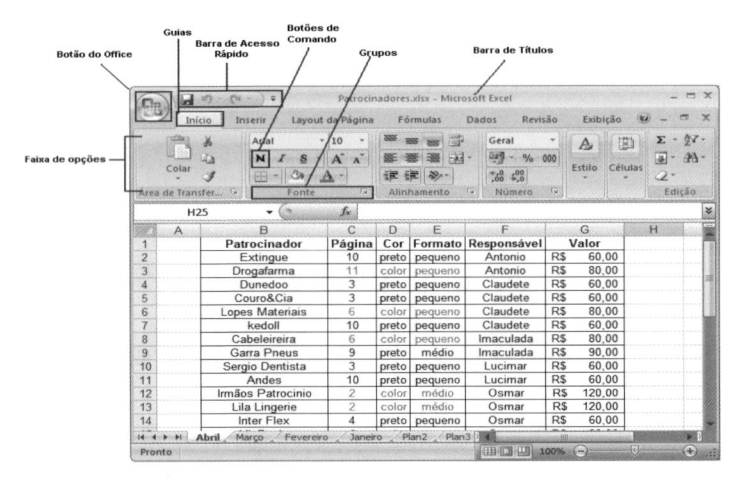

A BARRA DE FERRAMENTAS DE ACESSO RÁPIDO

Quando você entrar pela primeira vez no Word, ele exibirá um documento em branco, pronto para receber dados. Na primeira linha da tela, está localizada a Barra de Ferramentas de Acesso Rápido, onde se encontram os comandos mais comuns do dia-a-dia.

GUIAS

As guias do programa aparecem na tela de acordo com o objeto selecionado na página. Por exemplo: se fôr uma imagem, as guias de Ferramentas de Imagem recebem foco colorido e exibem comandos para formatação da imagem.

BOTÃO DO MICROSOFT OFFICE

O Botão do Microsoft Office substitui o menu Arquivo e está localizado no canto superior esquerdo dos programas do Microsoft Office 2007.

Quando você clicá-lo, verá os mesmos comandos básicos disponíveis nas versões anteriores do Microsoft Office para abrir, salvar e imprimir arquivos.

No entanto, na versão 2007 do Microsoft Office, existem mais comandos, como Concluir e Publicar. Exemplo: nos programas Word, Excel e PowerPoint, ao apontar para Concluir e clicar em Inspecionar Documentos, você poderá verificar se há informações pessoais ou metadados ocultos em um arquivo.

No Outlook 2007, ao ler ou criar uma mensagem, uma tarefa, um contato ou um item do calendário, você verá o novo Botão do Microsoft Office.

> **DICA**: se você posicionar o mouse sobre cada botão, o Word fornecerá uma pequena explicação sobre cada um deles, logo abaixo do mesmo, e uma mais detalhada na última linha do vídeo, na Barra de Status que estudaremos a seguir.

BARRA DE FERRAMENTAS DE FORMATAÇÃO

Localizada logo abaixo da Barra de Ferramentas de Acesso Rápido, esta guia contém os principais comandos para se formatar um texto. Nela encontramos estilos de texto, tipos e tamanho de fontes, opções de parágrafo etc.

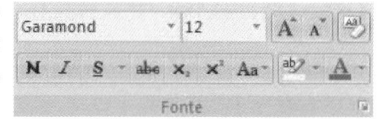

A RÉGUA

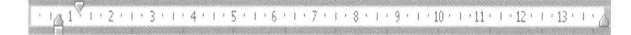

É na régua que definimos os recuos de nossos trabalhos. A régua traz as medidas em centímetros, porém podemos definir outra unidade de medida. Existem quatro ferramentas básicas para definição de recuos. Do lado esquerdo, temos dois triângulos opostos e um pequeno quadrado embaixo deles. O triângulo e quadrado de baixo determinam o início da segunda e demais linhas do texto.

DEFININDO MARGENS

O processo de definição de margens mostra-se como um dos mais importantes itens dentro do Word, pois, antes mesmo de iniciar o texto a ser digitado, há que se determinar os limites desse dentro da página e o tipo desta. Muitas vezes, ao se criar um trabalho usando normas como as da ABNT, você terá que seguir regras preestabelecidas de margens. Para defini-las, siga os passos abaixo:

1. Abra o arquivo **Água.docx** ou qualquer outro que você tenha.

2. Selecione todo o texto, pressionando as teclas **CTRL + T**.

3. Clique na guia **Layout da Página.**

4. Em seguida, no botão **Margens** e no **Margens Personalizadas**.

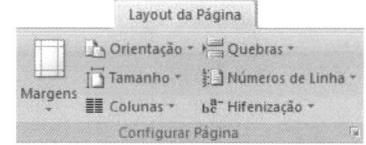

5. Coloque as medidas como mostrado acima e escolha o modo Retrato, o qual coloca a folha na posição vertical. Quando você desejar criar um diploma, aviso ou documento horizontal, basta mudar para **Paisagem**. Agora pressione a tecla OK e note que, automaticamente, o texto estará ajustado às novas margens.

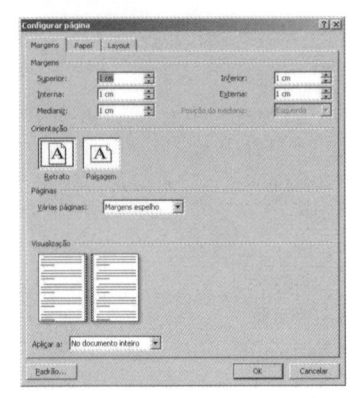

6. Para alterar as margens de apenas uma parte, selecione o texto, clique em **Margens Personalizadas**, na guia **Layout da Página**, selecione **Margens** e as defina como desejado. Na caixa **Aplicar a**, clique em **Texto selecionado**.

DEFININDO PARÁGRAFOS

Para criarmos um parágrafo, veja os passos abaixo:

1. Selecione o primeiro parágrafo do arquivo **Água.docx**. Para tanto, posicione o cursor ao lado da primeira letra do parágrafo, pressione o botão esquerdo do mouse e arraste até o fim do mesmo.

2. Caso a régua não esteja sendo exibida, clique no botão, acima da **Barra de Rolagem** lateral.

3. Na régua **horizontal**, arraste o marcador **Recuo da primeira linha** para a posição em que o texto deve ter início;

DEFININDO PARÁGRAFOS COM PRECISÃO

1. Selecione a guia **Layout da Página**.

2. Na opção **Recuar** e **Espaçamento**, selecione a seta ao lado da palavra **Parágrafo** e defina a medida desejada, como demonstrado ao lado.

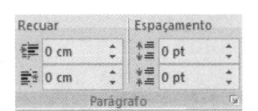

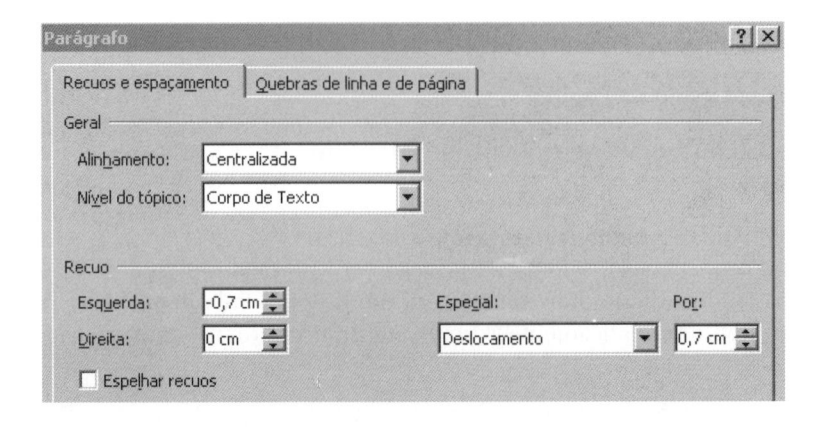

A caixa de diálogo Parágrafo permite a configuração de Margens e Alinhamento do Texto.

Defina as configurações de margem conforme mostrado abaixo:

Margem Esquerda: 5,0 cm

Margem Direita: 5,0 cm

Margem Superior: 7,0 cm

Margem Inferior: 7,0 cm

DEFININDO TABULAÇÕES

As tabulações permitem que você alinhe um texto à esquerda, à direita, centralizado, de acordo com um número decimal ou com barra. Pode-se também inserir caracteres específicos, automaticamente, como pontos ou traços, antes das tabulações. Selecione o parágrafo no qual deseja definir uma marca de tabulação e siga um dos seguintes procedimentos:

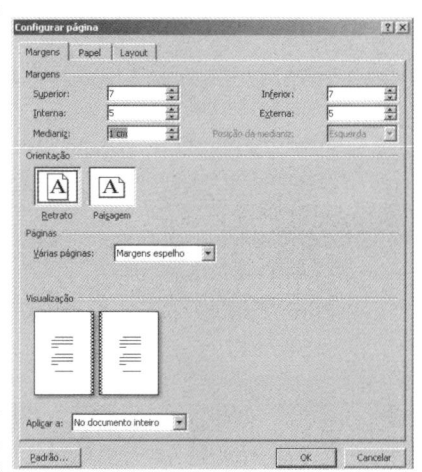

1. Clique em, na extremidade esquerda da régua horizontal, até obter o tipo de tabulação desejado: Esquerdo, Direito, Centralizado, Decimal ou Barra.

2. Na régua horizontal, clique no ponto em que você deseja definir uma marca de tabulação.

3. Para retirar uma marca de tabulação, basta clicar e arrastá-la para fora da **régua horizontal**.

4. As duas opções finais no seletor de tabulações são, na realidade, para recuos. Você pode clicar nelas e, em seguida, clicar na régua para posicionar os recuos, em vez de deslizar os marcadores ao longo dela. Clique em **Recuo da primeira linha** e, em seguida, clique na metade superior da régua horizontal, onde deseja que a primeira linha do parágrafo se inicie. Clique em **Recuo deslocado**. Depois, clique na metade inferior da régua horizontal, onde deseja que a segunda e as demais linhas comecem.

Para digitar o texto usando a tabulação, basta pressionar a tecla TAB e o cursor se posiciona na primeira marcação de tabulação.

> **DICA** Para definir medidas precisas, clique em **Tabulação,** na janela **Parágrafo**, insira as medidas desejadas em **Posição da parada de tabulação** e clique em **Definir**. Veja :

BARRAS DE ROLAGEM

O Word tem duas Barras de Rolagem de texto, uma vertical, localizada à direita do vídeo e uma horizontal, na parte inferior. Estas barras facilitam o deslocamento pelo texto, fazendo com que você se movimente do início para o final do documento em um simples arrastar do mouse. Na Barra de Rolagem Vertical, encontramos algumas ferramentas interessantes. Uma seta para cima movimenta o texto nessa mesma direção, enquanto uma seta para baixo o leva para o lado oposto. As caixas contendo duas setas servem para passar de uma página a outra.

No **Word 2007,** vale salientar que a movimentação dentro de um texto também pode ser feita clicando e arrastando a Barra de Rolagem e, à medida que a fôr movimentando com o mouse, aparecerá ao lado o número e o título da página.

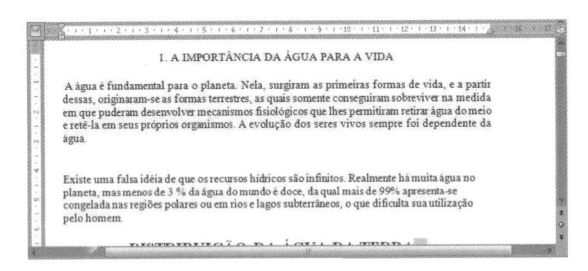

Pode-se, ainda, clicar no botão **Selecionar objeto da procura**, na parte inferior da Barra de Rolagem Vertical, e selecionar a opção **Ir para**.

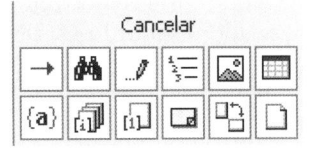

Do lado esquerdo da Barra de Rolagem Horizontal, encontram-se alguns botões, cuja função é definir o tipo de visualização de texto durante a edição. Vejamos o que é isso:

- O primeiro botão é o modo Layout de Impressão. Com este, você pode visualizar como os objetos serão posicionados na página impressa. Para alterar para o modo Layout de página, clique em **Layout de página,** no menu **Exibir,** ou no 3º botão da Barra de Rolagem Horizontal. Esse é o modo mais utilizado para a criação de textos.

- O segundo botão é o modo **Leitura em Tela Inteira**, que oculta todas as barras de ferramentas e exibe apenas as páginas do texto.

- O terceiro botão é o **Layout da Web**, que "otimiza" o layout para facilitar a leitura on-line. O texto é exibido em tamanho maior e se ajusta à janela, em vez de aparecer como será impresso. Por padrão, inclui um painel de navegação "redimensionável", denominado Estrutura do Documento, o qual mostra o modo de tópicos da estrutura do documento. Clicando em um tópico, você pode ir, instantaneamente, para aquela parte do texto.

- O quarto botão é o modo **Estrutura de Tópicos,** com o qual você pode escolher visualizar somente os títulos principais.

- O quinto botão é o modo de exibição **Rascunho**, por meio do qual o Word mostra somente o texto, sem formatação de página e objetos gráficos.

A BARRA DE STATUS

Localizada na última linha do vídeo, mostra as mais variadas informações. Se você estiver no modo de edição, ou seja, se o cursor estiver piscando dentro da área de edição, a barra apresentará as seguintes informações (da esquerda para direita):

- Número da página atual
- Total de páginas
- Total de palavras
- Revisor
- Idioma

NOVO ARQUIVO

Para abrir um arquivo, vá até o Botão do Microsoft Office e clique em Novo.

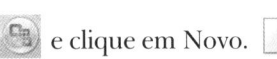

Escolha a opção **Documento em branco**, como mostrado ao lado.

- Nesta tela, você pode optar por abrir um documento em branco ou usar um dos modelos (cartas, currículos, calendários) predefinidos do Word.

- Selecione **Documento em branco** para abrir um novo documento.

- Digite o seguinte texto:

"Se você não tiver certeza da função de um determinado comando ou botão, ou se desejar saber mais sobre uma opção em uma caixa de diálogo, é possível obter ajuda através de dicas de tela, às quais mostram informações sobre diferentes elementos."

NOTA Para abrir um arquivo através do botão **Novo**, basta dar um clique sobre ele. Lembre-se que o Word sempre cria um documento baseado no modo Normal, porém podemos selecionar o tipo de modo necessário no menu.

CRIANDO UM NOVO ARQUIVO A PARTIR DE UM MODELO

O Word permite que você utilize modelos predefinidos de documentos. Essa funcionalidade poupa muito tempo no que se refere à formatação. Entre os modelos, há cartas, currículos, boletins etc. Veja como abrir um documento a partir de um modelo ou assistente:

1. Clique no Botão do Microsoft Office.

2. Nas opções laterais que aparecem, escolha **Modelos/Modelos Instalados**.

3. Depois, selecione **Currículo: Urbano.**

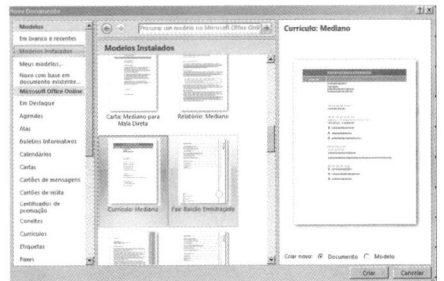

3. O seguinte modelo será exibido:

Nome
[Digite seu endereço]
[Digite o telefone]
[Digite o número do fax]
[Digite seu site]

Objetivo   [Digite seus objetivos]
Qualificações   • [Digite a lista de qualificações]
Formação   [Digite o nome da escola]
                [Digite a data de conclusão]
                • [Digite a lista de realizações]
Experiência   [Digite o cargo]
                [Digite a data de início]– [Digite a data de término]
                [Digite a responsabilidade do cargo]

4. Altere os dados à seu gosto ou siga o exemplo abaixo:

Bryan Braga
Av. Nações Unidas, 125
(00)5555-1245
(0)5555-1246
www.altabooks.com.br

Objetivo   Assistente administrativo de empresas de médio e grande porte situadas na cidade de São Paulo.
Qualificações   • Cursando Universidade de Administração de Empresas
Formação   2º Semestre do 4º ano de Administração de Empresas pela Fundação Getúlio Vargas
                Conclusão em 2007
Experiência   Auxiliar de Departamento Pessoal
                Dez 2006– Mar 2007

GRAVANDO ARQUIVOS

Veremos agora como salvar um arquivo no Word. Assim como para abrir, pode-se gravá-lo pelo Botão do Microsoft Office ou pela **Barra** de **Ferramentas** de **Acesso Rápido**, por meio do botão **Salvar**.

Siga as instruções:

1. Dê um clique no Botão do Microsoft Office. Nele, temos várias opções de gravação:

Salvar	Se o arquivo já tiver um nome, grava somente as alterações, senão há que se nomear o novo arquivo.
Salvar Como	Grava o arquivo atual com um novo nome, ou seja, duplica-o, deixando o original intacto. Muito usado quando se deseja utilizar um arquivo como base para a criação de outro.
Salvar como Modelo	Ao salvar um documento do Word como modelo, quando acessá-lo novamente, o original se mantém intacto, abrindo uma cópia para modificações.

2. Escolha **Salvar**. A caixa de diálogo **Salvar como** se abre, pois é a primeira vez que o texto é gravado. Veja ao lado.

3. Selecione o diretório onde deseja salvar o arquivo.

4. Posicione o ponteiro do mouse na caixa **Nome do arquivo**. Dê um clique e digite **Curriculum.docx** para nomear o arquivo (não precisa escrever .docx).

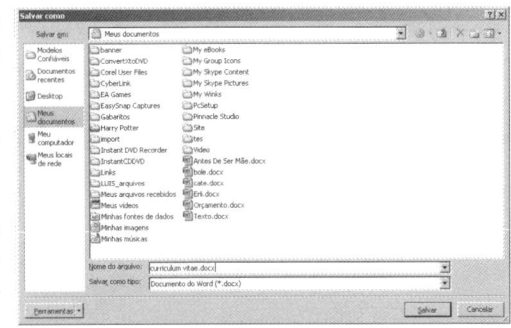

5. Escolha **Salvar,** para que o Word realize a gravação, ou **C**ancelar, para o oposto.

> **NOTA** O botão Salvar da Barra de Ferramentas de Acesso Rápido é equivalente à opção **Salvar** do Botão do Microsoft Office. Dê um clique no último para ver o resultado.

> **DICA** Não se esqueça de salvar o arquivo enquanto estiver escrevendo; isso evitará que, em caso de pane elétrica, haja perda dos dados já digitados.

ABRINDO ARQUIVOS

Existem duas formas de se abrir um arquivo que já esteja gravado no disco. A primeira é pelo menu **Arquivo** e a segunda, pelo botão Abrir, da Barra de Ferramentas Padrão.

Siga os passos:

1. Clique no Botão do Microsoft Office e selecione a opção **Abrir**. Em seguida, é apresentada a caixa de diálogo **Abrir**, mostrando o diretório e os arquivos, conforme mostra a figura ao lado.

2. Digite **Água** na caixa Nome do arquivo; em seguida, clique em **Abrir**.

> **NOTA:** pelo botão Abrir, o processo é o mesmo, com a vantagem de não precisarmos acessar o Botão do Microsoft Office.

Ou

É possível ainda utilizar a opção **Pesquisar, Todos os arquivos e pastas, do Menu Iniciar**. Para vermos como funciona, siga as seguintes etapas:

1. Menu Iniciar.

2. Pesquisar/ Todos os arquivos e pastas

3. Digite o nome do arquivo.

4. Clique em **Pesquisar.**

5. Dê um clique duplo, sobre o arquivo, para abri-lo.

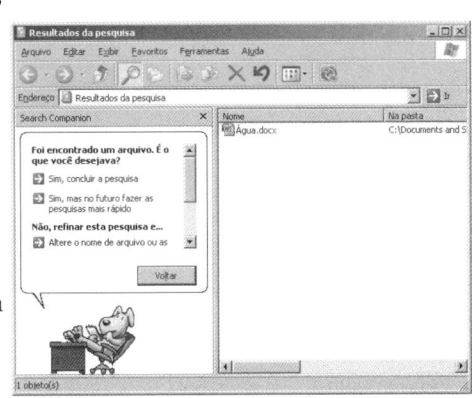

TECLAS DE MOVIMENTAÇÃO

Para nos movimentarmos pelo documento, podemos usar as seguintes teclas:

CTRL Home -> vai, de qualquer parte do documento, para a primeira página.

CTRL End -> vai, de qualquer parte do documento, para a última página.

F5 -> vai, de qualquer parte do documento, para a página especificada na janela **Ir para:**.

CTRL Page Up -> movimenta o cursor uma página acima.

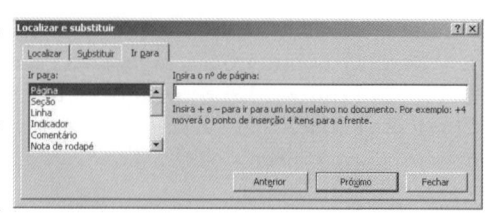

Ctrl Page Down -> movimenta o cursor uma página abaixo.

Setas -> movimentam o cursor de linha em linha (para cima, para baixo, à direita e à esquerda).

Home -> início da linha.

End -> fim da linha.

FECHANDO UM ARQUIVO

Pode-se fechar um arquivo utilizando a opção **Fechar** no Botão do Microsoft Office ou, se preferir, pelo atalho de teclado **CTRL + F4**. Se o texto estiver gravado, o arquivo é simplesmente fechado. Caso contrário, uma mensagem é exibida, perguntando se você deseja salvar, ou não, a última alteração feita no arquivo.

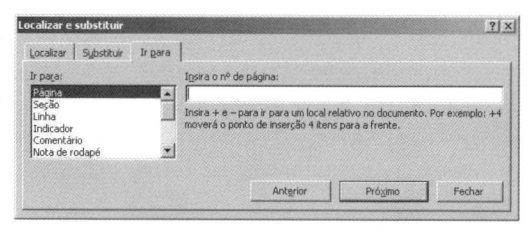

FIXANDO O APRENDIZADO

1. Entre no Word.

2. Explique, resumidamente, a utilidade dos seguintes itens:

Barra de Ferramentas de Acesso Rápido;

Comando CTRL + F4;

Botão do Microsoft Office;

Guia de Formatação;

Barra de Status;

Margens.

3. Abra um novo documento e defina as seguintes configurações:

Margem Esquerda: 4,0 cm

Margem Direita: 2,0 cm

Parágrafo: 2,0 cm

Margem Superior: 4,0 cm

Margem Inferior: 4,5 cm

4. Digite o texto abaixo:

Como as fonte de dados funcionam

Pode-se pensar em uma fonte de dados como uma tabela. Cada coluna corresponde a uma categoria de informação ou campo de dados. Por exemplo: nome, sobrenome, endereço e CEP.

O nome de cada campo é listado na primeira linha de células, à qual é chamada de registro de cabeçalho. Cada linha subseqüente contém um registro de dados, ou seja, um conjunto completo de informações relacionadas. Exemplo: o nome e o endereço de um destinatário.

Quando você completar a mesclagem, as informações de destinatários individuais serão mapeadas para os campos que você incluiu no documento principal.

5. Olhe na Barra de Status e responda:

Em qual página você está trabalhando?

Qual o número da linha onde está o cursor?

6. Abra um novo arquivo e digite o texto abaixo (com tabulação):

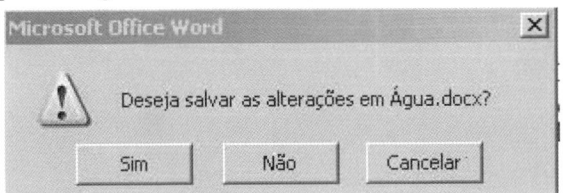

7. Grave o arquivo com o nome de **Vendas.docx**.

8. Abra o arquivo **Água.docx**.

9. Escreva o seu nome no final do arquivo.

10. Vá até a página 2, usando os comandos de movimentação.

11. Vá para o início do arquivo, usando os comandos de movimentação.

12. Abandone o arquivo sem gravá-lo.

13. Feche todos os arquivos abertos sem salvá-los.

Microsoft® WORD 2007

CAPÍTULO 24

Formatação

FORMATAÇÃO

Neste capítulo, você aprenderá como formatar um texto aplicando estilos, fontes e alinhamentos, tornando-o mais legível e apresentável. Veja maiores detalhes:

TAMANHO E TIPO DE LETRA

Através do botão Fonte, da Barra de **Ferramentas de Formatação,** é possível determinar o tipo de letra que desejamos usar no documento. Não se preocupe em escolher o formato certo, pois, se depois de digitado o documento, você não gostar da fonte escolhida, basta selecionar o texto e mudá-la.

Veja o exemplo:

1. Abra o arquivo **Severino.docx.**

2. Selecione o título do arquivo.

3. O texto deve ficar destacado (selecionado), como abaixo:

Morte e Vida Severina

— O meu nome é Severino,
como não tenho outro de pia.
Como há muitos Severinos,
que é santo de romaria,
deram então de me chamar
Severino de Maria
como há muitos Severinos
com mães chamadas Maria,
fiquei sendo o da Maria
do finado Zacarias.
Mais isso ainda diz pouco:
há muitos na freguesia,
por causa de um coronel
que se chamou Zacarias
e que foi o mais antigo
senhor desta sesmaria.
Como então dizer quem falo
ora a Vossas Senhorias?
Vejamos: é o Severino
da Maria do Zacarias,
lá da serra da Costela,
limites da Paraíba.

João Cabral de Melo Neto

4. Agora clique sobre a seta para baixo no botão Fonte, da Barra de Ferramentas de Formatação. A caixa se abre para selecionar um novo tipo de Fonte. Escolha **Algerian** e verifique a mudança da letra.

Tamanho da fonte:

5. Como o texto ainda está selecionado, posicione o mouse na seta do botão **Tamanho da fonte**. Dê um clique e a listagem de tamanhos se abrirá. Selecione o 26, como mostra a figura ao lado.

6. Movimente o cursor para o fim do documento, no verso: "limites da Paraíba.".

7. Posicione o ponteiro do mouse na primeira palavra do verso.

8. Clique e arraste até a última palavra. Se o texto estiver selecionado, prossiga; do contrário, repita as duas operações anteriores.

9. Selecione a fonte **Verdana** e o tamanho 18. Observe a mudança: limites da Paraíba.

10. Feche o arquivo sem gravar.

NEGRITO – ITÁLICO - SUBLINHADO

O processo que se segue para sublinhar uma fonte, colocá-la em negrito ou itálico é o mesmo para alterar seu tamanho e tipo, ou seja, primeiro selecione o texto e, em seguida, clique no botão desejado.

Os botões Negrito, Itálico e Sublinhado são mostrados abaixo:

Negrito **N**

Itálico *I*

Sublinhado S

Vamos testar os comandos referidos:

1. Abra o arquivo **Água.docx,** caso não esteja aberto.

2. Selecione o parágrafo com o seguinte título: "**A importância da água para a vida**"

3. Posicione o ponteiro do mouse sobre o botão Negrito e dê um clique (note que a letra parece inflar).

4. Clique no botão Itálico (perceba que a letra se inclina para a direita).

5. Pressione o botão Sublinhado (observe o traço embaixo do título).

6. Feche o arquivo sem gravar.

Para desativar os comandos, basta clicar novamente sobre os botões.

FORMATANDO PELO TECLADO

Você poderá executar os comandos também pelo teclado. Veja como:

Pressione:

CTRL + N – Negrito   CTRL + I – Itálico   CTRL + S – Sublinhado

ALINHAMENTO

Uma das formas de se alterar o alinhamento de um texto é por meio da Barra de Ferramentas de **Formatação**. Logo após o botão Sublinhado, localize quatro botões parecidos com uma folha, os quais servem para controlar o alinhamento do texto. Posicione o ponteiro do mouse sobre eles e verifique o tipo de alinhamento.

Alinhar à esquerda

Centralizar

Alinhar à direita

Justificar

Para exercitar o alinhamento de textos:

1. Abra o arquivo **Tecnologia.docx**.

2. Posicione o ponteiro do mouse no início do primeiro parágrafo.

3. Pressione o botão **Centralizar**. Note que o parágrafo ficou alinhado ao centro.

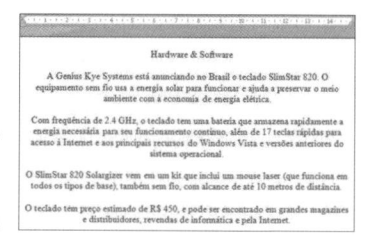

Centralizar

4. Clique agora no botão **Alinhar à direita**. Perceba que o texto se alinha pela margem direita. Confira a seguir:

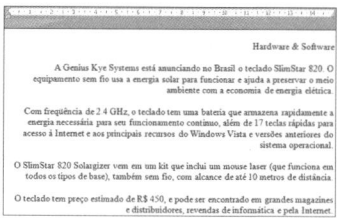

5. Clique no botão **Justificar**. Observe que o texto se alinha pela margem esquerda e pela direita. Confira o resultado:

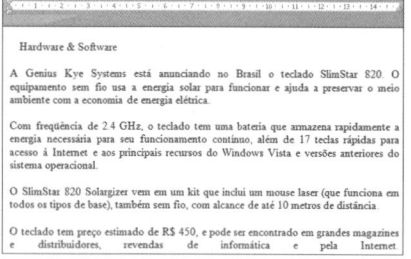

Alinhar à direita

Justificar

MAIS OPÇÕES

Pode-se também utilizar o menu para fazer alterações de fonte em um texto. Lembre-se que, dessa maneira, os comandos se apresentam mais completos do que pela Barra de Ferramentas de Formatação.

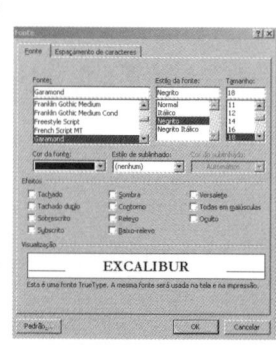

1. Abra o arquivo **Excalibur.docx**.

2. Selecione todo o texto, pressionando as teclas **CTRL + T**.

3. Vá até a guia Formatar e clique na opção **Fonte**.

4. Note a maior quantidade de opções oferecidas em relação à Barra de Ferramentas de Formatação.

5. Na aba **Fonte,** você poderá formatar a fonte com as seguintes opções:

Fonte: muda o tipo de fonte.

Estilo da fonte: muda o estilo da fonte (negrito e itálico).

Tamanho: altera o tamanho da fonte.

Cor da fonte: altera a cor da fonte.

Estilo de sublinhado: altera o estilo de sublinhado. Pode-se optar pelo sublinhado padrão ou somente palavras, tracejado, duplo.

Cor do sublinhado: permite mudar a cor do sublinhado.

EFEITOS:

Tachado – traça uma linha sobre o texto selecionado. Times New Roman

Tachado duplo – traça uma linha dupla sobre o texto selecionado Times New Roman

Sobrescrito – coloca o texto selecionado acima da linha de base e diminui seu tamanho. Muito utilizado para notações químicas e matemáticas 12^2

Subscrito – põe o texto selecionado abaixo da linha de base e diminui seu tamanho. Muito utilizado para notações químicas e matemáticas. O_2H_2

Sombra – aplica uma sombra ao texto selecionado. Arial

Contorno – retira o preenchimento do texto, mostrando apenas a borda da fonte.

Relevo – faz com que o texto apareça em relevo na página. Times New Roman

Baixo relevo – faz com que o texto apareça estampado na página. Times New Roman

Versalete – coloca o texto selecionado em letras maiúsculas, mas mantém a fonte com tamanho menor. TIMES NEW ROMAN

Todas em maiúsculas – coloca o texto selecionado inteiro em letras maiúsculas.

Oculto – oculta um texto para que não seja visualizado e nem impresso, podendo ser recuperado, depois, com outro comando.

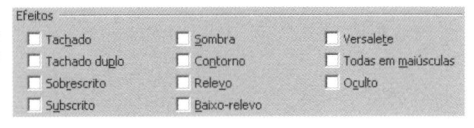

Na aba **Espaçamento de caracteres,** é possível definir o espaço entre as letras:

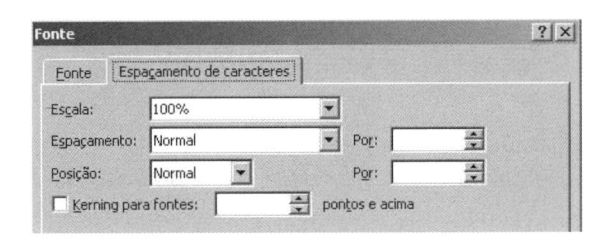

FORMATAÇÃO DE TEXTO USANDO ESTILOS

Um estilo é um conjunto de características de formatação que pode ser aplicado ao texto, a tabelas e a listas para alterar rapidamente a aparência de um documento. Ao utilizá-lo, você aplica um grupo inteiro de formatos de uma vez, em uma simples operação. Por exemplo: ao invés de se seguir três etapas separadas para formatar um título como **Arial, 16 pontos e centralizado**, você pode obter o mesmo resultado em apenas uma única etapa, aplicando o estilo de título.

Veja a seguir os tipos de estilos que podem ser criados e aplicados:

Um **estilo de parágrafo** controla todos os aspectos da aparência de um parágrafo, como alinhamento do texto, paradas de tabulação, espaçamento da linha e das bordas. Pode-se incluir formatação de caractere.

Um **estilo de caractere** afeta o texto selecionado em relação à fonte, ao tamanho do texto e aos formatos Negrito e Itálico.

Um **estilo de tabela** fornece uma aparência consistente para bordas, sombreamento, alinhamento e fontes em tabelas.

Um **estilo de lista** aplica alinhamento, caracteres de numeração ou marcador e fontes semelhantes às listas.

Você pode criar, exibir e reaplicar estilos a partir do painel de tarefas Estilos e Formatação. A formatação aplicada também é armazenada nesse painel, para que seja possível reaplicá-la de novo rapidamente.

CRIANDO UM NOVO ESTILO

1. Localize, na Barra de Ferramentas de Formatação, a opção **Estilo**, como mostra a imagem ao lado:

2. No painel de tarefas **Estilos e Formatação**, clique no botão **Novo estilo**.

3. Na caixa **Nome**, digite um nome para o estilo.

4. Escolha as opções relativas a seu estilo e clique em **OK**.

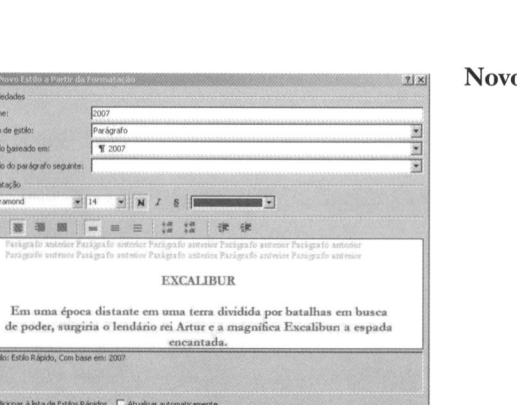

Novo estilo

MODIFICANDO UM ESTILO

1. Abra a ferramenta **Estilos e Formatação**

2. Clique, com o botão direito do mouse, no estilo que você deseja alterar e clique em **Modificar**.

3. Selecione todas as opções desejadas.

4. Para ver mais opções, clique em **Formatar** e, em seguida, no atributo que você deseja alterar – como **Fonte** ou **Numeração**.

5. Clique em **OK** e, depois, repita o procedimento, caso deseje alterar mais atributos.

EXCLUINDO ESTILOS

1. Abra a ferramenta **Estilos e Formatação**

2. Clique, com o botão direito do mouse, no estilo que você queira excluir e, em seguida, escolha **Excluir**.

APLICANDO UM ESTILO DIFERENTE

1. Clique nas palavras, nos parágrafos, na lista ou na tabela que deseja alterar.

2. Abra a ferramenta **Estilos e Formatação.**

3. Clique no estilo desejado.

COLOCANDO NUMERAÇÃO DE PÁGINA

Quando você entra no Word, ele está configurado a não colocar numeração de página nos documentos. Pode-se alterar isto facilmente, pondo a numeração de página ao centro, à direita ou à esquerda da página.

1. Abra o arquivo **O príncipe e o povo.docx**.

2. Acesse o menu **Inserir** e selecione **Número de Página**.

3. Na caixa de diálogo **Número de Páginas** selecione:

> 1. Se a numeração vai estar no início ou no final da página.
>
> 2. Se vai estar alinhada à direita, ao centro ou à esquerda.
>
> 3. Veja a ilustração ao lado.

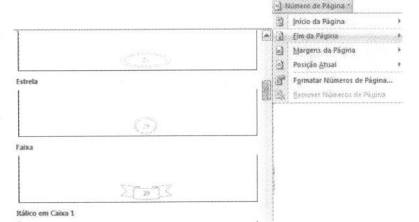

Há também que se definir qual o estilo do número usado e quando a numeração deve ser iniciada. Para tanto, basta clicar sobre o botão Formatar Números de Página, dentro da caixa **Número de Página**. Na tela que aparece, escolha o tipo (romano, letras, numerais) e o número da primeira página.

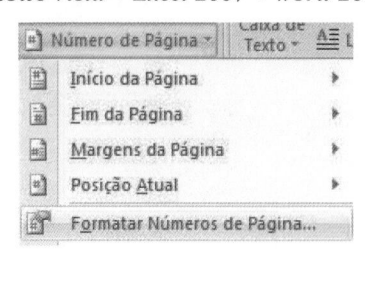

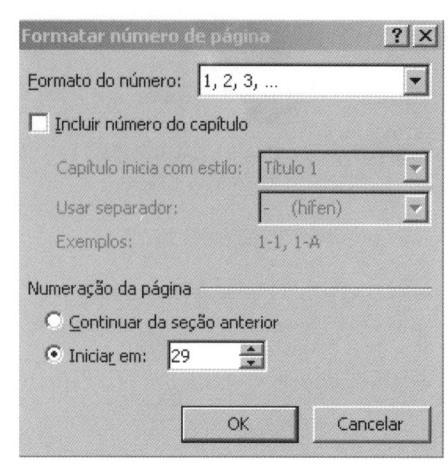

ESPAÇAMENTO ENTRE LINHAS

Muitos trabalhos científicos, como as monografias de curso superior, precisam seguir as regras da ABNT (Associação Brasileira de Normas Técnicas) para serem aprovados.

Uma dessas regras é o espaçamento entre linhas, o qual determina a quantidade de espaço vertical entre as linhas do texto. O Word usa o espaçamento **simples** por padrão. Quando um espaçamento é escolhido, afeta todas as linhas de texto no parágrafo selecionado ou no que contém o ponto de inserção. Define-se o mesmo na guia **Parágrafo** (Barra de **Ferramentas de Formatação**). Também é possível mudá-lo usando o botão **Espaçamento entre linhas** da mesma barra.

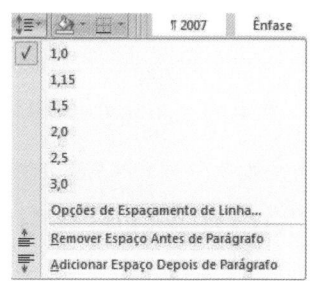

Abaixo, alguns tipos de espaçamento usados:

Simples -> acomoda a maior fonte possível nessa linha, além de uma pequena quantidade de espaço adicional, à qual varia de acordo com a fonte usada.

1,5 linha -> espaçamento de tamanho uma vez e meio maior do que o simples. Por exemplo: se fôr usado um espaçamento de 1,5 linha para um texto com tamanho de 10 pontos, aquele será de aproximadamente 15 pontos.

Duplo -> duas vezes o tamanho do espaçamento simples entre linhas. Por exemplo: em linhas com espaçamento duplo e com texto de 10 pontos, o espaço entre linhas será de aproximadamente 20 pontos.

FIXANDO O APRENDIZADO

1. Abra o arquivo Tecnologia.docx.

2. Faça com que o mesmo fique como mostrado a seguir:

> ### Hardware & Software
>
> <u>A Genius Kye Systems está anunciando no Brasil o teclado SlimStar 820. O equipamento sem fio usa a energia solar para funcionar e ajuda a preservar o meio ambiente com a economia de energia elétrica.</u>
>
> *Com freqüência de 2.4 GHz, o teclado tem uma bateria que armazena rapidamente a energia necessária para seu funcionamento contínuo, além de 17 teclas rápidas para acesso à Internet e aos principais recursos do Windows Vista e versões anteriores do sistema operacional.*
>
> O SlimStar 820 Solargizer vem em um kit que inclui um mouse laser também sem fio que funciona em todos os tipos de base, com alcance de até 10 metros de distância.
>
> O teclado tem preço estimado de R$ 450, e pode ser encontrado em grandes magazines e distribuidores, revendas de informática e pela Internet.

3. Abra um novo arquivo e digite o texto abaixo:

$C_3H_8P_7$ 17^{-2}

Microsoft®
WORD 2007

CAPÍTULO 25
Copiando e Recortando

Assim como outros aplicativos do Windows, o Word permite que você copie, cole e recorte textos e figuras com enorme facilidade, melhorando a edição de um texto.

COPIANDO PARTE DE UM DOCUMENTO

botão Copiar
botão Colar

Para se copiar uma parte do texto, primeiramente deve-se selecioná-la, depois usa-se o botão **Copiar** da guia **Início**.

Vamos exercitar:

1. Abra o arquivo **Excalibur.docx.**

2. Selecione as três primeiras linhas do documento (clique com o mouse e arraste até a linha 3).

> EXCALIBUR
>
> Em uma época distante em uma terra dividida por batalhas em busca de poder, surgiria o lendário rei Artur e a magnífica Excalibur: a espada encantada.

3. Clique em **Copiar,** na guia Início. O texto que está marcado é copiado para a memória do computador.

4. Vá para o final do documento, pressionando as teclas **CTRL + End**. Clique, então, em **ENTER,** para abrir uma nova linha.

5. Clique em **Colar,** na Guia Início. O texto é copiado da memória do computador para a posição atual do cursor.

6. Veja que o texto foi colocado na nova posição, mas não é removido da posição anterior.

> Ele a lançou no ar e a fada, apanhando Excalibur desapareceu nas águas.
>
> Quando Lancelot retornou para o local da batalha, pôde ver o corpo do rei Artur em um barco, levado para Avalon por quatro fadas, a fim de ir ao encontro de seu descanso final.
>
> Em uma época distante em uma terra dividida por batalhas em busca de poder, surgiria o lendário rei Artur e a magnífica Excalibur: a espada encantada.

7. Feche o arquivo sem gravar.

> **DICA** O processo de copiar e colar pode, também, ser realizado pelo teclado. Para isso, depois do texto selecionado, pressione as teclas **CTRL +** C (copiar) e **CTRL + V** (colar).

MOVENDO PARTE DE UM DOCUMENTO

botão Recortar

Para mover uma parte do texto, primeiramente temos que selecioná-la, depois usar o botão **Recortar** da Barra de Ferramentas Padrão. Outro jeito é usar a opção **Recortar,** do menu **Editar**. Os dois levam ao mesmo resultado, com a diferença de que, pelo botão, o trabalho é mais rápido. Vamos exercitar, acompanhando os seguintes exemplos:

1. Abra o arquivo **O Vestibular no Japão.docx.**

2. Selecione as seis primeiras linhas do documento.

3. Escolha **Recortar,** na Barra de Ferramentas Padrão. O texto marcado é movido para a memória do computador.

4. Vá até o fim do documento, pressionando **CTRL + End**.

5. Clique em **Colar,** na Barra de Ferramentas Padrão. O texto é movido da memória do computador para a posição atual do cursor.

6. Veja que o texto foi movido da posição original para o lugar desejado.

> **DICA** O processo de recortar e colar pode também ser realizado pelo teclado, basta que o texto seja selecionado. Depois, pressione as teclas **CTRL +** X (recortar) e **CTRL +** V (colar).
>
> O mesmo pode ser feito para arquivos.

DESFAZENDO UMA OPERAÇÃO

botão Desfazer

Se você cometer algum erro grave em seu texto, como apagar o que não deveria, mover algo para o local errado ou mesmo usar uma fonte de que não gostou, você pode recorrer a esse eficiente recurso de desfazer uma operação mal sucedida. O processo é simples. Veja como se faz:

1. Abra o arquivo **Água.docx**.

2. Selecione o primeiro parágrafo e pressione a tecla Delete para apagar o texto.

3. Dê um clique, agora, no botão **Voltar**, da **Barra de Ferramentas de Acesso Rápido.** A operação é revertida, ou seja, o texto volta para o local onde estava.

REFAZENDO UMA OPERAÇÃO

botão Refazer

Se você reverteu alguma operação e depois constatou que o modo antigo era o correto, não se preocupe, pois o Word fornece a opção de desfazer e refazer uma operação. Logo acima, descreve-se como desfazer uma ação, agora observe como refazê-la:

1. Abra o arquivo **Água.docx**.

2. Selecione o primeiro parágrafo e mude a fonte para **Arial Black.**

3. Desmarque o texto. Para isso, movimente qualquer uma das Setas.

4. Dê um clique no botão **Desfazer**, da **Barra de Ferramentas de Acesso Rápido.** A operação é revertida, ou seja, a letra volta ao formato antigo.

5. Agora, clique em **Refazer**, na Barra de Ferramentas de Acesso Rápido. Observe que o texto voltou ao formato de letra **Arial Black.**

BORDAS E SOMBREAMENTO

Bordas e sombreamento podem acrescentar mais destaque a várias partes de um documento. Você pode adicionar bordas, textos, tabelas, células de tabelas, objetos gráficos, figuras e molduras da Web. Também é possível sombrear parágrafos e textos.

BORDAS DE PÁGINAS

Você pode adicionar uma borda a um ou mais lados de cada página de um documento; a páginas de uma seção; somente à primeira página ou a todas as páginas, exceto aquela. Também é possível acrescentar bordas de página em vários estilos de linha, cores e elementos gráficos.

SOMBREAMENTO E BORDAS DE TEXTO

Pode-se separar um texto, do resto de um documento, adicionando bordas, além de realçá-lo aplicando sombreamento.

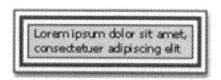

Para se colocar uma borda em determinada região do texto, utiliza-se o botão **Bordas,** da guia **Parágrafo**. Outra maneira seria acessar a guia **Layout da Página** e clicar na opção **Bordas da Página**.

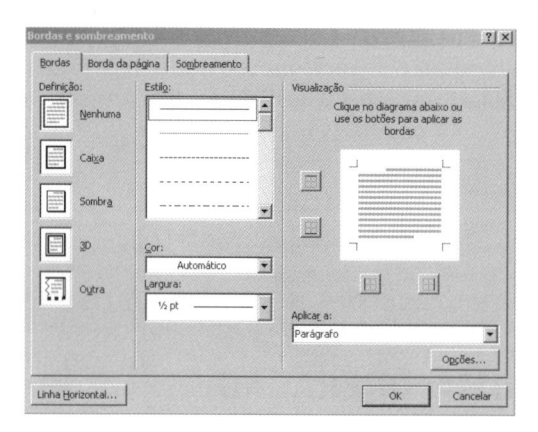

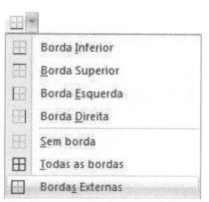

BORDA DO TEXTO

Acompanhe os seguintes passos:

1. Abra o arquivo **Água.docx**.

2. Posicione o ponteiro do mouse no título: "**A importância da água para a vida**".

3. Escolha a guia **Layout da Página** e vá para a opção **Bordas da Página**.

4. Se a aba **Bordas** não estiver selecionada, faça-o.

5. Em Definição, clique em **Caixa**.

6. Clique na opção **Cor** e marque a **azul**.

7. Na aba **Sombreamento,** defina a cor **cinza**.

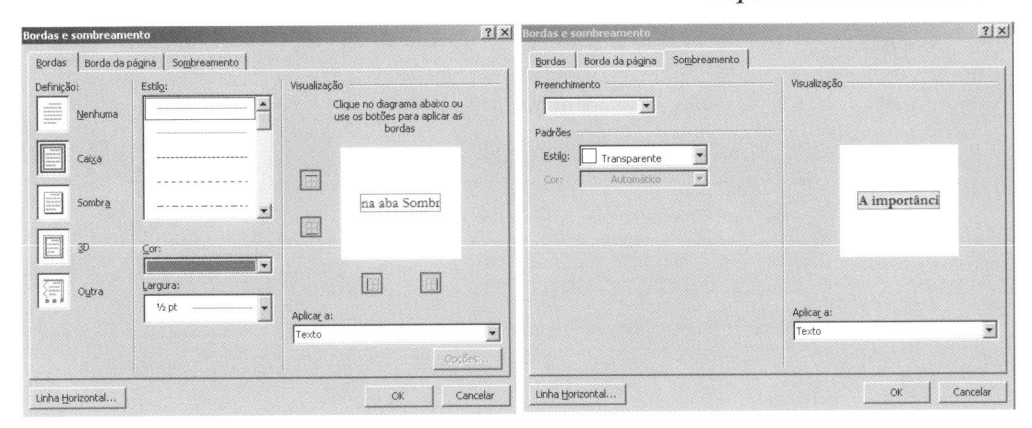

8. Pressione **OK**.

Veja o resultado: 1. A IMPORTÂNCIA DA ÁGUA PARA A VIDA

Agora observe como pôr uma borda com sombra em determinado parágrafo do texto. Siga as instruções:

1. Posicione o ponteiro do mouse na primeira linha do segundo parágrafo do mesmo texto.

2. Na guia **Layout da Página**, selecione **Bordas da Página.**

3. Se a aba **Bordas** não estiver selecionada, faça-o.

4. Na caixa Definição, dê um clique na folha **Sombra** e escolha largura de **3pt** para a borda.

5. Em Cor, escolha **azul**, conforme a figura ao lado.

6. Pressione **OK**.

Veja o resultado:

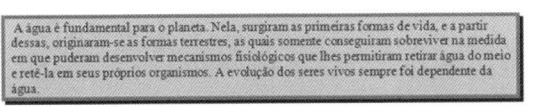

Esses comandos são usados para dar mais beleza e destacar partes importantes de um texto.

BORDA DA PÁGINA

Para criar uma moldura em um documento, é necessário definir bordas que sejam colocadas em toda a página. Para tanto, siga os passos:

1. Abra o arquivo **Excalibur.docx**, caso não esteja aberto.

2. Vá à guia **Layout da Página/Formatar/Bordas da Página**. Na janela que aparece, escolha **Borda da página**.

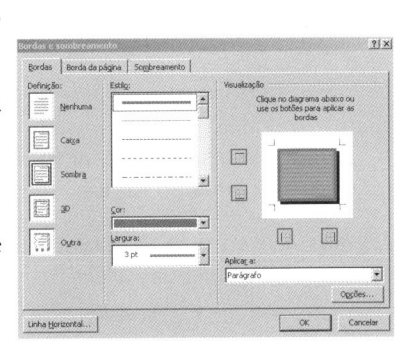

3. Você pode optar por uma borda padrão e/ou utilizar uma figura como borda da página. Para isso, use a caixa **Arte** na parte inferior da caixa, conforme ao lado..

4. Escolha um dos desenhos e pressione **OK** para conferir o resultado.

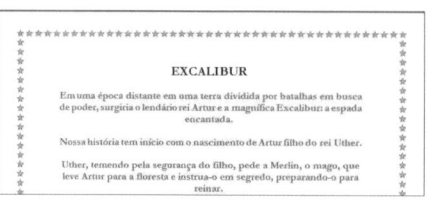

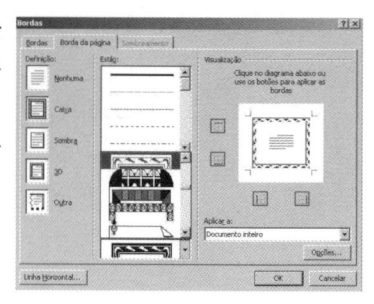

FIXANDO O APRENDIZADO

1. Abra um novo arquivo.

2. Digite o texto a seguir:

Grand Canyon

A nova passarela, com piso de vidro, do Grand Canyon, foi aberta ao público nesta quarta-feira. A estrutura foi inaugurada e apresentada a jornalistas neste mês. Ela lembra uma ferradura e avança 21 m a partir da beira do cânion, oferecendo vista da paisagem a 1.219 m de altura.

O empresário David Jin, de Las Vegas, pagou US$ 30 milhões para erguer a passarela e disse que ela permite que o visitante "ande pelo caminho da águia".

À esquerda, pode-se ver o rio Colorado, ao fundo. À direita, uma parede do cânion faz lembrar as asas estendidas de uma ave e, por isso, é chamada de Eagle Point. Arquitetos colocaram material absorvedor de choque para diminuir a vibração. A passarela, chamada de skywalk, é capaz de suportar ventos de até 160 km/h. Skywalk fica na área de Grand Canyon West, a 195 km de Las Vegas, dentro da reserva dos índios Hualapai.

O local ganhará, ainda, um centro de visitantes de três andares, com museu, cinema, área VIP e loja de suvenires, além de área para casamentos e restaurantes. Um deles, mais sofisticado, contará com uma parte externa e lugares à beira do cânion.

3. Coloque uma borda tripla, com sombra, na primeira linha do texto digitado.

4. No segundo parágrafo, insira uma borda simples com espessura de 2 ¼ sombreada e, logo após, coloque um preenchimento na cor laranja.

5. Ponha uma borda simples com espessura de 3 pts na cor Verde, além de sombra no título do texto.

6. Grave o arquivo com o nome de **Canyon.docx**.

7. Abra o arquivo **Tecnologia.docx**. Digite o seu nome ao final deste, de acordo com o modelo abaixo.

SEU NOME

8. Coloque uma borda dupla na cor **cinza**.

9. Insira um sombreamento em **azul claro**.

10. Grave o arquivo com o nome de **Recado2.docx**.

11. Abra o arquivo **Água.docx**.

12. Coloque uma borda na página, com o desenho de um **globo terrestre**.

13. Mude esse desenho à seu gosto.

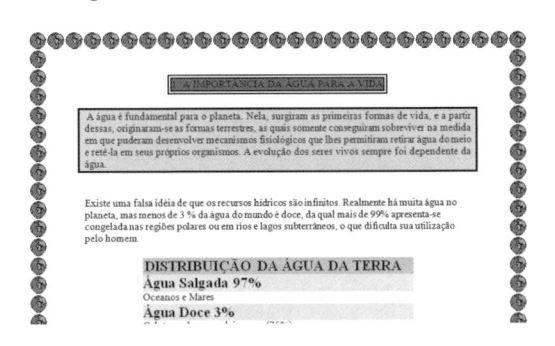

14. Digite uma carta igual a essa:

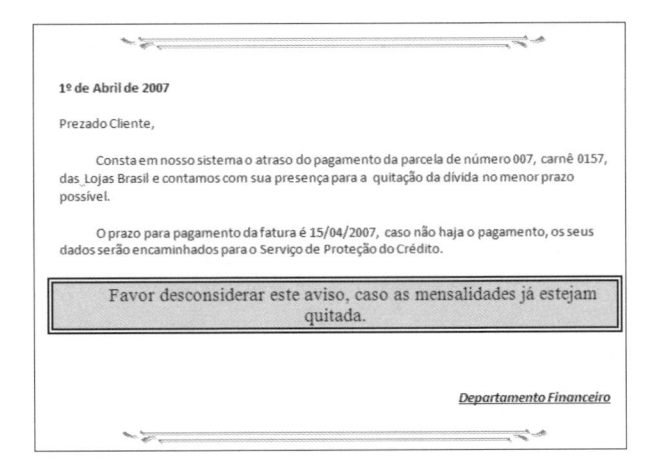

Microsoft®
WORD 2007

CAPÍTULO 26
Verificando a Ortografia

Por padrão, o Word verifica a ortografia e a gramática de um texto digitado, usando Sublinhado de ondulação vermelha para indicar possíveis problemas de ortografia e Sublinhado de ondulação verde para erros gramaticais.

Revisar um documento é um processo simples e que tem ótimo resultado. Assim como a maioria dos comandos do Word, existem duas opções a seguir. Para a primeira, use a guia **Revisão** em **Ortografia e Gramática**.

botão Ortografia e Gramática

Execute as sugestões seguintes para ver como funciona esta opção.

1. Abra o arquivo: **Excalibur.docx.**

2. Dê um clique no botão **Ortografia** e **Gramática** na guia **Revisão**. O Word vai localizar a primeira palavra digitada ou acentuada de forma errada e mostrar uma sugestão para que você conserte o erro. Para isso, basta clicar na certa. Na figura a seguir, a palavra **Excalibur** deve ser ignorada, pois não existe essa palavra no dicionário.

3. Para corrigir, selecione **Alterar**, caso necessário, ou **Adicionar ao dicionário** se fôr uma palavra constante no seu vocabulário.

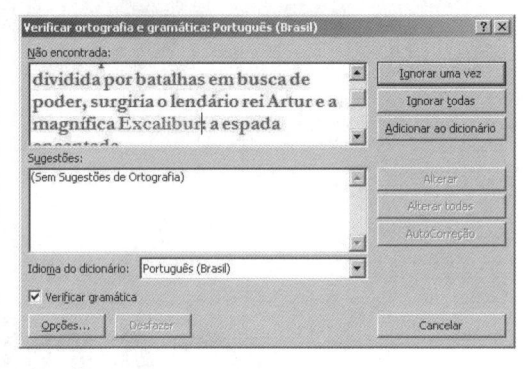

4. Quando a verificação estiver completa, uma mensagem é enviada. Para interromper o processo, basta pressionar a tecla **ESC**.

Você também pode fazer a correção ortográfica simultaneamente à digitação do texto. Essa é a segunda opção para revisar um documento:

1. Abra um novo arquivo e digite as palavras : "Contutador e palava"

Observe que o Word sublinhará, com um traço vermelho, as palavras digitadas de forma errônea.

2. Clique, com a tecla direita do mouse, sobre a palavra errada e observe que uma caixa de opções se abrirá.

Agora basta escolher a palavra certa e o Word a substituirá. Se a palavra errada não constar na lista, basta clicar na opção **Adicionar ao dicionário**.

VISUALIZANDO O ARQUIVO ANTES DA IMPRESSÃO

No modo de visualização de impressão, é possível exibir várias páginas de um documento em tamanho reduzido.

Nesse tipo de exibição, pode-se ver quebras de página, texto oculto e marcas d'água, bem como fazer alterações de edição ou formatação antes de imprimir o documento. Para alternar para o modo de visualização de impressão, clique no Botão do Microsoft Office.

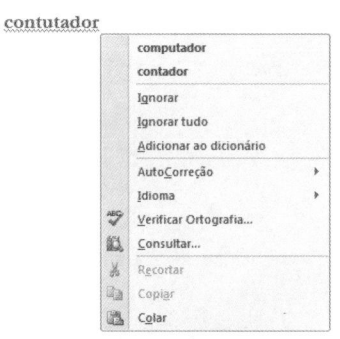

Capítulo 26 | 249
Verificando a Ortografia

Esse recurso dá a oportunidade de conferir se as margens estão realmente boas, se a fonte está com um tamanho adequado etc. Dessa forma, economiza-se tempo e papel, pois não se tem que esperar imprimir nem gastar papel se não estiver bom. Para visualizar a impressão, pode-se usar o Botão do Microsoft Office ou o Visualizar Impressão, da Barra de Ferramentas de Acesso Rápido, que é mostrado a seguir.

botão Visualizar impressão

Siga os passos abaixo:

1. Abra o arquivo **Água.docx**.

2. Clique no Botão do Microsoft Office e selecione a opção **Visualizar Impressão**. O Word abrirá a tela de visualização, como mostra a figura a seguir:

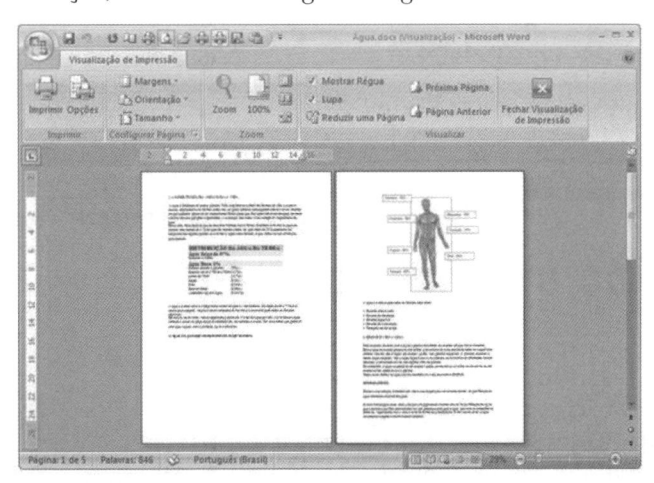

Nessa tela, tem os a guia de Ferramentas de Visualização de Impressão, mostrada abaixo:

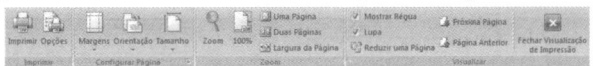

Imprimir

Imprime o arquivo. É o mesmo botão da Barra de Ferramentas Padrão.

Opções

Exibe as configurações da página para impressão.

Configurar Página

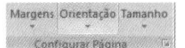

Exibe opções de configuração de margens, tamanho de papel e orientação.

Zoom

Modos de visualização da página em escala.

Visualizar Impressão

Exibe e oculta informações e barras de ferramentas.

3. Selecione a lupa.

4. Posicione-a na página do texto e dê um clique para ativar o zoom.

5. Clique novamente para que o texto volte ao tamanho anterior.

6. Pressione o botão **Fechar Visualização de Impressão** a fim de voltar ao modo de edição.

CONFIGURANDO UMA PÁGINA

Esse recurso é necessário para ajustar o documento à folha que você está usando na impressora, ou seja, se estiver configurada para o papel sulfite (A4) e você fôr imprimir em um formulário contínuo, provavelmente o texto passará para outra folha, pois o sulfite é maior. Sendo assim, siga os passos abaixo para configurar a página.

1. Abra o arquivo **Tecnologia.docx**.

2. Selecione a opção **Configurar Página**, da guia **Layout da Página** .

3. Na aba **Papel**, selecione o tamanho **A4** e pressione OK.

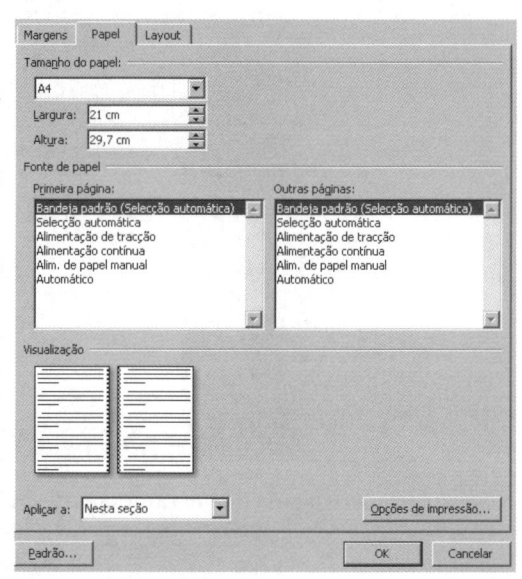

IMPRIMINDO UM ARQUIVO

Pode-se imprimir um arquivo de duas maneiras: pelo Botão do Microsoft Office ou pelo botão **Imprimir,** da Barra de Ferramentas de Acesso Rápido. Pelo Botão do Microsoft Office, temos a opção de configurar o arquivo, isto é, o tipo de impressão, a quantidade de cópias, as páginas a imprimir etc. Já pelo **Imprimir**, o Word simplesmente imprime o documento, não possibilitando especificar, por exemplo, a quantidade de cópias desejadas. Acompanhe as instruções a seguir:

1. Abra o arquivo **Canyon.docx,** caso não esteja aberto.

2. No Botão do Microsoft Office, selecione **Imprimir.**

Em seguida, é mostrada uma caixa de diálogo como a que se segue:

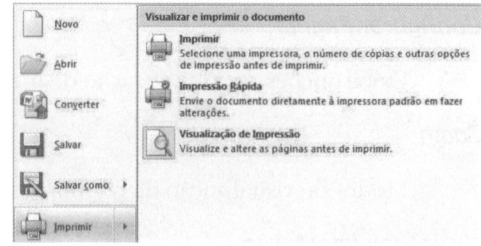

3. Na caixa **Número de cópias**, especifique a quantidade de cópias. Utilize as setinhas para aumentar ou diminuir o número de cópias.

4. Logo abaixo, existe a opção **Agrupar,** à qual imprime uma cópia completa antes do início da primeira página de outro documento.

5. Ao lado, há a caixa **Intervalo de páginas**. Certifique-se de que a opção **Todas** esteja selecionada, cuja função é instruir o Word a imprimir todo o documento. Se você preferir, pode estipular as páginas desejadas para a impressão por meio da opção **Páginas**, ou ainda

imprimir somente a seleção do texto.

6. Pressione **OK**.

> **NOTA** Para usar o botão Imprimir, da Barra de Ferramentas de Acesso Rápido, certifique-se de que a impressora está conectada.

FIXANDO O APRENDIZADO

1. Abra o arquivo **Leia o texto com atenção.docx** e deixe-o como o exemplo a seguir:

> O príncipe e o povo: as recomendações de Confúcio
>
> Não dar importância ao principal, quer dizer, ao cultivo da inteligência e do caráter, e buscar somente o acessório, isto é, as riquezas, só pode dar lugar à perversão dos sentimentos do povo, o qual também valorizará unicamente as riquezas e se entregará, sem freio, ao roubo e ao saque.
>
> Se o príncipe se utiliza das rendas públicas para aumentar a pessoal, o povo imitará esse exemplo e dará vazão às suas mais perversas inclinações Se, pelo contrário, o príncipe utilizar as rendas publicas para o bem do povo, este se mostrará submisso e se manterá em ordem.

2. Configure a página do texto acima para que fique com altura e largura de 18 cm.

3. Visualize a impressão e faça a verificação ortográfica do documento.

Microsoft®

WORD 2007

CAPÍTULO 27

Tabelas

A tabela facilita a digitação de textos que precisam ter mais de uma coluna como, por exemplo, uma lista de preços. Para se criar uma, pode-se usar a opção **Tabela,** da guia **Inserir**.

botão Inserir tabela

CRIANDO A TABELA

1. Abra um **novo arquivo**.

2. Posicione o ponteiro do mouse no primeiro quadrado da caixa e arraste-o até preencher três linhas e três colunas, como na figura ao lado:

3. A tabela foi inserida no documento e está pronta para ser editada. Para se movimentar pela tabela, use a tecla **TAB** ou as Setas (não pressione ENTER).

Digite os dados de acordo com o exemplo a seguir:

Nº da Parcela	Valor	Data do Vencimento
NP0154	R$ 120,00	25/04/2007
NP2147	R$ 82,31	05/04/2007
NP1587	R$ 324,60	05/05/2007

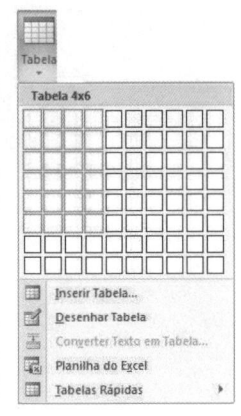

AJUSTE DA TABELA

Serve para ajustar o tamanho da tabela, se esta se mostrar muito grande para os itens digitados.

1. Selecione a tabela com o mouse e, logo após, clique na guia **Ferramentas de Tabela/Layout**.

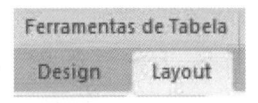

2. Clique na opção **AutoAjuste/AutoAjuste de Conteúdo**.

3. Automaticamente, a tabela é ajustada de acordo com o conteúdo:

Nº da Parcela	Valor	Data do Vencimento
NP0154	R$ 120,00	25/04/2007
NP2147	R$ 82,31	05/04/2007
NP1587	R$ 324,60	05/05/2007

Veja que você pode utilizar outras opções de ajuste como **AutoAjuste de Janela**, que acerta a tabela de acordo com o tamanho de sua tela. Essa opção é muito utilizada para criação de páginas de Internet.

INSERINDO E APAGANDO LINHAS

Muitas vezes é necessário inserir ou excluir linhas em uma tabela. Para tanto, siga as etapas:

1. Selecione a última linha da tabela. Posicione o cursor do mouse ao lado dela, na parte de fora, e dê um clique. Observe que o botão **Ferramentas de Tabela** aparece na Barra de Ferramentas de Acesso Rápido. Clique em **Inserir Acima**.

2. Agora basta pressionar o botão para inserir a linha desejada.

> Note que a nova linha aparece antes da linha já inserida.

Para colocar uma linha após a atual, pressione a tecla TAB quando estiver no fim da tabela.

APAGANDO UMA LINHA

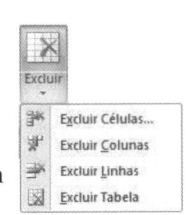

Execute:

1. A linha inserida ainda deve estar selecionada; se não estiver, faça-o.

2. Clique no botão **Ferramentas de Tabela**, depois na opção **Excluir** e em **Excluir Linhas**. A linha é excluída.

INSERINDO E APAGANDO UMA COLUNA DA TABELA

Para acrescentar mais uma coluna na tabela, acompanhe os seguintes passos:

1. Marque a última coluna da tabela.

2. Posicione o ponteiro do mouse um pouco acima da palavra **Data do Vencimento,** até que vire uma setinha preta apontando para baixo (⬇). Dê um clique. Se a coluna foi selecionada, prossiga; se não, tente de novo.

Nº da Parcela	Valor	Data do Vencimento
NP0154	R$ 120,00	25/04/2007
NP2147	R$ 82,31	05/04/2007
NP1587	R$ 324,60	05/05/2007

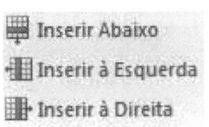

3. Clique na opção **Inserir à Esquerda.** Uma coluna em branco será inserida.

Nº da Parcela	Valor		Data do Vencimento
NP0154	R$ 120,00		25/04/2007
NP2147	R$ 82,31		05/04/2007
NP1587	R$ 324,60		05/05/2007

MELHORANDO A APARÊNCIA DA TABELA

Com a opção **Estilos de Tabela**, é possível melhorar a apresentação visual por meio de modelos já contidos aí.

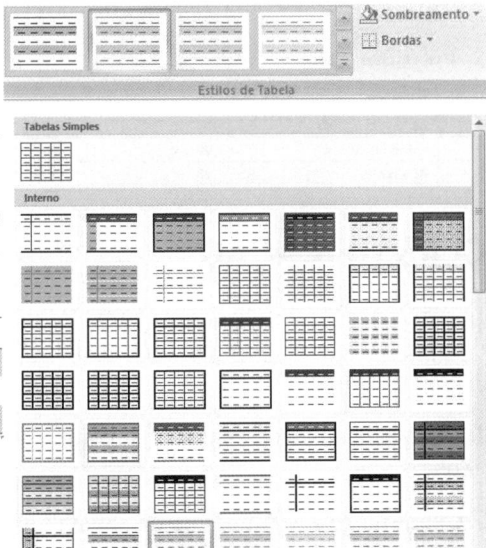

1. Posicione o ponteiro do mouse na primeira linha da tabela.

2. Pressione o botão **Design,** na Barra de **Ferramentas de Tabela,** e escolha um estilo em **Estilos de Tabela.**

Nº da Parcela	Valor	Data do Vencimento
NP0154	R$ 120,00	25/04/2007
NP2147	R$ 82,31	05/04/2007
NP1587	R$ 324,60	05/05/2007

DICA: o Word permite que você defina Bordas e Sombreamento para tabela, assim como para texto.

DEFININDO UM TÍTULO

1. Insira uma linha antes da primeira.

2. Selecione a nova linha da tabela.

3. Abra a guia **Ferramentas de Tabela** e escolha a opção **Layout**. Clique no botão **Mesclar Células,** o qual faz com que essa linha não tenha as divisões normais da tabela.

4. Digite **Controle de Parcelas** e pressione o botão **Centralizar** na guia Início. Confira o resultado:

Controle de Parcelas		
Nº da Parcela	Valor	Data do Vencimento
NP0154	R$ 120,00	25/04/2007
NP2147	R$ 82,31	05/04/2007
NP1587	R$ 324,60	05/05/2007

CONVERTENDO TEXTO EM TABELA

1. Digite os dados abaixo, usando as tabulações da régua.

ITEM	VALOR
Cartão de celular	R$25,00
Plano de Saúde	R$85,00
Academia	R$89,00

2. Para colocar esses dados em uma tabela, basta selecioná-los. Na guia **Inserir**, escolha **Tabela/Converter Texto em Tabela.**

3. Pressione **OK**.

Item	Valor
Cartão de Celular	R$ 25,00
Plano de Saúde	R$ 85,00
Academia	R$ 89,00

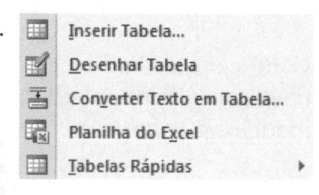

CLASSIFICAÇÃO

Imagine que você utilizou o recurso de tabela para digitar uma lista de telefones e agora deseja colocar esses itens em ordem alfabética. Para tanto, siga as etapas abaixo:

1. Na tabela anterior, selecione a coluna com a descrição dos itens.

2. Clique na guia Ferramentas de **Tabela/Layout/ Dados** e clique em marque a caixa **Classificar.**

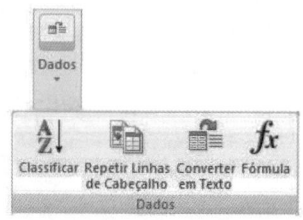

Na tela que aparece configure os dados como mostra o exemplo a seguir:

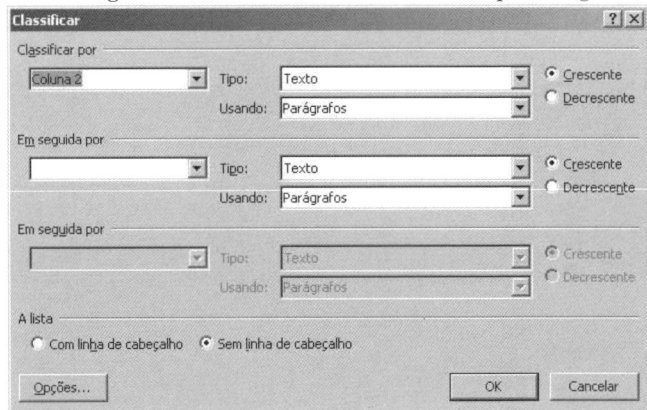

2. Note que, automaticamente, os itens da tabela são reorganizados.

Item	Valor
Cartão de Celular	R$ 25,00
Plano de Saúde	R$ 85,00
Academia	R$ 89,00
Total	R$ 199,00

SOMATÓRIA

1. Na tabela anterior, posicione o cursor na última célula de valor R$85,00 e pressione a tecla TAB para inserir uma nova linha.

2. Digite a palavra **Total** na primeira célula e passe para a seguinte.

3. Clique no botão **Fórmula,** em Layout de Dados.

4. Observe que, automaticamente, os valores foram somados.

Item	Valor
Cartão de Celular	R$ 25,00
Plano de Saúde	R$ 85,00
Academia	R$ 89,00
Total	R$ 199,00

DESENHANDO UMA TABELA COMPLEXA

Esse novo recurso permite que, por meio de uma ferramenta muito simples, se crie rapidamente tabelas de várias formatações. Assim, é possível desenhar uma tabela complexa, como por exemplo, uma que contenha células de diferentes alturas ou um número variável de colunas por linha.

1. Clique no local em que você deseja criar a tabela.

2. Na guia **Inserir**, clique em **Tabela/Desenhar Tabela**. O ponteiro se transforma em um lápis.

3. Para definir os limites externos da tabela, desenhe um retângulo. Em seguida, crie as linhas e as colunas dentro do retângulo, conforme a necessidade.

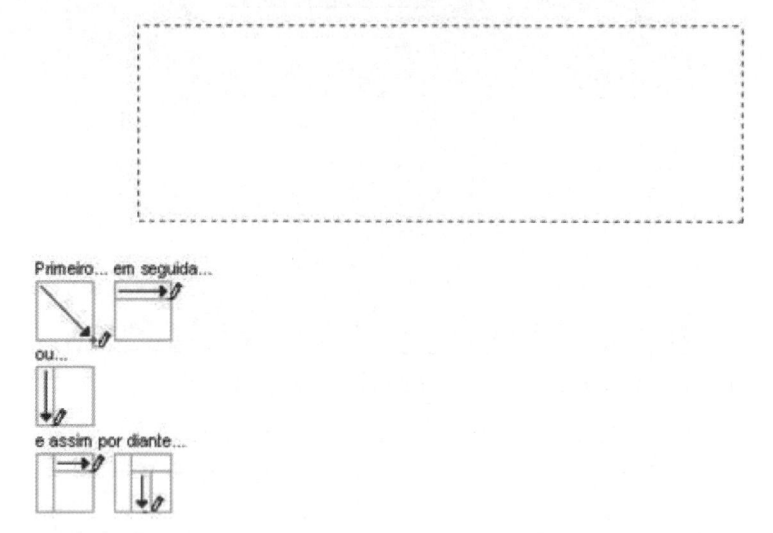

Confira o resultado:

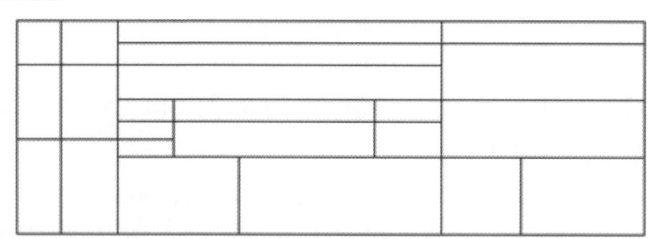

Para apagar uma linha ou um bloco de linhas, clique em **Borracha**, na guia de Ferramentas de **Tabela/Design**. Em seguida, escolha a linha à qual você deseja apagar.

FIXANDO O APRENDIZADO

1. Faça uma tabela contendo os seguintes dados:

Concentração de água no corpo humano	
Localização	Porcentagem
Cérebro	75%
Pulmões	86%
Músculos	75%
Fígado	86%
Rins	83%
Sangue	81%
Coração	75%

2. Mude a fonte do texto para Arial 16, Negrito.

3. Classifique a porcentagem em ordem crescente.

4. Mescle o título.

5. Faça AutoAjuste dos dados.

6. Coloque o formato **Lista colorida – Ênfase 2** na tabela.

7. Mude a cor de **Localização** para **vermelho** e de **Porcentagem,** para **azul.**

8. Coloque uma borda **tripla** na sua tabela.

Veja o resultado:

Concentração de água no corpo humano	
Localização	Porcentagem
Cérebro	75%
Pulmões	86%
Músculos	75%
Fígado	86%
Rins	83%
Sangue	81%
Coração	75%

9. Crie as tabelas a seguir:

Utilização da água	
Setor	Porcentagem
Indústrias	20%
Abastecimento Urbano	20%
Agrícola	60%

Distribuição de água doce no Brasil	
Região	Porcentagem
Sudeste	6%
Nordeste	3%
Sul	7%
Norte	68%
Centro-Oeste	16%

Microsoft® WORD 2007

CAPÍTULO 28
Editando em Colunas

Informática Elementar
Windows Vista + Excel 2007 + Word 2007

Uma das vantagens e facilidades do Word 2007 está em digitar documentos no modo coluna, assim como um boletim informativo. Para se montar um jornal no Word, basta dar um clique no botão **Colunas** da Barra de **Ferramentas Padrão** e selecionar a quantidade de colunas desejadas. Você pode fazer várias, de diversos tamanhos, e voltar à edição normal de página inteira na hora em que quiser. Outro recurso disponível consiste em alternar entre o modo Normal e Colunas diversas vezes em um mesmo texto.

1. Abra o arquivo **Água.docx**.

2. Alterne para o modo de exibição de Layout de Impressão.

3. Selecione o item cujo número de colunas você deseja alterar:

Documento Inteiro

    Pressione as teclas **CTRL + T**

Parte do Documento

    Clique com o botão esquerdo do mouse o lado da palavra deseja e arraste até o final do texto desejado.

4. Selecione o texto.

5. Clique na guia **Layout da Página/Colunas** e selecione o número de colunas desejado.

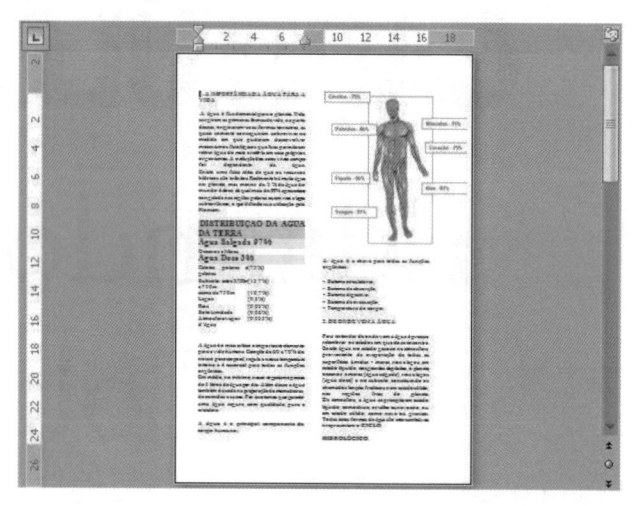

Para justificar todo o texto (alinhar à direita e à esquerda):

1. Pressione **CTRL + T**. Dessa forma, você selecionará todo o documento.

2. Na guia **Início,** dê um clique no botão **Justificar**. Assim, o documento está justificado.

3. Visualize a impressão, clicando em **Visualizar Impressão** na Barra de **Ferramentas** de **Acesso Rápido**.

4. Selecione a primeira coluna e mude a cor das letras para **vermelho;** logo após, mude a da segunda para **rosa.**

5. Grave o arquivo com o nome de **Colunas.docx**.

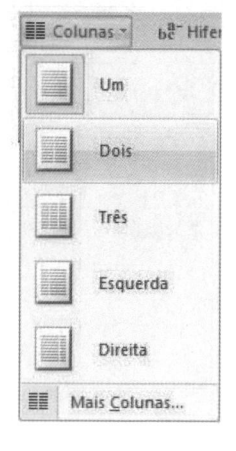

Capítulo 28 | 263
Editando em Colunas

DICA Ao se colocar o texto em colunas, pode-se escolher colunas separadas por uma linha. Para isso, basta clicar no botão **Colunas** e escolher **Mais Colunas.** A seguinte tela será exibida:

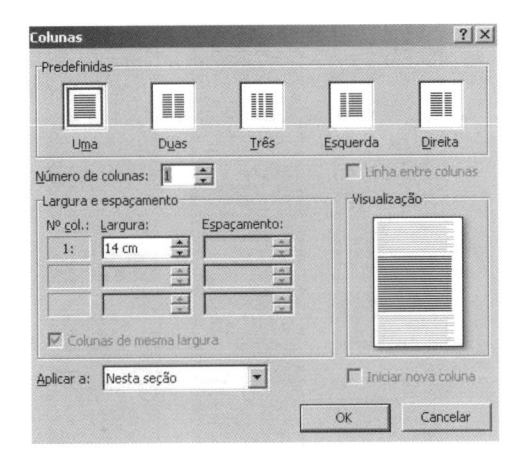

Escolha a opção Duas e ative a caixa Linha entre colunas

Siga os passos:

1. Abra o arquivo **Nova República.docx**.

2. Selecione todo o texto.

3. Vá à guia **Layout da Página/Colunas**.

4. Na tela que aparece, escolha **Mais Colunas.** Selecione e na opção Número de colunas e marque a caixa **Linha entre colunas,** assim como figura abaixo:

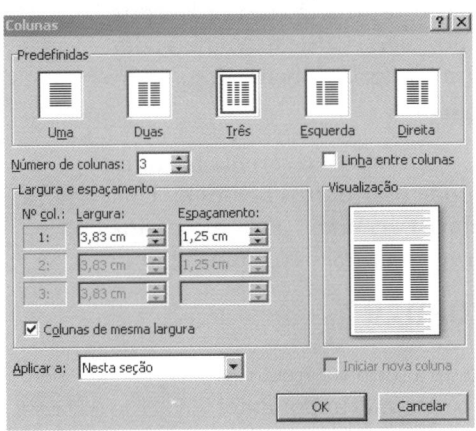

5. Veja o resultado:

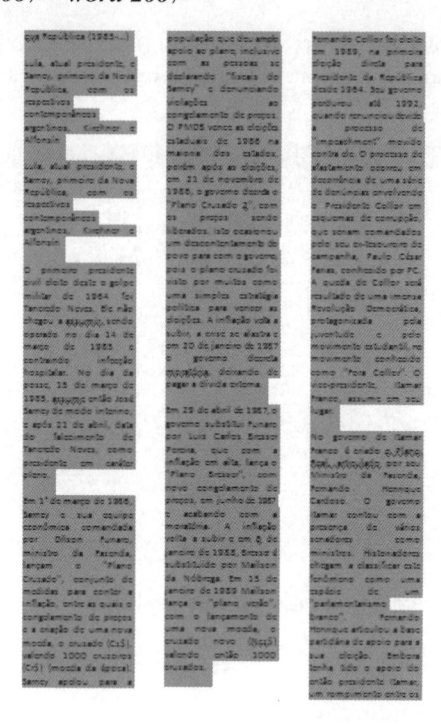

WORDART

Para dar um efeito diferenciado às letras, como já visto em alguns arquivos de exemplo, existem vários processos. Para mudar a forma das mesmas, será usado o programa **WordArt,** parte do pacote do novo Word 2007.

Ao inserir um texto decorativo, use o botão Inserir WordArt na guia **Inserir/Texto**. É possível criar textos sombreados, inclinados, com rotação e alongados, bem como textos ajustados a formas predefinidas.

Pelo fato de os efeitos de texto especiais serem objetos de desenho, você também pode usar outros botões na Guia **Ferramentas do Wordart/Formatar** para alterá-los. Exemplo: preencher um efeito de texto com uma figura.

CRIANDO COM WORDART

O WordArt tem a função de alterar a forma das letras, dando destaque às partes mais importantes de um texto ou mesmo gerando um visual melhor para os documentos. Siga as etapas:

1. Abra o arquivo **Canyon.docx**.

2. Selecione a opção **Inserir\Wordart.** A caixa **Galeria do WordArt** se abre.

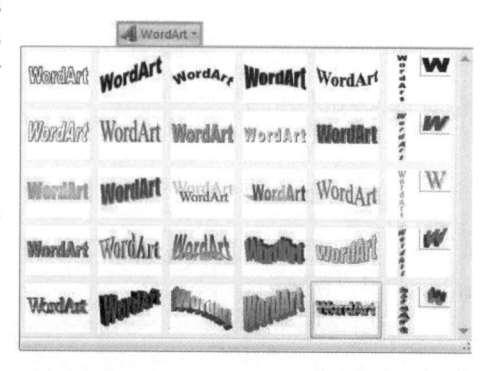

3. Escolha um modelo e clique em **OK**.

4. Na caixa Editar texto da WordArt, digite: **Canyon.**

5. Pressione **OK** e arraste o WordArt criado para a posição desejada. Para isso, basta clicar sobre a figura e arrastá-la.

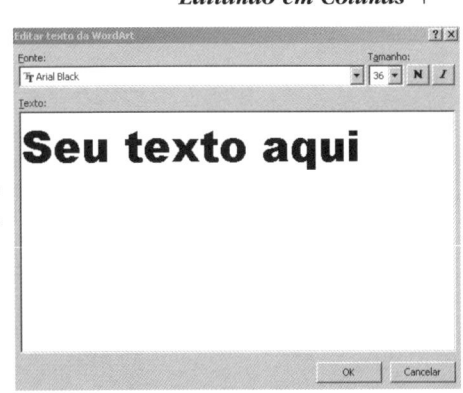

ALTERANDO WORDARTS

1. Dê um clique sobre o objeto criado.

2. Aparece um quadrado ao redor do **WordArt,** com alguns quadrados menores junto. Esses quadradinhos são usados para aumentar ou diminuir um objeto. Além disso, aparece uma guia chamada Guia **Ferramentas do WordArt/Formatar**.

3. Clique no botão **Tamanho**, na Guia **Ferramentas do WordArt/Formatar**.

4. Na opção **Cores e linhas**, escolha Efeitos de Preenchimento. Altere para a **textura Carvalho**.

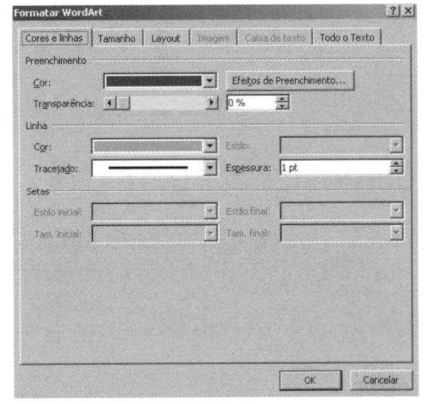

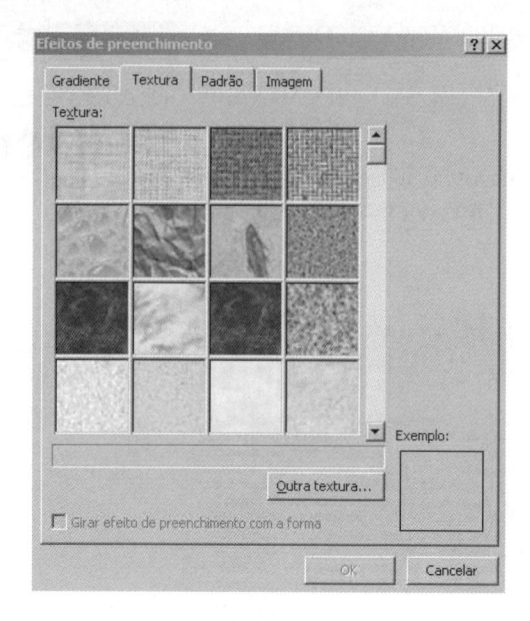

MUDANDO A FORMA DO WORDART

Selecionando o WordArt:

1. Clique no botão **Forma do WordArt**. Uma série de opções de formato aparece:

2. Selecione o formato **Triângulo para baixo**.

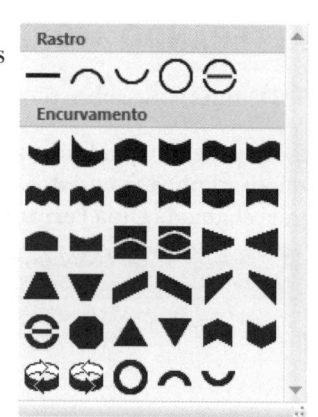

ESPAÇAMENTO DOS CARACTERES

1. Selecione o **WordArt**.

2. Clique no botão **Espaçamento**.

3. Selecione a opção Afastado. Na figura que surge, note que as letras ficam mais distantes umas das outras.

DISPOSIÇÃO DO TEXTO

Muitas vezes é necessário colocar o WordArt no meio do texto digitado. Assim, deve-se ajustar a disposição do texto em relação a esse objeto. Veja como:

1. Selecione o objeto WordArt.

2. No botão **Quebra Automática de Texto,** escolha **Próximo**. Esta opção faz com que o texto fique próximo ao WordArt, mesmo quando este se encontra no meio daquele.

3. Arraste o WordArt para o meio do texto e veja o resultado a seguir:

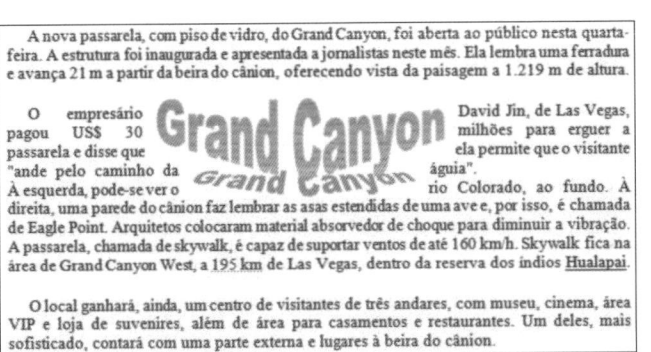

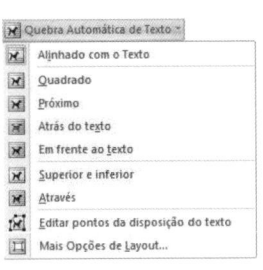

Confira as opções que podem ser utilizadas na **Quebra Automática de Texto**:

Próximo

mantém o texto o mais próximo possível do objeto.

Alinhado com o Texto

formato padrão, o objeto fica ao lado do texto.

Quadrado

forma um quadrado ao redor do objeto.

Atrás do Texto

coloca o objeto atrás do texto.

Em Frente ao Texto

põe o objeto em frente ao texto digitado.

Superior Inferior

mantém o texto acima ou abaixo do objeto.

Através

mantém o texto o mais próximo possível do objeto. Acrescenta o conteúdo dentro das áreas vazias do WordArt.

Editar Pontos de Disposição do Texto

permite que o usuário defina a posição do texto em relação ao objeto, editando o ponto de posição.

Mais Opções de Layout

exibe a janela Layout Avançado para personalizar a posição do WordArt.

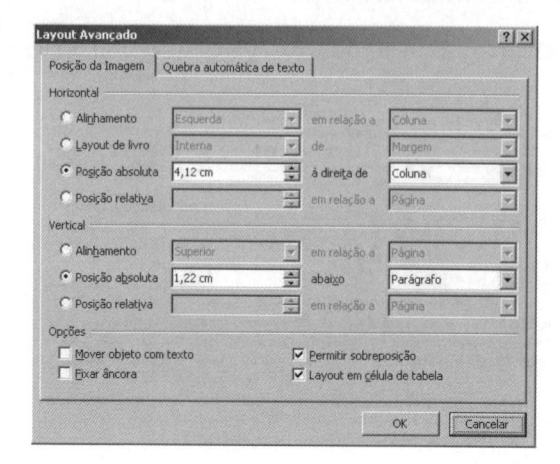

CRIANDO UMA CAPITULAR INICIAL GRANDE

Uma capitular nada mais é do que a primeira letra de um parágrafo, só que de tamanho maior do que as restantes. Assim é possível destacar que ali é o começo de um novo parágrafo ou, ainda, dar um toque especial a um trabalho. É muito simples inserir uma capitular em um documento. Observe:

1. Abra o arquivo **O príncipe e o povo.docx.**

2. Posicione o ponteiro do mouse no início do primeiro parágrafo.

3. Na guia **Inserir,** escolha **Letra Capitular/Opções de Letra Capitular.**

4. Na caixa **Posição,** dê um clique em **Capitular,** como mostra a figura acima.

5. Pressione **OK** para voltar ao documento. A opção Na margem coloca o texto fora da área da capitular. Na caixa **Altura da letra,** digite o número **5** para definir que sua capitular ocupará cinco linhas de texto. Pressione **OK** novamente.

Se você tiver acertado todos os passos, seus parágrafos estarão assim:

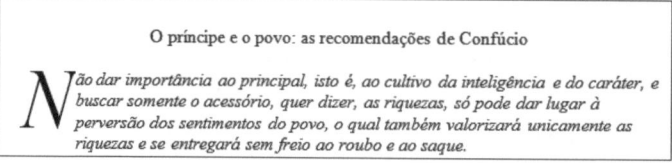

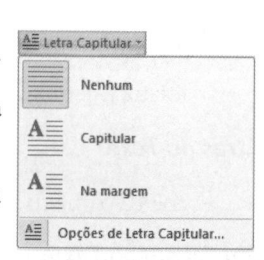

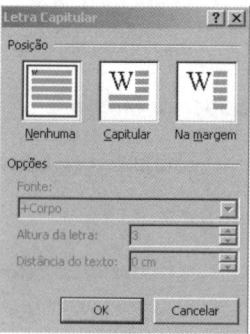

> O príncipe e o povo: as recomendações de Confúcio
>
> Não dar importância ao principal, isto é, ao cultivo da inteligência e do caráter, e buscar somente o acessório, quer dizer, as riquezas, só pode dar lugar à perversão dos sentimentos do povo, o qual também valorizará unicamente as riquezas e se entregará sem freio ao roubo e ao saque.

6. Feche o arquivo sem gravá-lo.

FIXANDO O APRENDIZADO

1. Abra o arquivo **Nova República.docx**.

2. Divida o texto em quatro colunas, com uma linha separando-as.

3. Mude a cor da primeira coluna para azul.

4. A segunda coluna, em verde.

5. A terceira, em vermelho.

6. Coloque uma letra capitular no início do texto.

7. Salve o documento com o nome de **Colunas Cap 7.docx**.

8. Abra um novo arquivo e insira WordArts iguais às figuras abaixo:

9. Grave o arquivo com o nome de **WordArt.docx**.

10. Abra o documento **Excalibur.docx**.

12. Insira uma capitular nos quatro primeiros parágrafos, cada uma com uma fonte diferente.

13. Mude as cores das capitulares.

14. Divida os três primeiros parágrafos em três colunas.

Microsoft®
WORD 2007
CAPÍTULO 29
Quebras

O recurso de quebras se apresenta como uma opção para melhor organizar um texto, permitindo que este não apresente títulos sem parágrafos ou colunas simples.

QUEBRA DE PÁGINA

Ao preencher uma página com texto ou elementos gráficos, o Word insere uma quebra de página automática e inicia uma nova página. É possível inserir uma quebra de página, manualmente, em um local específico.

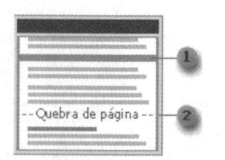

Assim, para assegurar que o título de um capítulo comece sempre em uma nova página, por exemplo, basta inserir uma quebra desse tipo.

① Quebra de página automática
② Quebra de página manual

Note que, se você trabalhar com documentos que contenham diversas páginas e inserir as quebras manualmente, talvez seja necessário reinseri-las com freqüência à medida que você editar o documento.

1. Abra o arquivo **O príncipe e o povo.docx**.

2. Posicione o cursor no início da linha 16, ao lado direito da palavra "**suficientes**".

3. Vá para a guia **Inserir/Páginas**. Selecione a opção **Quebra de Página**.

4. Na caixa de diálogo **Quebras de Página,** certifique-se de que a opção **Página** esteja selecionada, como mostra a figura ao lado:

5. Dê um clique no botão **Visualizar impressão** para ver como ficou o documento.

6. Observe que o texto foi dividido em duas páginas: o texto foi colocado em outra folha a partir da palavra "conclusão".

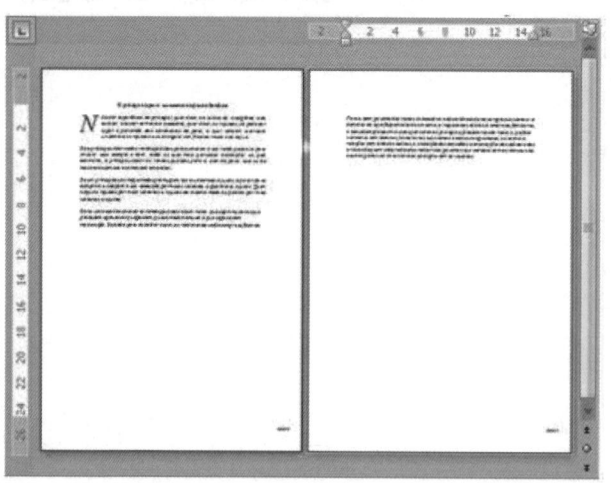

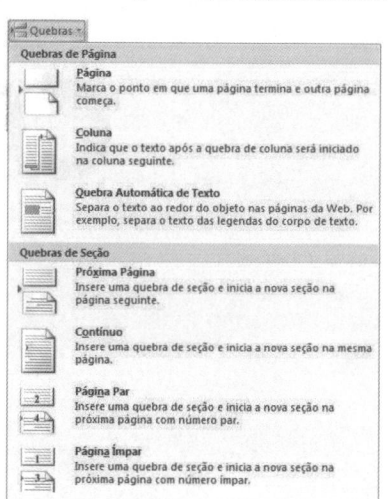

QUEBRA DE COLUNAS

Em capítulos anteriores, é apresentada a ferramenta para dividir textos em colunas, isto é, em forma de jornal. Agora vamos aprender a inserir uma quebra de colunas, processo bem similar ao de se introduzir uma quebra de página.

Para ajustar o comprimento das colunas uniformemente em estilo de boletim informativo, siga as etapas:

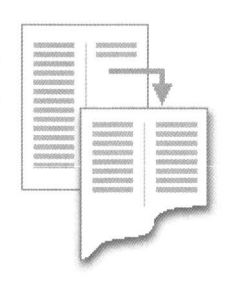

1. Abra o arquivo **Tecnologia.docx.**

2. Divida o documento em duas colunas. Se as duas colunas não estiverem aparecendo, dê um clique no botão modo de exibição Layout de Impressão na Barra de Rolagem Horizontal.

3. Note que a quantidade de texto foi suficiente apenas para uma coluna, mas você pode ajustá-la, dividindo-a em duas.

4. Posicione o cursor no início do parágrafo "**O SlimStar 820 Solargizer...**"

5. Na guia **Inserir,** selecione **Quebra.**

6. Na caixa **Quebra,** escolha **Coluna,** como demonstra a figura:

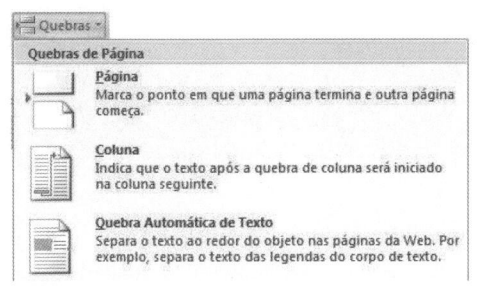

7. Note que o texto foi divido em duas colunas uniformes.

Hardware & Software

A Genius Kye Systems está anunciando no Brasil o teclado SlimStar 820. O equipamento sem fio usa a energia solar para funcionar e ajuda a preservar o meio ambiente com a economia de energia elétrica.

Com freqüência de 2.4 GHz, o teclado tem uma bateria que armazena rapidamente a energia necessária para seu funcionamento contínuo, além de 17 teclas rápidas para acesso à Internet e aos principais recursos do Windows Vista e versões anteriores do sistema operacional.

O SlimStar 820 Solargizer vem em um kit que inclui um mouse à laser também sem fio, que funciona em todos os tipos de base, com alcance de até dez metros de distância.

O teclado tem preço estimado de R$ 450, e pode ser encontrado em grandes magazines e distribuidores, revendas de informática e pela Internet.

Dessa forma, foi inserida uma quebra de coluna, ou seja, o texto foi bipartido; uma parte do mesmo passou para a coluna da direita.

LOCALIZANDO E SUBSTITUINDO TEXTO OU OUTROS ITENS

Use o Word para localizar e substituir texto, formatação, marcas de parágrafo, quebras de página e outros itens. Você pode estender a busca, utilizando caracteres curinga e códigos.

LOCALIZANDO TEXTO

Existe a possibilidade de procurar cada ocorrência de uma palavra ou frase específica rapidamente:

1. Na guia **Início/Edição**, clique em **Localizar**.

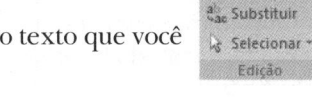

2. Na caixa **Localizar**, insira o texto que você deseja encontrar.

3. Escolha quaisquer outras opções desejadas.

Para selecionar todas as instâncias de uma palavra ou frase específica de uma só vez, marque a caixa de seleção **Realçar todos os itens encontrados em** e, em seguida, em qual parte do documento você deseja pesquisar.

4. Clique em **Localizar próxima** ou **Localizar tudo**.

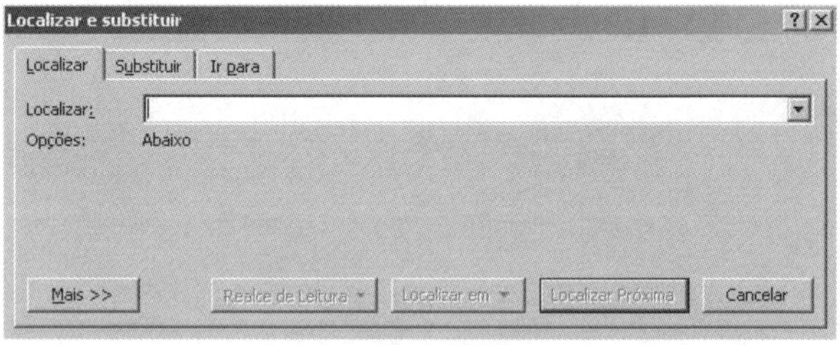

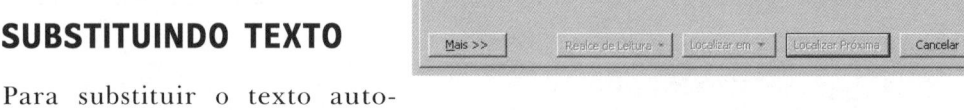

Para cancelar uma pesquisa em andamento, pressione ESC.

SUBSTITUINDO TEXTO

Para substituir o texto automaticamente, siga as etapas abaixo. No exemplo, vamos substituir "**Vista**" por "**XP**".

1. Na guia **Início/Edição**, clique em **Substituir**.

2. Na caixa **Localizar**, digite o texto o qual você quer substituir.

3. Na caixa **Substituir por**, insira o novo texto.

4. Selecione quaisquer outras opções desejadas.

5. Clique em **Localizar Próxima**, **Substituir** ou **Substituir Tudo**.

Para cancelar uma pesquisa em andamento, pressione ESC.

LOCALIZANDO E SUBSTITUINDO FORMATAÇÃO ESPECÍFICA

Existe a opção de procurar, substituir ou remover a formatação de caracteres. Essa ferramenta pode ser usada para localizar uma palavra ou frase e alterar a cor da fonte ou encontrar uma formatação específica, como Negrito, e removê-la ou mudá-la.

1. Na guia **Início/Edição**, clique em **Localizar**.

2. Se o botão **Formatar** não for exibido, clique em **Mais**.

3. Na caixa **Localizar**, siga um destes procedimentos, de acordo com a necessidade:

- Para procurar por um texto sem uma formatação específica, insira-o.

- Para procurar por um texto com uma formatação específica, insira-o, clique em **Formatar** e selecione os formatos desejados.

- Para procurar apenas por uma formatação específica, exclua todo o texto, clique em **Formatar** e selecione os formatos desejados.

4. Marque a caixa de seleção **Realçar todos os itens encontrados em** para localizar todas as instâncias da palavra ou frase e selecione a parte do documento na qual você deseja realizar a busca.

5. Clique em **Localizar tudo**.

Todas as instâncias da palavra ou frase serão realçadas.

6. Clique em **Fechar**.

7. Na guia **Início/Formatação**, faça as alterações. Exemplo: selecione uma cor diferente de fonte, clique em **Negrito** N e, em seguida, em **Itálico** I .

As alterações que você fizer serão aplicadas a todo o texto realçado.

8. Clique em qualquer lugar do documento para remover o realce do texto.

Substituindo marcas de parágrafo, quebras de página e outros itens

É fácil procurar e substituir caracteres especiais e elementos do documento, como quebras de página e tabulação.

1. Na guia **Início/Edição**, clique em **Localizar** ou **Substituir**.

2. Se o botão **Especial** não estiver visível, clique em **Mais**.

3. Na caixa **Localizar**, siga um desses procedimentos:

- Para escolher o item em uma lista, clique em **Especial** e, em seguida, no que é desejado.

- Digite um código para o mesmo na caixa **Localizar**.

4. Para trocá-lo, introduza o que você deseja usar como substituição na caixa **Substituir por**.

5. Clique em **Localizar Próxima**, **Substituir** ou **Substituir Tudo**.

Para cancelar uma pesquisa em andamento, pressione ESC.

SUBSTITUINDO SUBSTANTIVOS, ADJETIVOS E TEMPOS VERBAIS

Você pode procurar por:

Substantivos no singular e no plural

> Exemplo: substituir "**maçã**" por "**laranja**", ao mesmo tempo em que você troca "**maçãs**" por "**laranjas**".

Adjetivos

> Exemplo: substituir "**caro**" por "**barato**", simultaneamente à troca de "**caríssimo**" por "**baratíssimo**".

Tempos verbais

> Exemplo: substituir "**sentar**" por "**levantar**", ao mesmo tempo em que você troca "**sentado**" por "**levantado**".

1. Na guia **Início/Edição**, clique em **Localizar** ou em **Substituir**.

2. Se não for exibida a caixa de seleção **Todas as formas**, clique em **Mais**.

3. Marque-a.

4. Em **Localizar**, insira o texto o qual você deseja encontrar.

5. Se o que você deseja é substituir o texto, insira o um novo na caixa **Substituir por**.

6. Clique em **Localizar Próxima**, **Substituir** ou **Substituir Tudo**.

7. Se o texto substituto fôr ambíguo, escolha a palavra que melhor corresponde ao significado procurado.

Exemplo: "serra" pode servir tanto para um substantivo como para um verbo; escolha "serras" para substituir nomes ou "serrando" para verbos.

Para cancelar uma pesquisa em andamento, pressione ESC.

> **Observações:**
>
> - Se você estiver substituindo um texto, é uma boa idéia clicar apenas em **Substituir** ao invés de em **Substituir tudo**; dessa forma, é possível confirmar cada substituição e se certificar de que está correta.
>
> - Use o mesmo tempo verbal para o texto de pesquisa e o de substituição. Por exemplo: busque "vê" e substitua-o por "observa" (ambos são verbos no Presente do Indicativo).

BUSCA USANDO CARACTERES CURINGA

Utilize caracteres curinga para localizar e substituir palavras.

Exemplo: use o caractere curinga asterisco (*) para procurar por uma seqüência de caracteres. Veja: "s*m" localiza "sim" e "som".

1. Na guia **Início/Edição**, clique em **Localizar** ou em **Substituir**.

2. Se a caixa de seleção **Usar caracteres curinga** não for exibida, clique em **Mais**.

3. Marque-a.

4. Insira um caractere curinga na caixa **Localizar**. Siga um desses passos:

- Para escolhê-lo em uma lista, clique em **Especial** e, em seguida, em um caractere curinga; depois, digite o texto adicional na caixa **Localizar**.

- Insira um caractere curinga diretamente na caixa **Localizar**.

5. Se desejar substituir o item, introduza o substituto na caixa **Substituir por**.

6. Clique em **Localizar Próxima**, **Substituir** ou **Substituir Tudo**.

Para cancelar uma pesquisa em andamento, pressione ESC.

Observações:

- Quando a caixa de seleção **Usar caracteres curinga** está marcada, o Word localiza apenas o texto exato designado. Observe que as caixas de seleção **Diferenciar maiúsculas de minúsculas** e **Palavras inteiras** ficam esmaecidas, indicando que essas opções são ativadas automaticamente; não é possível desativá-las.

- Para buscar por um caractere definido como curinga, digite uma barra invertida (\) antes do mesmo. Exemplo: digite \? para localizar um ponto de interrogação.

Caracteres curinga para itens que você deseja localizar e substituir

Para localizar:

Qualquer caractere único:

Digite: ?

Exemplo: "s?m" encontra "sim" e "som".

Qualquer seqüência de caracteres:

Digite: *

Exemplo: "s*r" encontra "ser" e "senhor".

O início de uma palavra:

Digite: <

Exemplo: "<(inter)" encontra "interessante" e "interceptar", mas não localiza "ininterrupto".

O final de uma palavra:

Digite: >

Exemplo: "(im)>" encontra "mim" e "festim", mas não acha "máximo".

Um dos caracteres especificados:

Digite: [ ]

Exemplo: "m[ae]l" encontra "mal" e "mel".

Qualquer caractere único neste intervalo:

Digite: [-]

Exemplo: "[p-t]omar" localiza "pomar" e "tomar". Os intervalos devem estar em ordem crescente.

Qualquer caractere único, exceto os situados no intervalo entre colchetes:

Digite: [!x-z]

Exemplo: "b[!a-e]la" encontra "bola" e "bula", mas não acha "bala" ou "bela".

Exatamente *n* ocorrências do caractere ou expressão anterior:

Digite: {n}

Exemplo: "mor{2}o" encontra "morro", mas não localiza "moro".

Pelo menos *n* ocorrências do caractere ou expressão anterior:

Digite: {n,}

Exemplo: "mor{1,}o" localiza "moro" e "morro".

De *n* a *m* ocorrências do caractere ou expressão anterior:

Digite: {n,m}

Exemplo: "10{1,3}" acha "10", "100" e "1000".

Uma ou mais ocorrências do caractere ou expressão anterior:

Digite: @

Exemplo: "car@o" encontra "caro" e "carro".

Observações:

• Pode-se usar parênteses para agrupar os caracteres curinga e o texto e, também, para indicar a ordem de avaliação. Por exemplo: digite "**<(pre)*(ado)>**" para localizar "premeditado" e "prejudicado".

• Pode-se usar o caractere curinga \n para procurar por uma expressão e substituí-la por uma reorganizada. Por exemplo: digite "**(Nogueira) (Cristina)**" na caixa **Localizar** e "**\2 \1**" na caixa **Substituir por**. O Word encontrará "Nogueira Cristina " e a substituirá por "Cristina Nogueira".

LOCALIZAR USANDO CÓDIGOS

Use códigos para localizar e substituir

1. Na guia **Início/Edição**, clique em **Localizar** ou em **Substituir**.

2. Se o botão **Especial** não for mostrado, clique em **Mais**.

3. Insira um código na caixa **Localizar**. Siga um desses passos:

- Para selecionar um código em uma lista, clique em **Especial** e, em seguida, em um caractere; digite o texto adicional na caixa **Localizar**.

- Digite um código diretamente na mesma caixa.

Exemplo: digite "^p" para buscar uma marca de parágrafo.

4. Se desejar trocar o item, insira o substituto na caixa **Substituir por**.

5. Clique em **Localizar Próxima**, **Substituir** ou **Substituir Tudo**.

Para cancelar uma pesquisa em andamento, pressione ESC.

Códigos para itens que você deseja localizar e substituir

Como já citado, alguns códigos funcionam apenas se a opção **Usar caracteres curinga** estiver ativada ou desativada.

CÓDIGOS QUE FUNCIONAM NA CAIXA LOCALIZAR OU SUBSTITUIR POR

Para especificar:

Marca de parágrafo:

Digite: "^p"

Não funciona na caixa **Localizar** quando os caracteres curinga estão ativados.

Caractere de tabulação:

Digite: "^t"

Caracteres ANSI ou ASCII:

Digite: "^0*nnn*"

No símbolo acima, *nnn* é o código do caractere.

Travessão:

Digite: "^+"

Traço:

Digite: "^="

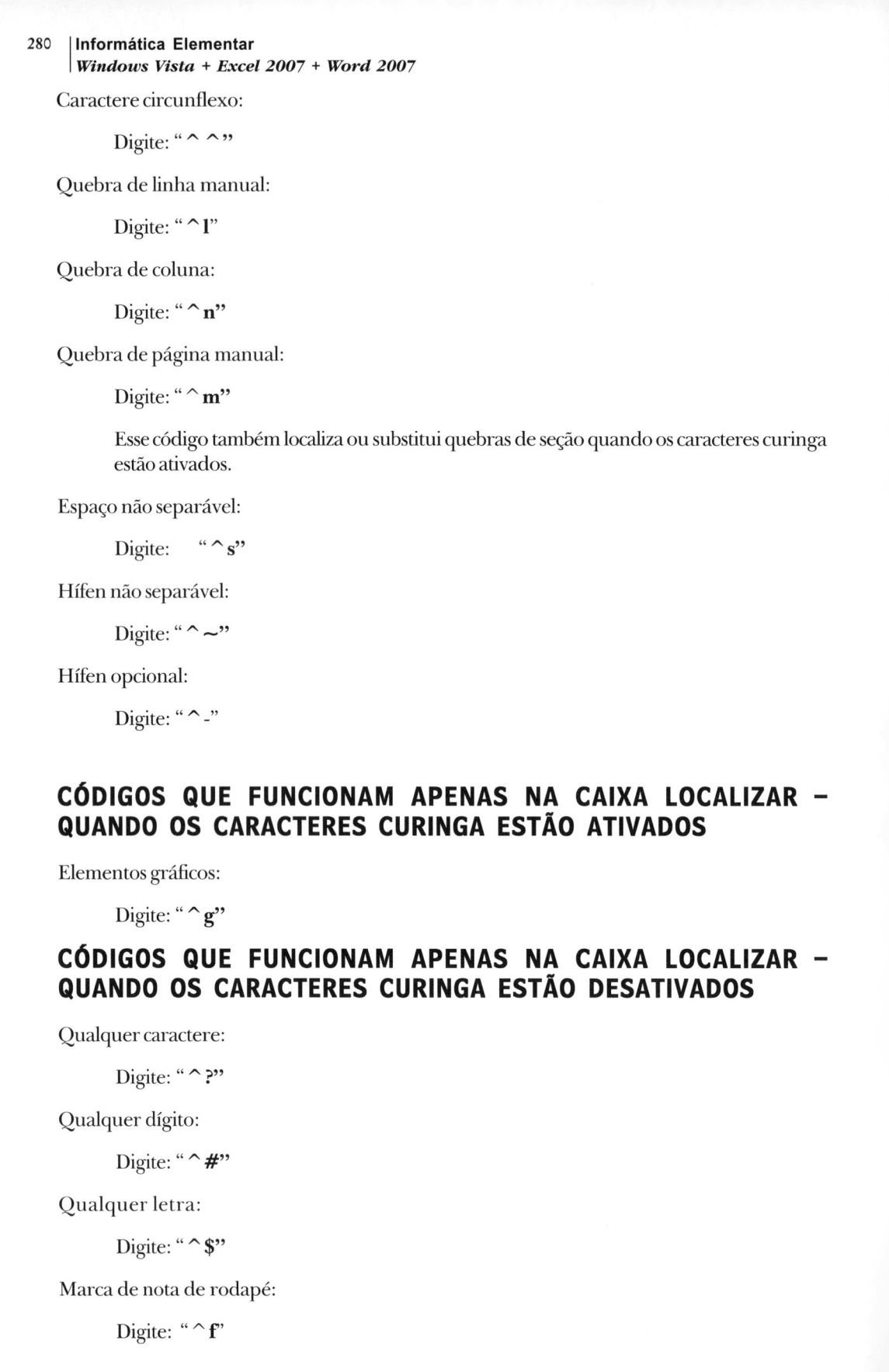

Caractere circunflexo:

>   Digite: "^^"

Quebra de linha manual:

>   Digite: "^l"

Quebra de coluna:

>   Digite: "^n"

Quebra de página manual:

>   Digite: "^m"

>   Esse código também localiza ou substitui quebras de seção quando os caracteres curinga estão ativados.

Espaço não separável:

>   Digite: "^s"

Hífen não separável:

>   Digite: "^~"

Hífen opcional:

>   Digite: "^-"

CÓDIGOS QUE FUNCIONAM APENAS NA CAIXA LOCALIZAR – QUANDO OS CARACTERES CURINGA ESTÃO ATIVADOS

Elementos gráficos:

>   Digite: "^g"

CÓDIGOS QUE FUNCIONAM APENAS NA CAIXA LOCALIZAR – QUANDO OS CARACTERES CURINGA ESTÃO DESATIVADOS

Qualquer caractere:

>   Digite: "^?"

Qualquer dígito:

>   Digite: "^#"

Qualquer letra:

>   Digite: "^$"

Marca de nota de rodapé:

>   Digite: "^f"

Marca de nota de fim:

>Digite: "^e"

Campo:

>Digite: "^d"

Quebra de seção:

>Digite: "^b"

Espaço em branco:

>Digite: "^w"

>Qualquer combinação de espaços regulares e não separáveis e caracteres de tabulação.

CÓDIGOS QUE FUNCIONAM APENAS NA CAIXA SUBSTITUIR POR

Conteúdo da área de transferência do Windows:

>Digite: "^c"

Conteúdo da caixa Localizar:

>Digite: "^&"

SÍMBOLOS

Os sinais e caracteres especiais que não aparecem no teclado podem ser exibidos na tela e impressos. Por exemplo: você pode inserir símbolos como ¼ e ©, caracteres especiais como um travessão (—), reticências (…) ou espaço não separável, bem como muitos caracteres internacionais como Ç e ë. Veja mais exemplos:

1. Abra um novo arquivo.

2. Clique na guia **Inserir/Símbolo** e escolha **Símbolo**.

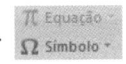

3. A tabela a seguir aparece:

4. Clique na opção **Mais Símbolos.** Veja a caixa que surge:

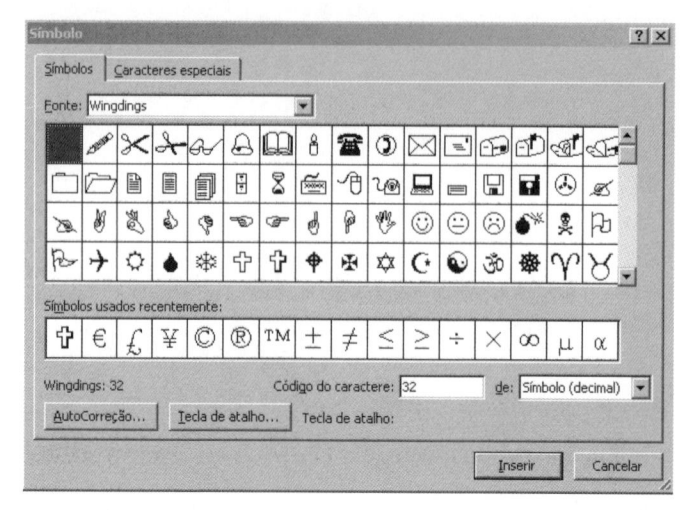

5. Para inserir algum deles, basta posicionar o cursor sobre o símbolo e clicar em **Inserir**. *Lembre-se* de que o sinal será introduzido na posição onde o cursor se encontra.

DATA E HORA

Esse comando é muito usado em cartas, onde normalmente são criados modelos com datas que se alteram automaticamente. Para inseri-las, basta abrir o menu **Inserir/Texto**, escolher a opção **Data e Hora** e selecionar o tipo desejado.

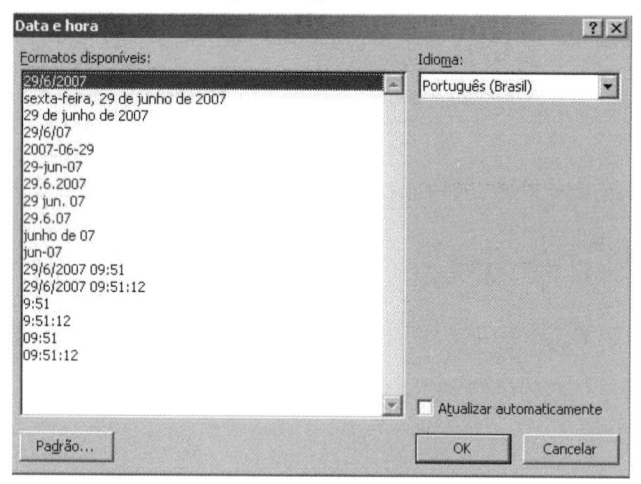

LETRAS MAIÚSCULAS E MINÚSCULAS

No Word, pode-se alternar entre letras maiúsculas e minúsculas em um simples clicar do mouse.

1. Abra o arquivo **Excalibur.docx.**

2. Selecione o primeiro parágrafo.

3. Aperte as teclas SHIFT + F3 e alterne entre os modos:

- Primeira letra de cada palavra em maiúsculo.

- Todas as lestras maiúsculas
- Todas minúsculas

GUIA DE FERRAMENTAS

As guias de ferramentas podem ser escondidas ou exibidas de acordo com a sua vontade. Com o botão direito do mouse, pode-se selecionar as barras que se deseja mostrar ou ocultar no vídeo.

1. Clique, com o botão direito do mouse, no título da guia de ferramentas. O seguinte menu aparece:

2. Ao utilizar a opção **Personalizar Barra de Ferramentas de Acesso Rápido,** você pode escolher os botões mais utilizados no dia-a-dia, facilitando e agilizando o trabalho. A tela abaixo é exibida:

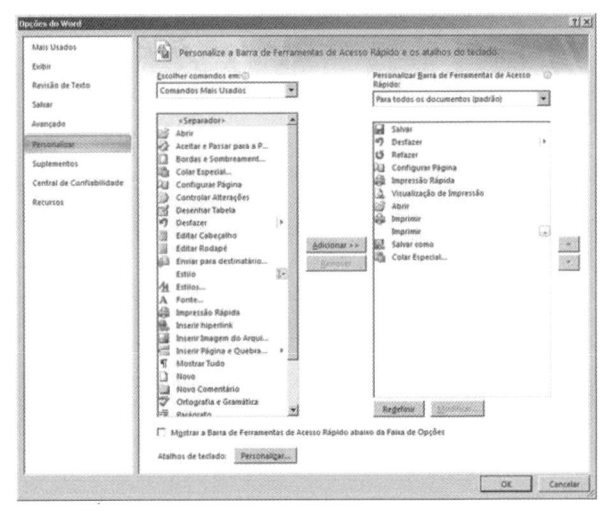

3. Escolha, à esquerda, o comando desejado e clique em **Adicionar.**

4. Ao terminar as escolhas, pressione **OK.**

FIXANDO O APRENDIZADO

1. Abra o arquivo **Tecnologia.docx.**

2. Coloque a folha no modo Paisagem. Visualize a impressão.

3. Insira uma quebra de página na linha 13, da página um.

4. Vá para o início do arquivo. Localize a palavra: **softwares.**

5. Substitua **softwares** por **programas,** na cor vermelha, com letra no tamanho 26.

6. Abra um novo arquivo e introduza os símbolos a seguir, da fonte **Symbol** e **Wingding**

⌨️💻🔒💣✳️⚙️🔟❄️☒®™©♊
ΔΡβΛ

7. Abra um outro arquivo novamente, escolha a fonte **Times New Roman,** tamanho **20.** Defina as seguintes margens:

Esquerda -> 3,0 cm

Parágrafo -> 3,5 cm

Direita -> 3,0 cm

8. Digite o texto:

> Espero que as informações contidas neste livro satisfaçam suas expectativas e que você goste de lê-lo tanto quanto gostei de escrevê-lo.

9. Diminua o tamanho da fonte para 15 e sublinhe o texto.

10. Grave o arquivo como **Livro.docx**.

11. Digite seu nome na linha dez.

12. Coloque borda de 1 ½ pts., com sombreamento de 60%.

13. Crie um WordArt com a expressão **Word 2007**.

14. Salve e feche o arquivo atual. Abra **Excalibur.docx** e o coloque em letras **maiúsculas**.

15. Vá para o final do documento e insira a data e a hora atual. Utilize a opção Data e Hora.

Microsoft®

WORD 2007

CAPÍTULO 30
Figuras, ClipArts e AutoFormas

Informática Elementar
Windows Vista + Excel 2007 + Word 2007

Este capítulo trata do processo de inserir figuras de outros programas, ClipArts do Media Gallery e de criar AutoFormas para dar mais vida a textos. Assim, esses recursos permitem elaborar seus próprios panfletos e folhetos informativos sem ter de recorrer a um software de editoração gráfica.

INSERINDO UM CLIPART

Basta localizar o clipe de mídia que você deseja inserir. Entende-se por clipe um único arquivo de mídia, incluindo arte, som, animação ou filme.

1. Na guia **Inserir**, clique em **Clip-art**.

2. Em **Procurar por,** no painel de tarefas **Clip-art**; digite uma palavra ou frase que descreva o clipe que deseja ou escreva todo ou parte do nome do arquivo.

3. Para restringir a pesquisa, siga um desses procedimentos, ou ambos:

> • Para limitar os resultados da pesquisa a uma coleção específica de clipes, clique na seta e selecione as coleções que você quer buscar na caixa **Pesquisar em**.

> • Para limitar os resultados da pesquisa a um tipo específico de arquivo de mídia, vá para **Os resultados devem ser,** clique na seta e marque a caixa de seleção ao lado dos tipos de clipes que você deseja procurar.

4. Clique em **Pesquisar**.

➡ **Observação** Para limpar os campos dos critérios de seleção e começar uma nova pesquisa, clique em **Modificar,** abaixo da caixa **Resultados**.

5. Na caixa **Resultados**, clique no clipe para inseri-lo. Lembre-se de que os resultados podem vir tanto de um arquivo existente no computador quanto do site da Microsoft na Internet. Neste caso, você necessita estar on-line no momento da pesquisa.

Veja esse processo:

1. Abra o arquivo **Tecnologia.docx**.

2. Posicione o cursor no início do texto.

3. Abra a guia **Inserir** e escolha a opção **Clip-art**.

4. Clique na opção **Clip-art**. O quadro **Clip-art** aparece.

5. Escolha **Organizar clipes** para acessar a biblioteca de figuras do Microsoft Office.

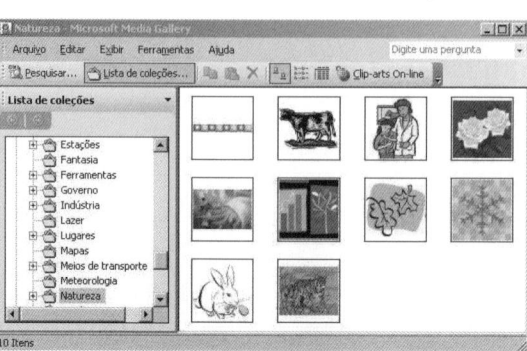

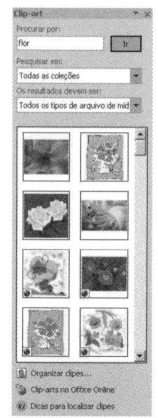

Organizar clipes

6. Selecione a categoria do desenho.

7. Clique na figura desejada e arraste-a para a área de texto. Em nosso caso, selecione a categoria **Tecnologia/Informática** e escolha o desenho de computadores.

Hardware & Software

A Genius Kve Systems anuncia no Brasil o teclado SlimStar 820. O equipamento sem fio usa a energia solar para funcionar e ajuda a preservar o meio ambiente com a economia de energia elétrica.

Com freqüência de 2.4 GHz, o teclado tem uma bateria que armazena rapidamente a energia necessária para seu funcionamento contínuo, além de 17 teclas rápidas para acesso à Internet e aos principais recursos do Windows Vista e versões anteriores do sistema operacional.

O SlimStar 820 Solargizer vem em um kit que inclui um mouse laser também sem fio que funciona em todos os tipos de base, com alcance de até 10 metros de distância.

O teclado tem preço estimado de R$ 450, e pode ser encontrado em grandes magazines e distribuidores, revendas de informática e pela Internet.

AJUSTANDO A DISPOSIÇÃO DO TEXTO

Ao colocar uma figura em um texto, é preciso ajustá-lo a fim de promover uma composição harmoniosa e, assim, valorizar todo o documento.

1. Feche a janela do **Media Gallery**.

2. Selecione a figura, clicando uma vez sobre ela.

3. Clique sobre a figura, com o botão direito do mouse, e selecione a opção **Quebra Automática de Texto**.

4. Escolha **Quadrado.**

5. Arraste a desenho para o meio do texto. Note que, automaticamente, o mesmo é distribuído ao redor da figura.

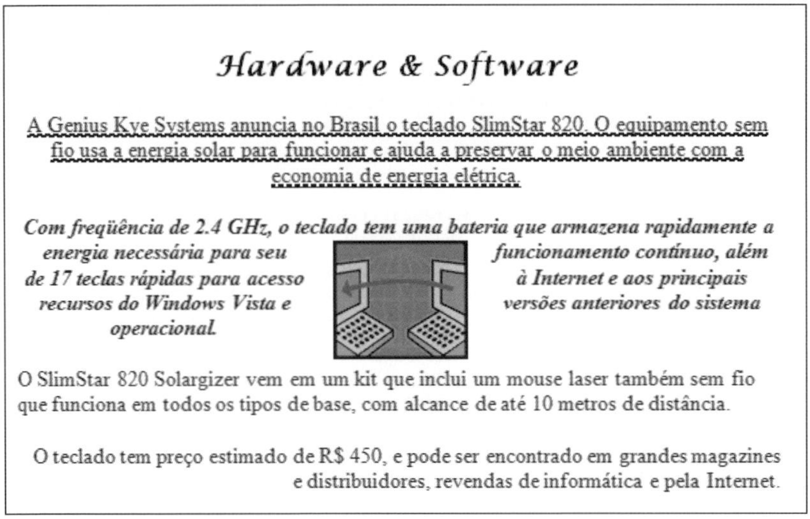

> ### Hardware & Software
>
> A Genius Kye Systems anuncia no Brasil o teclado SlimStar 820. O equipamento sem fio usa a energia solar para funcionar e ajuda a preservar o meio ambiente com a economia de energia elétrica.
>
> *Com freqüência de 2.4 GHz, o teclado tem uma bateria que armazena rapidamente a energia necessária para seu funcionamento contínuo, além de 17 teclas rápidas para acesso à Internet e aos principais recursos do Windows Vista e versões anteriores do sistema operacional.*
>
> O SlimStar 820 Solargizer vem em um kit que inclui um mouse laser também sem fio que funciona em todos os tipos de base, com alcance de até 10 metros de distância.
>
> O teclado tem preço estimado de R$ 450, e pode ser encontrado em grandes magazines e distribuidores, revendas de informática e pela Internet.

SUPERIOR E INFERIOR

1. Selecione a figura.

2. Clique sobre a figura, com o botão direito do mouse, e selecione a opção **Quebra aAutomática de Texto**.

3. Selecione a opção **Superior e inferior**.

> ### Hardware & Software
>
> A Genius Kye Systems anuncia no Brasil o teclado SlimStar 820. O equipamento sem fio usa a energia solar para funcionar e ajuda a preservar o meio ambiente com a economia de energia elétrica.
>
> *Com freqüência de 2.4 GHz, o teclado tem uma bateria que armazena rapidamente a energia necessária para seu funcionamento contínuo, além de 17 teclas rápidas para acesso à Internet e aos principais recursos do Windows Vista e versões anteriores do sistema operacional.*

AJUSTANDO MANUALMENTE

1. Adicione o desenho de **Disquetes** ao texto.

2. Selecione-o.

3. Clique sobre a figura, com o botão direito do mouse, e selecione a opção **Quebra Automática de Texto**.

4. Escolha **Quadrado**. Repita o processo e opte por **Editar pontos da disposição do texto**. Observe como o desenho é contornado por uma série de "nós".

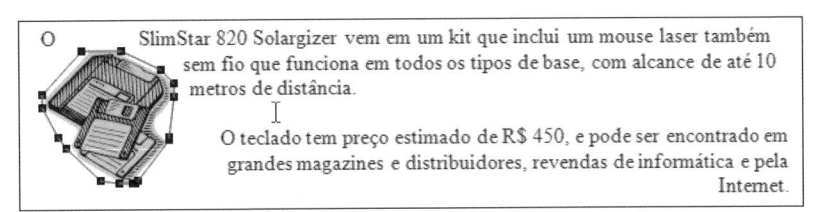

5. Posicione o cursor sobre o nó desejado e, pressionando o botão esquerdo do mouse, arraste-o na direção desejada.

INSERINDO UMA FIGURA EXTERNA

Siga um desses passos:

1. Clique onde deseja inserir a figura.

Para introduzi-la em uma tela de desenho, selecione esta.

2. Na guia **Inserir**, clique em **Imagem**.

3. Localize a imagem que você deseja usar.

4. Clique duas vezes na mesma.

> **Observações:**
>
> - Por padrão, o Word incorpora figuras em um documento. É possível reduzir o tamanho de um arquivo vinculando uma figura. Na caixa de diálogo **Inserir Figura** – do menu **Inserir**, submenu **Do Arquivo** – clique na figura, na seta à direita do botão **Inserir** e, em seguida, em **Vincular ao arquivo**.

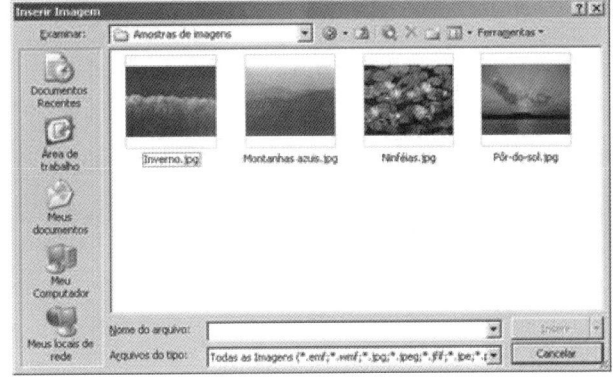

Localizando a imagem

- Você também pode incluir desenhos, fotografias, sons, vídeos e outros arquivos de mídia utilizando o Media Gallery.

INSERINDO UMA FIGURA DIRETAMENTE DE UM SCANNER OU CÂMERA DIGITAL

Para este procedimento, certifique-se de que o seu dispositivo é TWAIN- ou WIA-compatível e que esteja conectado ao computador. Verifique, também, se instalou o software de dispositivo que oferece suporte TWAIN ou WIA.

1. Configurar a imagem no dispositivo de digitalização.

2. Na guia **Inserir**, escolha **Clip-art** e clique em **Organizador de Clipes**.

3. Na tela que aparece, clique em **Arquivo / Adicionar clipes ao Media Gallery** e em **Do scanner ou câmera**

4. Se você tiver mais do que um dispositivo conectado ao seu computador, em **Dispositivo**, selecione qual deseja usar.

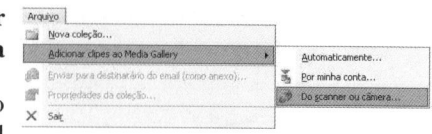

5. Siga um desses procedimentos:

• Se o dispositivo selecionado fôr um scanner, e você quiser usar as definições padrões para digitalizar a imagem, clique em **Qualidade Web** – se fôr exibir a figura na tela – ou **Qualidade de impressão**, se fôr imprimi-la. Depois, escolha **Inserir** para digitalizar a imagem.

• Se o dispositivo selecionado não fôr um scanner – por exemplo, uma câmera digital – ou caso queira personalizar todas as configurações antes de digitalizar a figura, clique em **Inserção personalizada**. Siga as instruções que acompanham o aparelho que você está usando.

Observação O botão **Inserir** pode não estar disponível para alguns scanners, porque o software deste não suporta uma digitalização automática. Use **Inserção personalizada**.

CRIANDO UMA MARCA D'ÁGUA

A marca d'água é muito utilizada, principalmente em empresas e repartições que desejam personalizar seus documentos, timbrando-os com logotipos, ou então para simplesmente colocar uma figura ao fundo dos textos. Veja, a seguir, como criar uma marca d'água:

1. Abra o arquivo **Grand Canyon.docx**.

2. Clique na guia **Layout da Página/Marca D'água**

3. Escolha um dos exemplos.

Veja que a figura, automa-ticamente, se transforma em uma marca d'água no texto.

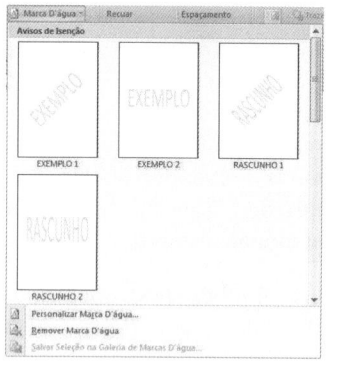

Você pode ainda, personalizar a marca d'àgua, com imagens ou texto específico.

Siga os passos:

1. Clique na guia **Layout da Página/Marca D'água**

2. Escolha **Marca d'água de imagem**

3. Na opção **Selecionar Imagem**, escolha a desejada.

4. Ative a opção **Desbotar** para que a mesma fique clara.

Para configurar o texto a ser exibido, repita os passos:

1. Clique na guia **Layout da Página/Marca D'água**

2. Escolha **Marca d'água de texto**

3. Na opção Texto, digite a frase ou palavra desejada.

4. Formate o estilo e o tamanho da letra a seu gosto

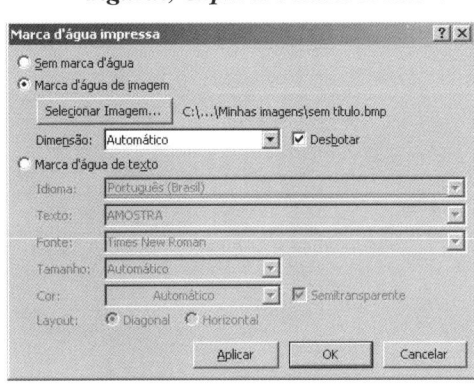

Ative a opção Desbotar

> A nova passarela, com piso de vidro, do Grand Canyon, foi aberta ao público nesta quarta-feira. A estrutura foi inaugurada e apresentada a jornalistas neste mês. Ela lembra uma ferradura e avança 21 m a partir da beira do cânion, oferecendo vista da paisagem a 1.219 m de altura.
>
> O empresário David Jin, de Las Vegas, pagou US$ 30 milhões para erguer a passarela e disse que ela permite que o visitante "ande pelo caminho da águia". À esquerda, pode-se ver o rio Colorado, ao fundo. À direita, uma parede do cânion faz lembrar as asas estendidas de uma ave e, por isso, é chamada de Eagle Point. Arquitetos colocaram material absorvedor de choque para diminuir a vibração. A passarela, chamada de skywalk, é capaz de suportar ventos de até 160 km/h. Skywalk fica na área de Grand Canyon West, a 195 km de Las Vegas, dentro da reserva dos índios Hualapai.
>
> O local ganhará, ainda, um centro de visitantes de três andares, com museu, cinema, área VIP e loja de suvenires, além de área para casamentos e restaurantes. Um deles, mais sofisticado, contará com uma parte externa e lugares à beira do cânion.

COLORINDO A PÁGINA

A página pode ganhar qualidade e um design diferenciado com a formatação de cores.

Siga as etapas abaixo:

1. Abra o arquivo **Grand Canyon.docx**.

2. Clique na guia **Layout da Página/Cor da Página**

3. Escolha uma das cores

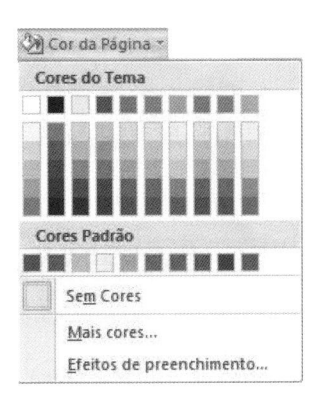

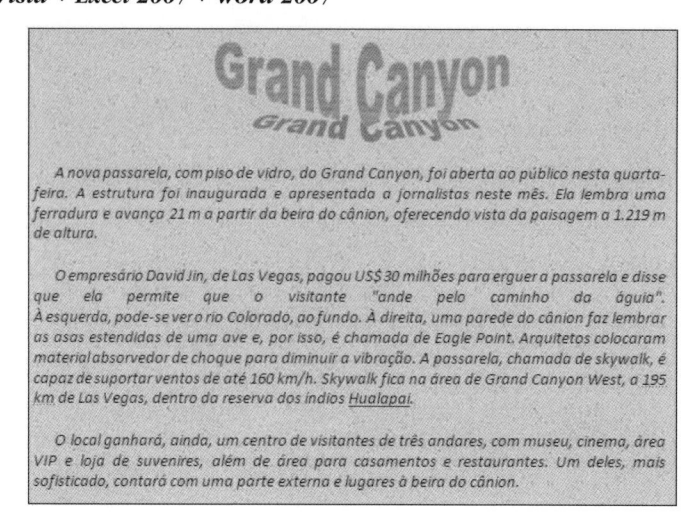

FERRAMENTAS DE DESENHO

Para ativar as ferramentas de desenho, clique na guia **Inserir/Formas**

Ao desenhar alguma forma, a Guia de Ferramentas de Desenho é exibida na tela para modificações na mesma.

DESENHANDO FORMAS GEOMÉTRICAS

Para desenhar formas geométricas, acompanhe os passos:

1. Vá para a guia **Inserir/Formas**

2. Escolha a forma **Retângulo** e, com o botão esquerdo do mouse, clique na área onde será desenhada a forma e arraste-a para a direita e abaixo.

3. O retângulo será desenhado na tela.

MODIFICANDO O TAMANHO DO OBJETO DESENHADO

Para alterar o tamanho do objeto, dê um clique em cima dele. Diversos pontos aparecem nas laterais; clique e arraste um deles para definir o tamanho desejado.

MODIFICANDO A POSIÇÃO DO OBJETO DESENHADO

Para mudar a posição do objeto, dê um clique em cima dele e arraste-o para o lugar desejado.

ALTERANDO AS CORES

Para modificar as cores do objeto, dê um clique em cima dele e escolha o estilo desejado na opção **Estilos de Forma**, na Guia **Ferramentas de Desenho/Formatar**

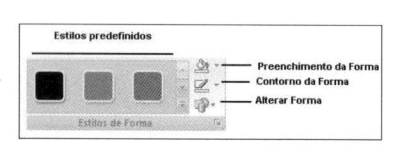

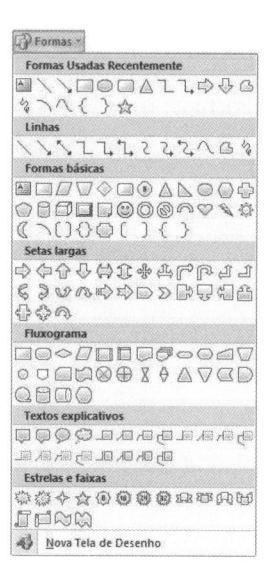

ADICIONANDO EFEITOS DE SOMBRA

Para adicionar sombra ao objeto, dê um clique em cima dele, escolha a opção **Efeitos de Sombra** e o modelo desejado.

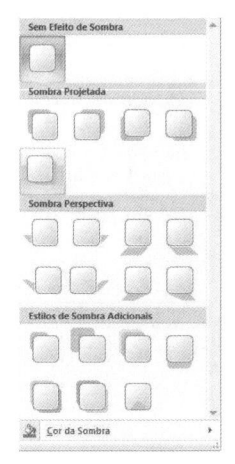

ADICIONANDO EFEITOS 3D

Para adicionar efeito 3D ao objeto, dê um clique nele, vá para a opção **Efeitos 3D** e escolha o modelo desejado.

ORDENANDO OBJETOS

Para ordenar objetos, dê um clique no mesmo e escolha uma das opções em **Organizar,** para enviar o objeto para trás, trazer para a frente, rotacionar ou posicionar a forma no texto.

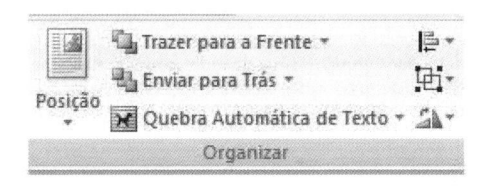

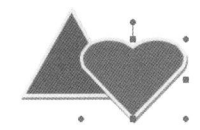

FIXANDO O APRENDIZADO

Monte os folhetos a seguir, usando todos os recursos mostrados até agora:

Preservando espécies.docx

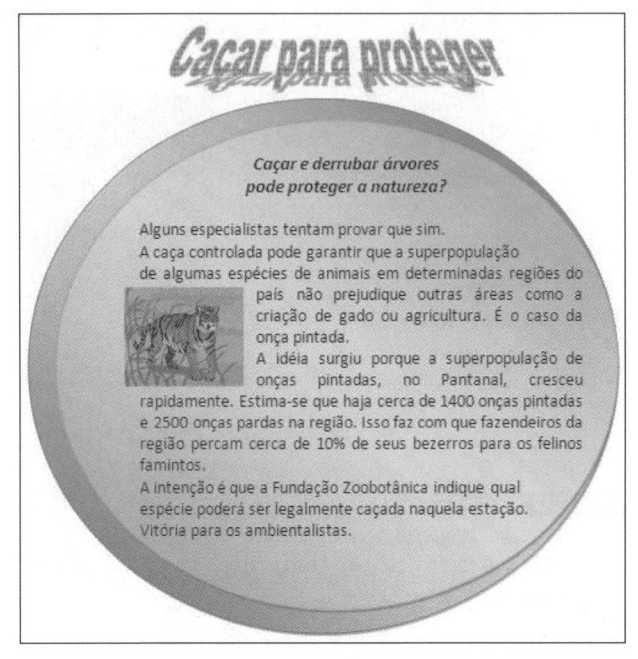

Caçar para proteger

Caçar e derrubar árvores pode proteger a natureza?

Alguns especialistas tentam provar que sim.
A caça controlada pode garantir que a superpopulação de algumas espécies de animais em determinadas regiões do país não prejudique outras áreas como a criação de gado ou agricultura. É o caso da onça pintada.
A idéia surgiu porque a superpopulação de onças pintadas, no Pantanal, cresceu rapidamente. Estima-se que haja cerca de 1400 onças pintadas e 2500 onças pardas na região. Isso faz com que fazendeiros da região percam cerca de 10% de seus bezerros para os felinos famintos.
A intenção é que a Fundação Zoobotânica indique qual espécie poderá ser legalmente caçada naquela estação.
Vitória para os ambientalistas.

Slowdrive.docx

SlowDrive
Tricampeã Mundial de F1 nos últimos três anos

Para andar neste ritmo
Só com GoodStone

Grandes pilotos e equipes precisam de qualidade, segurança e tecnologia para andarem sempre na frente. Exatamente por isso, a **Slowdrive**, equipe tricampeã em F1 no Mundial de Corredores, utiliza em seus carros os pneus **Goodstone** – que garantem melhor desempenho nas pistas. Porém, você não precisa ser piloto para usufruir dessa tecnologia de ponta desenvolvida na F1. Ela está presente em toda a linha **BadRunner** que a rede **Goodstone** coloca à disposição do seu carro, o qual também não precisa ser um **SlowDrive**.

Processo seletivo carótida.docx

Microsoft® WORD 2007

CAPÍTULO 31

Cabeçalhos e Rodapés

Os cabeçalhos e os rodapés são áreas situadas na margem superior e inferior de cada página de um documento.

Você pode inserir textos ou elementos gráficos em cabeçalhos e rodapés –como números de página, data, logotipo de uma empresa, título de documento, nome do próprio arquivo ou nome do autor. Esses elementos são impressos no início ou no fim de cada página de um documento.

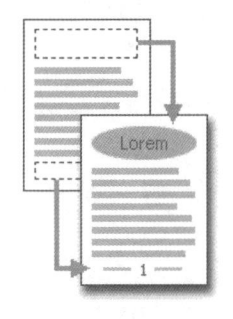

Para trabalhar na área de cabeçalho e rodapé, basta clicar em Cabeçalho ou em Rodapé, na guia Inserir.

CABEÇALHOS E RODAPÉS EM UMA PÁGINA DA WEB

Os cabeçalhos e os rodapés aparecem apenas no modo de exibição Layout de Impressão e em documentos impressos. Eles não são mostrados e nem impressos nos documentos da Web exibidos em navegadores. No entanto, são mantidos no documento da Web, de modo que apareçam quando você retornar ao formato .docx.

Na prática, execute os passos abaixo:

1. Abra o arquivo **Excalibur.docx.**

2. Na guia **Inserir**, escolha a opção **Cabeçalho.**

3. Selecione o modelo desejado. Automaticamente, a área do Cabeçalho será aberta para edição.

4. Digite "**Skywalk**" e configure a data para a atual.

5. Dê um clique duplo na página para voltar ao texto.

6. Visualize a impressão para ver o resultado.

Vamos agora colocar data e hora no rodapé:

1. Clique na guia **Inserir** e escoha a opção **Rodapé.**

2. Selecione o modelo desejado. A área do rodapé será aberta automaticamente para edição.

3. Pressione o ícone Data e Hora.

4. Escolha o formato desejado.

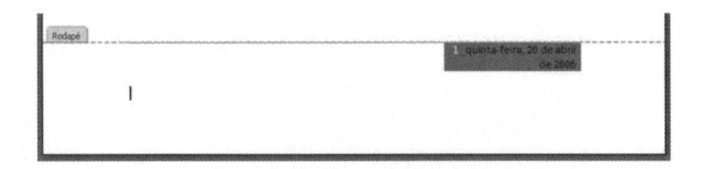

O Cabeçalho está pronto. Basta agora visualizar a impressão para ver o resultado. Note que o Cabeçalho e o Rodapé aparece em todas as páginas.

Para se movimentar entre o Cabeçalho e o Rodapé, use a guia **Navegação.**

CRIANDO UM CABEÇALHO OU UM RODAPÉ DIFERENTE PARA A PRIMEIRA PÁGINA

É permitido omitir o Cabeçalho ou o Rodapé na primeira página de um documento ou criá-los exclusivamente para a mesma ou para cada seção.

Ative a opção **Primeira Página Diferente** e determine o estilo e os itens desejados.

CRIANDO CABEÇALHOS OU RODAPÉS DIFERENTES PARA PÁGINAS PARES E ÍMPARES

Marque **Diferentes em Páginas Pares e Ímpares** e determine o estilo e os itens que queira.

CRIANDO UM CABEÇALHO OU RODAPÉ DIFERENTE PARA PARTE DE UM DOCUMENTO

Primeiramente, é necessário que um documento seja dividido em seções para que se crie um Cabeçalho ou Rodapé diferente apenas para parte dele. Se isso ainda não tiver sido feito, insira uma quebra de seção no lugar em que deseja iniciá-la.

Como?

1. Clique no local desejado da página e, depois, em **Quebras,** na guia **Layout da Página**.

2. Em **Tipos de quebra de seção**, escolha a opção que descreve o local em que você deseja que a nova seção comece.

3. Clique na seção na qual será criado um Cabeçalho ou um Rodapé diferente.

4. No menu **Inserir**, vá para **Cabeçalho ou Rodapé**.

5. Na guia **Cabeçalhos e Rodapés**, desative **Vincular ao Anterior,** caso esteja ativado.

6. Altere o Cabeçalho ou o Rodapé existente ou crie um novo para essa seção.

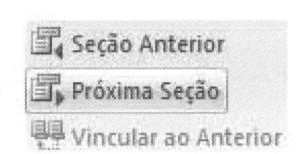

MARCADOR E NUMERAÇÃO

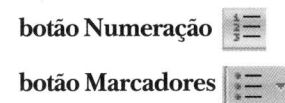

botão Numeração

botão Marcadores

Para organizar um documento no Word, há duas alternativas: por tópicos ou por numeradores. Esses dois recursos estão disponíveis na guia **Início** e são bem simples de se utilizar. Tanto o **marcador** quanto a **numeração** alinham o texto para dentro da margem esquerda, destacando-o em forma de tópicos. Cada parágrafo é entendido como um desses.

Veja um exemplo:

1. Abra o arquivo **O príncipe e o povo.docx**.

2. Selecione os seis parágrafos iniciais do texto.

3. Dê um clique no botão **Numeração**, da guia **Início.** Uma numeração automática é colocada de acordo com o número de parágrafos.

4. Para personalizar as opções de **numeração**, clique na seta ao lado do botão Numeração e escolha o modelo desejado.

Para inserir **marcadores,** o processo é o mesmo da numeração. Veja:

1. Ainda com o texto, selecione os seis parágrafos iniciais.

2. Dê um clique no botão **Marcadores**, da Barra de Ferramentas de Formatação. Uma marcação automática é inserida de acordo com o número de parágrafos.

3. Para personalizar as opções de **marcadores**, clique na seta ao lado do botão Marcadores e escolha o modelo desejado. Observe o resultado:

FIXANDO O APRENDIZADO

1. Abra o arquivo **Severino.docx**.

2. Coloque um Cabeçalho com a expressão "**Morte e Vida Severina**"**,** usando o WordArt.

3. Insira a data do sistema no Rodapé do arquivo e confira se funcionou.

4. Introduza, no Cabeçalho, o número da página atual e o total de páginas do texto, utilizando os botões da guia **Cabeçalhos e Rodapés**.

5. Imagine que você tem uma firma e precisa timbrar os papéis com o logotipo de sua empresa no Cabeçalho. Crie-o e coloque-o no mesmo. Veja um exemplo.

6. Numere os três primeiros parágrafos do texto.

7. Mude-os para marcadores, com o caractere * (asterisco).

Microsoft®

WORD 2007

CAPÍTULO 32

Mala Direta

Definição: mala direta é um texto mesclado com um banco de dados.

Imagine, por exemplo, que você tenha uma loja e necessite enviar a todos os clientes uma carta de promoção ou, então, uma de felicitação natalina. Obviamente todas elas terão o mesmo conteúdo, exceto pelo fato de que cada uma será enviada a uma pessoa com nome e endereço diferentes. Sendo assim, com o recurso de mala direta, você pode gerar um banco de dados com os nomes dos clientes juntamente com uma carta modelo. Automaticamente os dados serão replicados para quantos clientes existirem nesse banco de dados.

Siga as etapas abaixo para criar uma mala direta:

1. Abra um **novo** arquivo.

2. Selecione a guia **Correspondência/Iniciar Mala Direta/ Assistente de Mala Direta Passo a Passo.**

3. Na barra lateral que aparece, opte por **Cartas** e clique em **Próxima**.

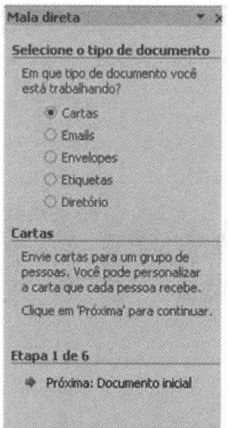

4. Na Etapa 2, escolha a opção **Usar o documento atual** e, depois, **Próxima.**

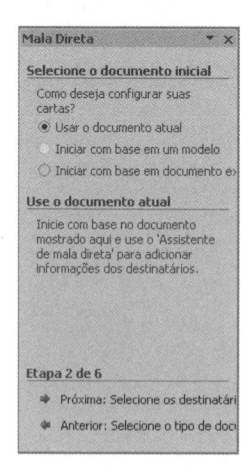

5. Na etapa 3, opte por **Digitar uma nova lista** e, então, por **Criar:**

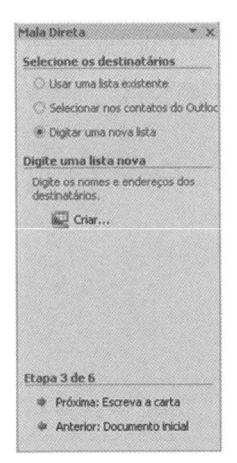

6. Na tela que aparece, clique em **Personalizar Colunas,** para que se possa escolher os campos que farão parte da mala direta.

7. Escolha os campos e vá clicando em excluir, como mostrado abaixo:

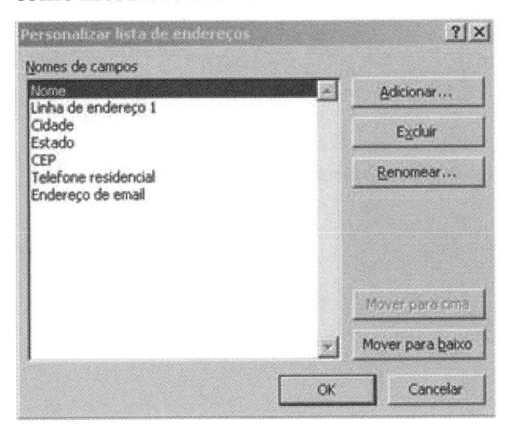

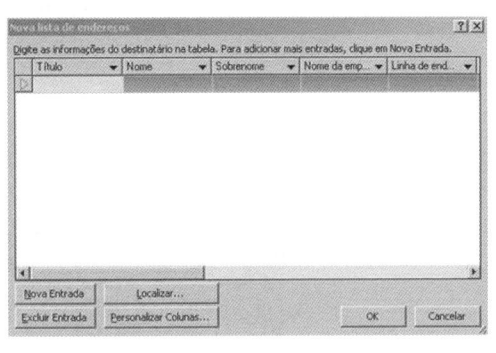

8. Pressione **OK**.

9. Cadastre cinco registros completos, por meio do botão **Nova Entrada**. Logo depois, tecle **Fechar.**

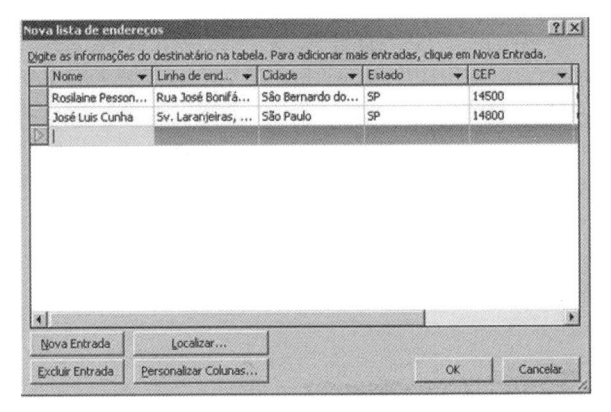

10. Ao clicar em Fechar, o programa pede um nome para o banco de dados. No formato Access, grave o arquivo com o nome de **Clientes.mdb**.

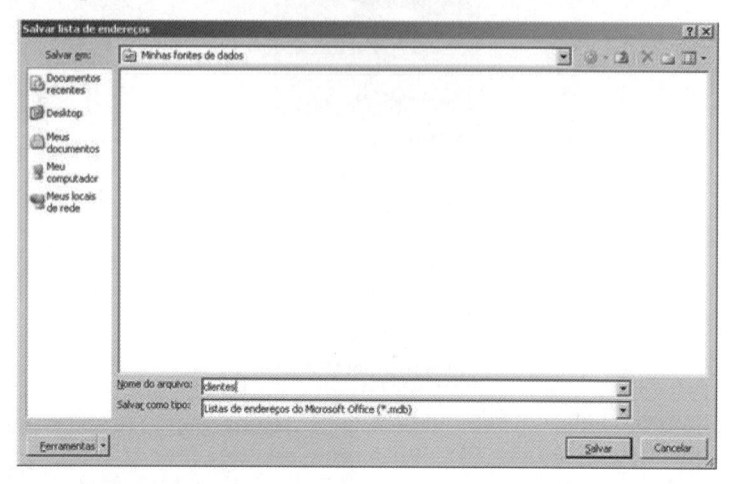

11. Na próxima tela, é possível fazer um filtro dos dados digitados. Por exemplo, você pode usar apenas as pessoas que moram no estado de **SP** ou na cidade de Ribeirão Preto. Pressione **OK** para voltar à tela do **Word**.

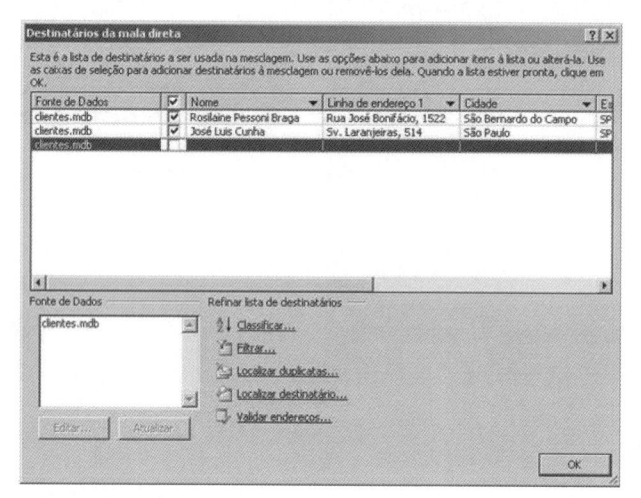

12. Clique na opção Próxima: Escreva a carta.

Após os registros terem sido digitados, você pode redigir a carta modelo, usando a Barra de Ferramentas **Mala Direta**:

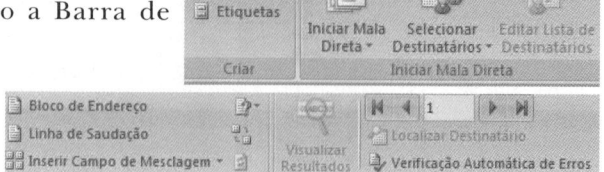

13. Selecione a opção **Mais itens** quando desejar colocar um campo do banco de dados na carta. Faça com que o texto fique igual ao ilustrado a seguir, após as caixas de diálogo:

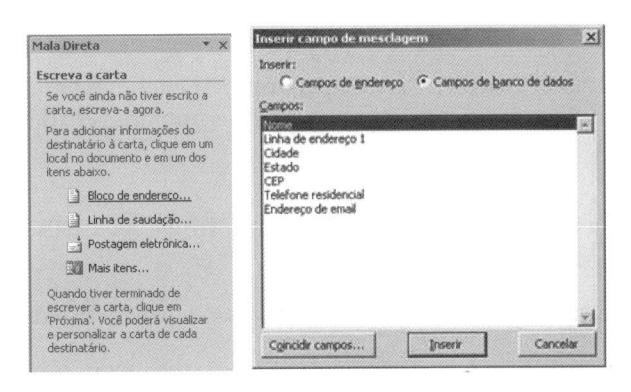

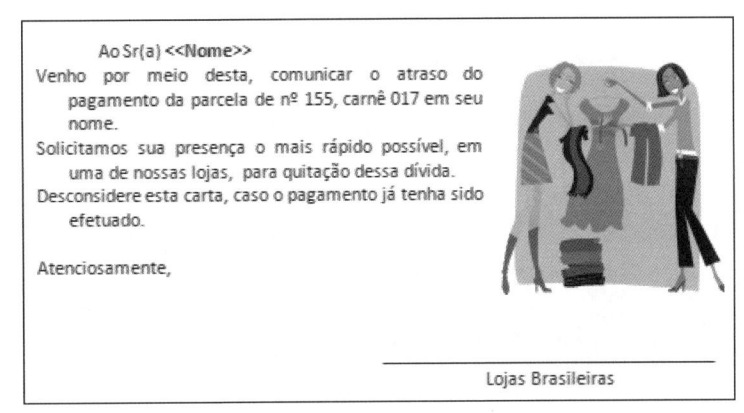

14. Para mesclar os dados com o texto, clique no botão **Concluir e Mesclar /Editar Documentos Individuais**.

15. Na opção que aparece, escolha **Todos** e pressione **OK**.

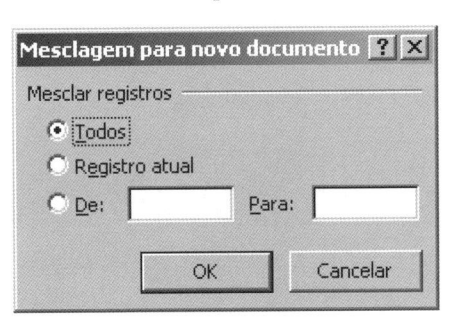

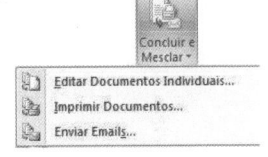

16. Visualize a impressão e observe que cada uma das cartas geradas tem um nome diferente, proveniente do seu banco de dados.

17. Automaticamente, foram geradas todas as cartas, ou seja, para cada registro colocado no banco de dados, foi criada uma novo documento, como mostrado a seguir:

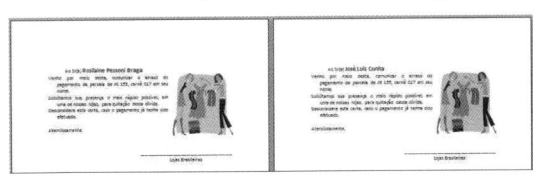

ETIQUETAS

Juntamente com a mala direta, existe a opção de criar etiquetas para endereçar a carta a ser enviada. Muitas vezes, o recurso de etiquetas é mais utilizado, em detrimento ao das cartas.

1. Abra um **novo** arquivo.

2. Selecione a guia **Correspondência/Iniciar Mala Direta/Assistente de Mala Direta Passo a Passo.**

3. Na barra lateral que aparece, selecione **Etiquetas** e clique em **Próxima**.

4. Escolha **Opções de Etiquetas** para mudar o tipo a ser usado. Na tela que surge, escolha **Laser e jato de tinta**, com a opção **Cartão de Visita**.

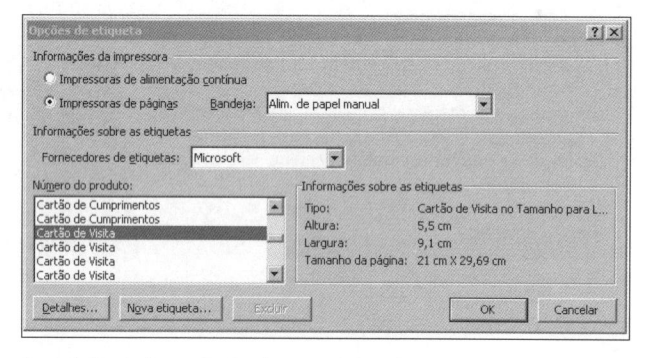

5. Pressione **OK** e depois **Próxima: Selecione os destinatários**

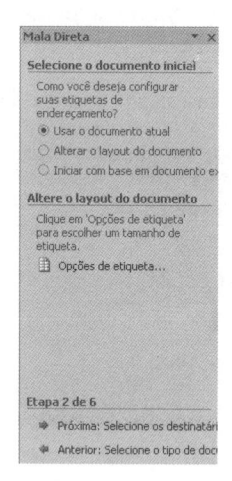

6. Na Etapa **3,** clique em **Procurar** e escolha o arquivo **Clientes.mdb,** criado anteriormente. Pressione **Abrir**.

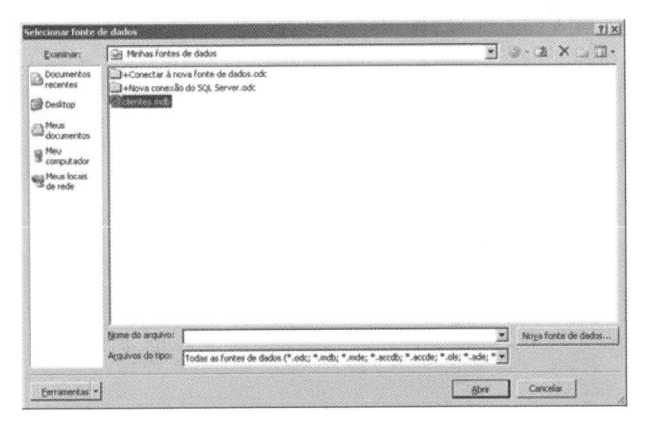

7. Na tela do filtro, clique apenas em **OK** e depois em **Próxima : Prepare as etiquetas**.

8. Na opção **Mais itens**, selecione os campos da etiqueta, para que a primeira fique como mostrado a seguir. Lembre-se que, após adicionar todos os campos com um clique duplo sobre eles, deve-se pressionar ENTER entre um item e outro.

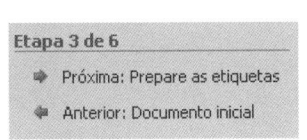

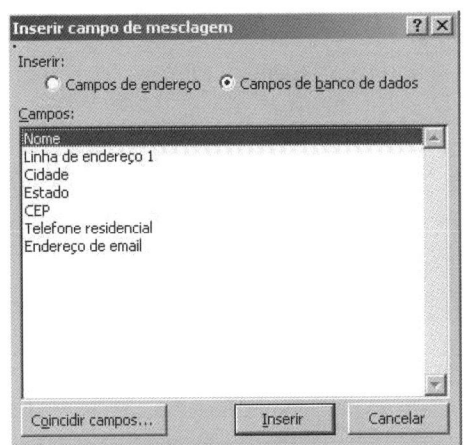

9. Clique, agora, no botão **Atualizar todas as etiquetas**, para que o layout criado seja aplicado em todas as etiquetas.

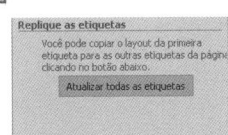

10. Escolha **Próxima: Visualize as etiquetas** e depois **Próxima : Conclua a mesclagem**.

11. Depois de mesclar os dados, o resultado deve ser parecido com o mostrado abaixo:

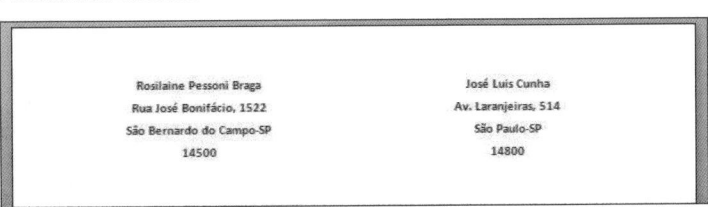

CRIANDO CARTÕES DE VISITA

Veja, agora, como criar cartões de visita utilizando o Word e o recurso de etiquetas.

1. Abra um novo arquivo.

2. Selecione a guia **Correspondência/Criar/Etiquetas**

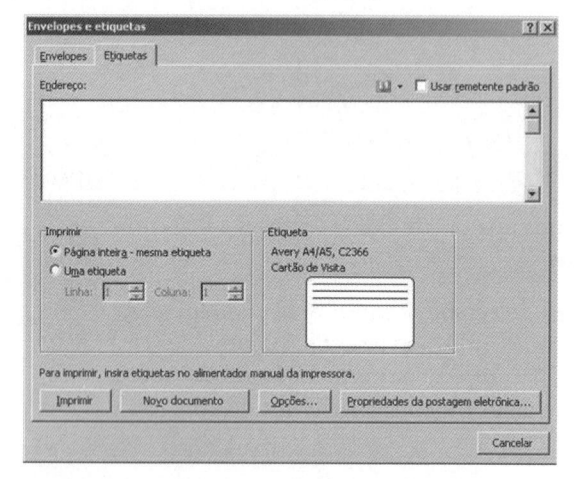

3. Na tela que aparece, clique em **Opções,** a fim de criar uma nova folha de etiquetas.

4. Depois, opte por **Nova Etiqueta**, pressione **OK** e configure como a seguir:

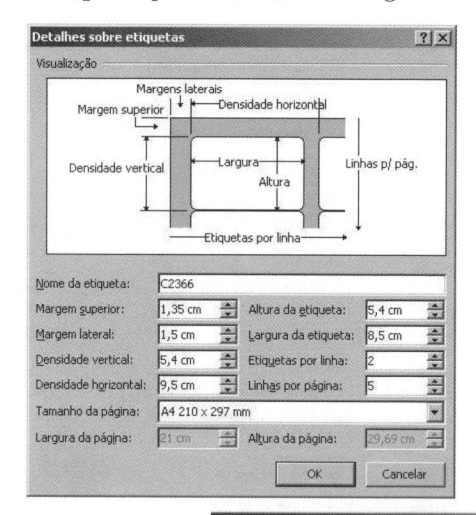

5. Digite, na etiqueta, os dados abaixo e clique em **Novo documento**.

Pedro Pedreira

Ajudante de Assistente de Coisa Nenhuma

Fone 9999-6666-3777-7777

e-mail: quase@inteiro.com.br

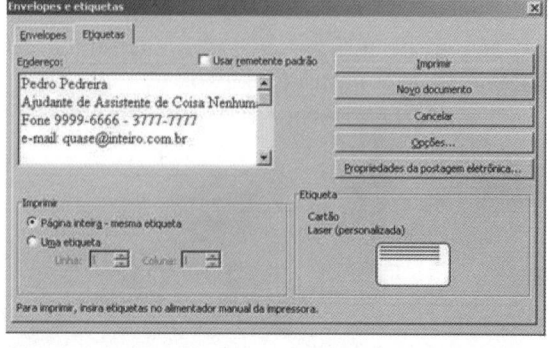

6. Note que o Word, automaticamente, gera uma folha completa com as mesmas informações.

7. Agora pode-se personalizar a primeira etiqueta, para que as alterações sejam propagadas para o restante da folha. Faça com que ela fique como o exemplo ao lado:

Pedro Pedreira

Ajudante de Assistente de Coisa Nenhuma

Fone 9999-6666 - 3777-7777

e-mail: quase@inteiro.com.br

8. Selecione a primeira linha de etiquetas e vá, novamente, ao menu **Ferramentas/Cartas e Correspondências/Envelopes e etiquetas**.

9. Depois, selecione **Novo documento**. As alterações feitas na primeira etiqueta são transferidas para as restantes.

FIXANDO O APRENDIZADO

1. Abra um novo arquivo.

2. Imagine que você é dono(a) de uma loja de materiais de construção e deseja mandar uma mala direta, contendo um WordArt, aos seus clientes.

- Insira os campos, como mostra o exemplo abaixo.
- Digite o texto abaixo e crie as etiquetas das cartas.

Liquidação

<<Nome>>
<<Linha_de_endereço_1>>
<<Cidade>>
<<Estado>>

Não perca a Grande Liquidação da **Demolition**, você não poderá perder esta grande oportunidade de comprar materiais de construção com até 80% de descontos.
Não se esqueça que a promoção é válida por poucos dias. Com a apresentação deste, você poderá concorrer a vários prêmios em dinheiro.
Esperamos por você, aproveite!

José Marreta

3. Crie etiquetas, usando as seguintes configurações:

- Impressora matricial
- 1 cm de altura x 10 cm de comprimento
- Uma etiqueta por linha
- 18 linhas por página

Referência: 4587	Cor: Verde
Referência: 4588	Cor: Azul
Referência: 4589	Cor: Preto
Referência: 4590	Cor: Rosa

Microsoft®

WORD 2007

CAPÍTULO 33
Comandos Finais

MACRO

Se executar uma tarefa de forma repetitiva no Word, é possível automatizá-la utilizando uma macro. Esta é uma seqüência de comandos e instruções agrupados como um único, a fim de realizar um comando automaticamente.

Alguns usos típicos das macros:

- Acelerar a edição ou a formatação.

- Para combinar vários comandos, por exemplo, inserir uma tabela com bordas e tamanho específico, com determinado número de linhas e colunas.

- Tornar mais acessível uma opção de caixa de diálogo.

- Automatizar uma seqüência complexa de tarefas.

Veja como criar uma macro que insira automaticamente um WordArt:

1. Abra um **novo** Arquivo.

2. Dê um clique duplo na guia **Exibição/Macros** e escolha **Gravar Macro**

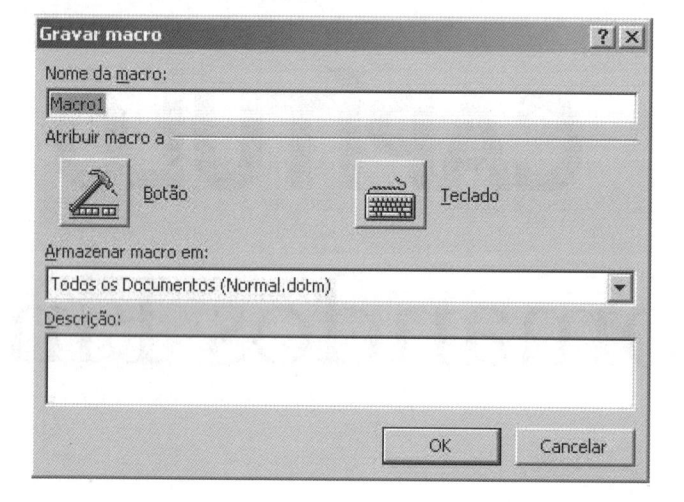

3. Uma caixa de diálogo aparece no monitor. Na opção **Nome da macro**, nomeie como **Objeto** e, logo depois, vá para **Botão**.

4. Uma nova caixa surgirá. Clique no nome criado e, em seguida, em **Adicionar,** a fim de criar um novo botão na Barra de Ferramentas.

5. Após ter feito isso, clique em **Modificar** e escolha uma imagem para o botão.

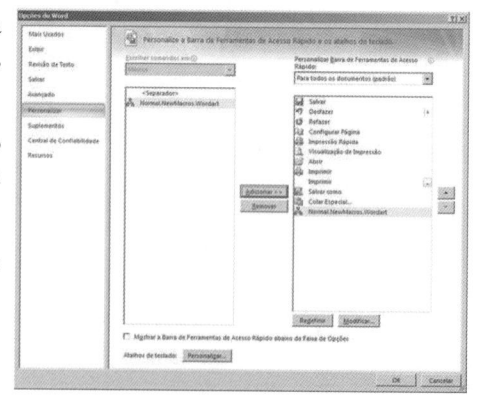

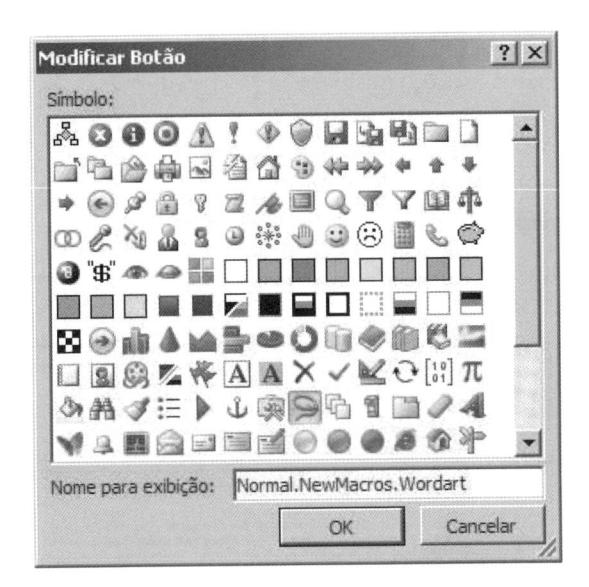

6. Observe que o ponteiro do mouse se transforma em um desenho de fita cassete, porque o computador gravará tudo o que fôr feito de agora em diante.

7. Vá para a opção **Inserir/WordArt** e, em seguida, digite **Word 2007** como texto para a WordArt.

8. Finalize a macro, clicando no botão **Pausar gravação.**

Agora abra outro arquivo e clique no botão criado na Barra de Ferramentas. Note que o WordArt é inserido novamente no texto, facilitando um trabalho que poderia ser repetitivo.

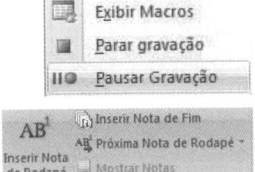

PINCEL

A ferramenta Pincel é muito utilizada quando há que se fazer uma operação várias vezes. Por exemplo, se você estiver realizando um trabalho e deseja mudar a cor dos títulos do texto para **azul**. Pelo modo convencional – mudar a cor por meio do menu formatar – a operação ficaria muito demorada, mas, usando o Pincel, basta selecionar um título que já esteja na formatação desejada e "**pincelar**" os outros, como se estivesse selecionando-os.

1. Abra o arquivo **Excalibur.docx**

2. Mude a cor do **título** para azul, tamanho 30.

3. Selecione-o e dê um clique duplo na ferramenta Pincel, na guia **Início.**

4. Escolha palavras aleatoriamente no texto e note que, automaticamente, a formatação é aplicada.

NOTA DE RODAPÉ

A nota de rodapé tem várias utilidades, uma delas é colocar uma observação no fim da página sobre alguma palavra que apareça no texto.

1. Abra o arquivo **Tecnologia.docx**

2. Posicione o cursor ao lado da palavra **Software** e selecione a opção do menu **Referência/Inserir Nota de Rodapé**.

3. Observe que o Word abre uma área separada, com o intuito de que você possa digitar a nota.

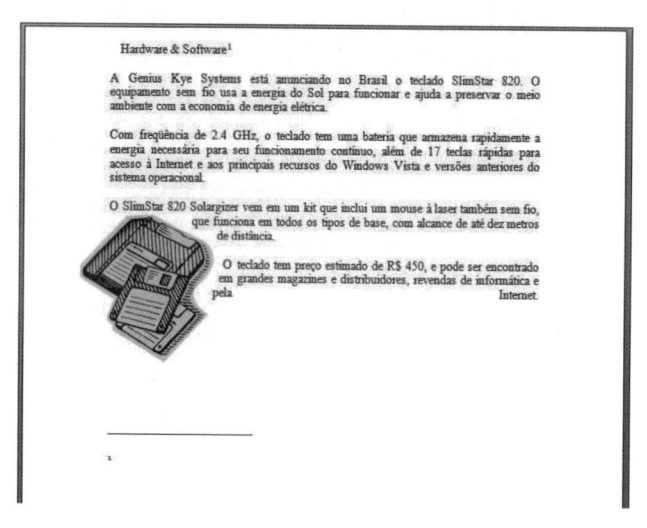

Digite na nota o seguinte texto:

"Programas, sistemas."

4. Note que o Word coloca um número **1** à frente da palavra **Software**.

O programa coloca os números automaticamente para indicar a ordem numérica das notas de rodapé.

AUTOTEXTO

A ferramenta AutoTexto é uma opção de muita ajuda principalmente quando se está digitando um texto muito longo, onde se tenha que inserir várias vezes o mesmo trecho. É possível transformar em AutoTexto o cabeçalho de uma carta comercial, no qual sempre é inserido o endereço da empresa, junto com o logotipo.

Siga o exemplo:

1. Abra um **novo** arquivo.

2. Digite seu nome e endereço completo.

3. Selecione-os.

4. Vá para a guia **Inserir/Partes Rápidas/Salvar Seleção na Galeria de Partes Rápidas**

5. Configure a tela como mostra a imagem abaixo:

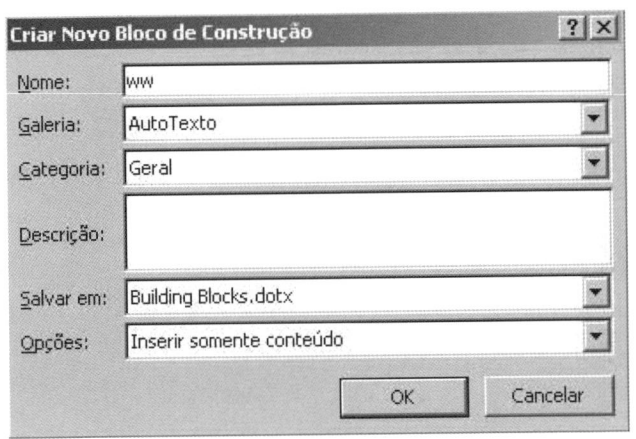

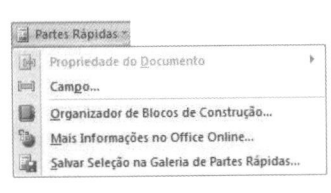

> Para executar o AutoTexto, basta digitar **ww** e pressionar **F3**. Toda vez que você quiser inserir seu nome e endereço, basta executar o passo acima.

AUTOCORREÇÃO

AutoCorreção é uma ferramenta muito útil no que se refere a corrigir palavras digitadas de forma errada. Para testar e entender melhor, siga as etapas abaixo:

1. Clique em **Opções do Word,** no Botão do Microsoft Office. A seguinte tela aparecerá:

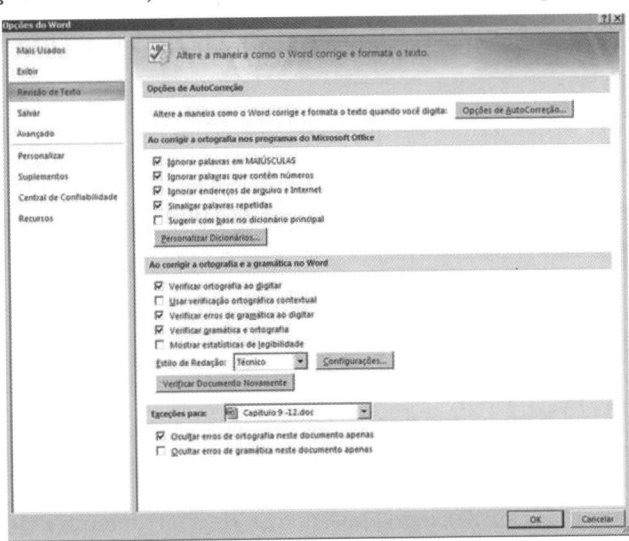

2. Vá para **Revisão de Texto** e, em depois, para **Opções de AutoCorreção.**

3. Na opção **Substituir**, digite **caleta** e em **Por**, a palavra correta **caneta**. Clique em **Adicionar** e depois, **OK**.

4. Digite a palavra errada **caleta,** no texto, e pressione a **barra de Espaço**. Observe que a palavra é corrigida automaticamente.

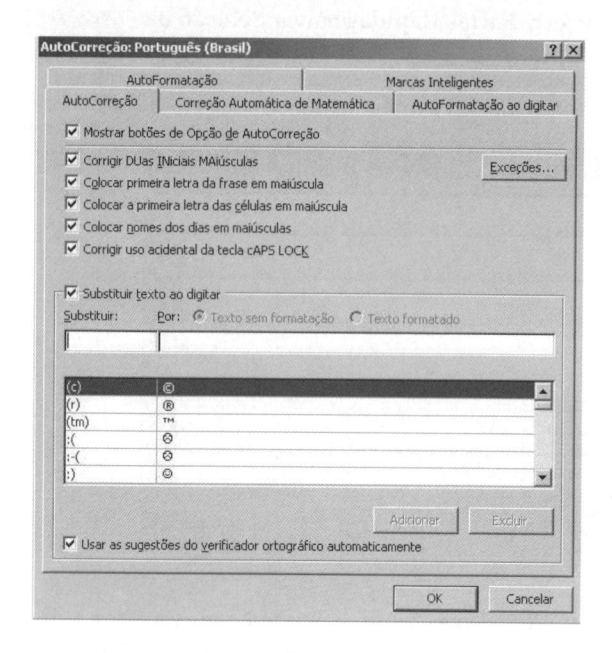

FIXANDO O APRENDIZADO

1. Faça uma macro que insira a palavra **paz,** usando a fonte **Arial Black,** tamanho **20,** cor **azul**.

2. Crie uma macro que insira um ClipArt no Cabeçalho do arquivo.

3. Insira uma macro que coloque um WordArt com a palavra **Relatório Anual** no início do arquivo.

4. Construa uma macro que introduza o texto digitado abaixo na cor verde, com sombreamento laranja.

> Antes se arrepender por tentar e não conseguir, do que se arrepender por não ter tentado.

5. Abra o arquivo **Água.docx**.

6. Faça com que a primeira linha do texto fique com sombreamento amarelo.

7. Mude-o da linha 15 para a 25, usando a ferramenta Pincel.

8. Coloque uma borda dupla, na cor verde, no último parágrafo do texto.

9. Altere a cor do título para zul e, logo após, utilizando a ferramenta Pincel, mude o último parágrafo para azul também.

10. Abra o arquivo **O príncipe e o povo.docx,** formate a fonte e a cor do primeiro parágrafo e faça com que todos os títulos fiquem com a mesma formatação, por meio do Pincel.

11. Abra um novo arquivo e digite o texto abaixo.

>Demolition
>Rua da Destruição 555
>São Paulo - SP

12. Insira uma nota de rodapé, indicando o seu endereço e o seu telefone para contato, ao lado da palavra Demolition.

13. Transforme o trecho digitado acima em um AutoTexto.

14. Faça com que toda vez que se digitar a palavra cateira, o Word corrija-a automaticamente para carteira.

***

ALGUMAS TECLAS DE ATALHO

TECLADO

CAPS LOCK: muda todas as letras para MAIÚSCULAS.

SHIFT: alterna a letra só quando pressionado juntamente a ela; acessa o conteúdo superior das teclas.

ALT: acesso aos menus sem o mouse (ALT + a letra em destaque).

TAB: tecla para tabulação. Deve ser usada em início de parágrafos ou quando se deseja uma lista.

Acentuação: para teclados padrão internacional (sem cedilha "ç")

'+ C = Ç
'+ c = ç
" + u = ü

" + U = Ü
ALT + 167 = º
ALT + 166 = ª

▶ **Observação** Para que as aspas apareçam, é necessário incluir um espaço após a digitação destas.

MOVIMENTO DO CURSOR

Uma linha acima	Seta para cima
Uma linha abaixo	Seta para baixo
Para o fim de uma linha	End
Para o início de uma linha	Home
Para o início da janela	ALT + CTRL + Page Up
Para o fim da janela	ALT + CTRL + Page Down
Uma tela para cima (rolagem)	Page Up
Uma tela para baixo (rolagem)	Page Down
Para o início da página seguinte	CTRL + Page Down
Para o início da página anterior	CTRL + Page Up
Para o fim de um documento	CTRL + End
Para o início de um documento	CTRL + Home
Excluir um caractere à esquerda	Espaço
Excluir uma palavra à esquerda	CTRL + Espaço
Excluir um caractere à direita	Delete

Excluir uma palavra à direita	CTRL + Delete
Criar nova linha ou determinar final de parágrafo	ENTER
Caixa alta (todas as letras maiúsculas)	CAPS LOCK
Inverte a letra / utilizar o conteúdo de cima das teclas	SHIFT
Espaço tabulado (tabulação)	TAB

MOVIMENTO DO CURSOR COM SELEÇÃO

Um caractere para a direita	SHIFT + Seta direita
Um caractere para a esquerda	SHIFT + Seta esquerda
Até o fim de uma palavra	CTRL + SHIFT + Seta direita
Até o início de uma palavra	CTRL + SHIFT + Seta esquerda
Até o fim de uma linha	SHIFT + End
Até o início de uma linha	SHIFT + Home
Uma linha abaixo	SHIFT + Seta para baixo
Uma linha acima	SHIFT + Seta para cima
Até o fim de um parágrafo	CTRL + SHIFT + Seta para baixo
Até o início de um parágrafo	CTRL + SHIFT + Seta para cima
Uma tela para baixo	SHIFT + Page Down
Uma tela para cima	SHIFT + Page Up
Até o fim de uma janela	ALT + CTRL + Page Down
Até o início de um documento	CTRL + SHIFT + Home
Para selecionar o documento inteiro	CTRL + T

TECLAS DE ATALHO PARA OS MENUS

Criar um novo documento	CTRL + O
Abrir um documento	CTRL + A
Fechar um documento	CTRL + W
Salvar um documento	CTRL + B
Criar nova página	CTRL + ENTER

Localizar texto, formatação e itens especiais	CTRL + L
Ir para uma página	CTRL + Y
Cancelar uma ação	ESC
Desfazer uma ação	CTRL + Z
Refazer ou repetir uma ação	CTRL + Y
Aumentar em um ponto o tamanho da fonte	CTRL+]
Diminuir em um ponto o tamanho da fonte	CTRL+ [
Alterar a formatação dos caracteres	CTRL + D
Alternar as letras entre maiúsculas e minúsculas	SHIFT + F3
Formatar com negrito	CTRL + N
Aplicar um sublinhado	CTRL + S
Formatar com itálico	CTRL + I
Sublinhar as palavras, mas não sublinhar os espaços	CTRL + SHIFT + W
Aplicar sublinhado duplo ao texto	CTRL + SHIFT + D
Formatar com subscrito (espaçamento automático)	CTRL + =
Formatar com sobrescrito (espaçamento automático)	CTRL + SHIFT + +
Exibir caracteres não-imprimíveis	CTRL + SHIFT + *
Aplicar espaçamento simples entre linhas	CTRL + 1
Aplicar espaçamento duplo entre linhas	CTRL + 2
Aplicar espaçamento de 1,5 entre linhas	CTRL + 5
Adicionar ou remover o espaço de uma linha antes de um parágrafo	CTRL + 0
Centralizar um parágrafo	CTRL + E
Justificar um parágrafo	CTRL + J
Alinhar um parágrafo à direita	CTRL + G

Remover a formatação de parágrafo	CTRL + Q
Recortar o texto selecionado para a área de transferência	CTRL + X
Copiar texto ou elementos gráficos	CTRL + C
Colar o conteúdo da área de transferência	CTRL+ V
Desfazer a última ação	CTRL + Z
Mover texto ou elementos gráficos	F2 (em seguida, mova o ponto de inserção e pressione ENTER)
Para iniciar a impressão do documento	CTRL + P

> **Vale Lembrar:** O sinal de + entre as teclas significa que a(s) primeira(s) teclas devem ser mantidas pressionadas. Deve-se dar o toque na última.

A DIGITAÇÃO

A digitação deve ser feita sempre que possível de uma vez só, isto é, se preocupe apenas em inserir o texto seqüencialmente, sem se ocupar com a formatação e os erros de digição. É possível formatá-lo após a digitação e corrigi-lo, posteriormente, de maneira manual ou automática. Portanto, digite o texto de forma contínua, pressionando a tecla ENTER apenas quando quiser mudar de parágrafo.

O Word sempre sublinha, com uma linha irregular, palavras desconhecidas – que não são poucas – para o programa, de acordo como exemplo abaixo:

dedografia

Para corrigir o erro manualmente, volte na palavra e a arrume; para que isso se dê automaticamente, utilize o corretor ortográfico, pressionando a tecla F7 ou vá para o menu Ferramentas, opção Ortografia e Gramática. Lembre sempre que o Word tem um dicionário limitado e nem sempre a sugestão é válida. Você pode, com o tempo, montar um dicionário próprio, armazenado no arquivo usuário.dic, mas este pode ter que ser recomeçado, caso seu computador seja formatado ou seja reinstalado o Microsoft Office.

> **Vale lembrar**: o Word dispõe de uma ferramenta que desfaz as últimas 99 ações, portanto, se você fizer algo de estranho ou se o resultado não fôr o esperado, volte as ações até que se atinja o ponto inicial. Essa ferramenta é acessada pelo atalho CTRL+Z ou pelo menu Editar, Desfazer.

SELEÇÃO DE TEXTO

Para que as alterações a serem feitas tenham o resultado desejado em uma única palavra, não é necessário selecioná-la, basta posicionar o cursor nela. Para que as alterações tenham efeito em diversas palavras ou parágrafos deve-se, primeiro, selecioná-los.

Existem diversas formas de seleção. Uma delas é clicar antes do texto, manter o botão pressionado e arrastar o mouse até o ponto desejado. A outra é posicionar o mouse na área de margem, ao lado esquerdo do texto, até que o cursor aponte para o texto.

Um clique seleciona a primeira linha;

Dois cliques seleciona o parágrafo

Três cliques seleciona o texto todo

➡ **Vale lembrar:** isso pode ser perigoso, pois um texto selecionado é automaticamente substituído por outro, por qualquer outra letra, número ou mesmo por um espaço.

SUMÁRIO

Para fazer um sumário simples e de maneira fácil, é necessário apenas uma preparação dos títulos dos capítulos, os quais se deseja que apareçam no índice.

Primeiro deve-se selecionar o título. Na Barra de Ferramentas de Formatação, ao lado do nome da fonte, existe a caixa estilo, onde você deve selecionar o tipo de estilo, ou título desejado. **Título 1**, **Título 2**, etc não significa a ordem de aparecimento desses títulos, e sim o nível que ele ocupa. Por exemplo: Título, subtítulo e assim por diante.

Repare nos níveis:

```
Título 1 .................................................................9
    Título 2 .........................................................9
Título 1 ...............................................................10
    Título 2 .......................................................10
        Título 3 ..................................................11
```

Quando se utiliza essa ferramenta, a formatação dos títulos é definida pelo Word, mas é possível mudar fazendo o seguinte:

1. Selecione o título e defina o estilo.

2. Altere, manualmente, a formatação.

3. Abra a caixa de estilo e clique, novamente, no padrão.

Após a preparação, volte ao início do documento, crie uma página em branco (CTRL+ENTER), para que a numeração de página saia correta, e escolha **Referência/Sumário**.

Existem vários modelos e fica a seu critério definir qual deles utilizar.

Caso você tenha incluído mais alguns títulos após ter montado o sumário, clique com o botão direito do mouse no mesmo e utilize Atualizar Campo.